教育部青年基金项目"平台世界主义视域下'中国网红'文化破圈路径与效果研究"（23YJC860035）

学术社交网站个体网络结构及其影响研究

严玲艳 ◎ 著

中国财经出版传媒集团

经济科学出版社
Economic Science Press

·北 京·

图书在版编目（CIP）数据

学术社交网站个体网络结构及其影响研究／严玲艳
著 . -- 北京 ： 经济科学出版社，2024.7. -- ISBN 978 -
7 - 5218 - 6102 - 0
Ⅰ. G250.255

中国国家版本馆 CIP 数据核字第 202422GE11 号

责任编辑：周国强
责任校对：齐 杰
责任印制：张佳裕

学术社交网站个体网络结构及其影响研究
XUESHU SHEJIAO WANGZHAN GETI WANGLUO JIEGOU JIQI YINGXIANG YANJIU
严玲艳 著
经济科学出版社出版、发行 新华书店经销
社址：北京市海淀区阜成路甲 28 号 邮编：100142
总编部电话：010 - 88191217 发行部电话：010 - 88191522
网址：www. esp. com. cn
电子邮箱：esp@ esp. com. cn
天猫网店：经济科学出版社旗舰店
网址：http：//jjkxcbs. tmall. com
固安华明印业有限公司印装
710 ×1000 16 开 15.25 印张 240000 字
2024 年 7 月第 1 版 2024 年 7 月第 1 次印刷
ISBN 978 - 7 - 5218 - 6102 - 0 定价：86.00 元
（图书出现印装问题，本社负责调换。电话：010 - 88191545）
（版权所有 侵权必究 打击盗版 举报热线：010 - 88191661
QQ：2242791300 营销中心电话：010 - 88191537
电子邮箱：dbts@ esp. com. cn）

前　言

随着开放科学运动的兴起与推进，作为新媒体的学术社交网站得到广泛采用，学者可以根据自己的科研需求与其他用户建立社交关系，多样复杂的社交关系又交织组合形成不同的个体网络结构。对学术社交网站个体网络结构进行分析有助于我们从微观的层面了解学术社交网络在科研人员科学交流过程中发挥何种作用以及如何发挥的问题。

本书将学术社交网站个体网络的中心成员分为信息源、社交型和搜索型个体，从规模、连接程度和位置三个方面对个体网络结构特征及其影响进行探索性研究，主要研究内容包括：第一，对学术社交网站个体网络的发展现状、用户构建个体网络的动机和构建后的科学交流效果进行调查，以此作为个体网络分析的研究背景；第二，对个体网络的成员类型、关系类型和结构特征进行概述，为个体网络分析提供依据；第三，对不同个体类型、学术身份和学科领域的个体网络结构特征和差异进行比较分析；第四，通过访谈对个体网络结构成因和影响进行解释、探讨。

本书发现学术社交网站个体网络结构特征差异与学术身份和个体类型显著相关，产生的影响主要体现在科学交流广度、深度和信息控制优势三个方面，主要研究结论如下：

（1）学术社交网站个体网络在构建时以线下强关系的学术社交圈为基础，机构与学科同质性高，社区领袖一般为科研经验丰富或社交活跃的学者。另外，以中心成员的科研兴趣、社交需求、社交习惯作为网络扩张条件，据此建立线上弱关系，提高网络异质性。

（2）学术社交网站个体网络规模支持邓巴（Dunbar）的社交大脑假说理论，但存在长尾分布现象。

（3）教授/副教授为主的信息源用户成果多、声誉高，因此个体网络规模大、密度与互惠性低、社区多且异质性高，结构洞多且控制结构洞的能力强，经常扮演跨学科联络人和输入信息的守门人角色。这种结构主要满足信息源用户跨学科交流与合作以及教学需求。

（4）社交型个体的学术身份丰富，社交活跃。因此个体网络的规模与结构洞数量处于中等水平，同质性与异质性社区并存，互惠性和中介中心性更高，主要承担联络人角色。此类结构有助于中心个体推广在线学术身份、发现潜在合作者并增加互动机会。

（5）博士生为主的搜索型个体主要关注同领域的科研成果与学者信息，吸引力不足。因此个体网络规模小、入度少、网络密度高于信息源个体、互惠程度低于社交型个体，社区同质性高、结构洞少且控制结构洞的能力不强，经常作为代理人输出团队的学术信息。此类结构有助于搜索型个体开展同领域的深度学习，并对外传播本专业信息。

希望本书能够为学术社交网站的科研服务改进方向提供有益参考，共同推动开放科学的发展。

目　录

第 1 章

绪　论

1.1　研究背景及意义

数字环境下的科学信息交流一直是热点研究领域。计算机、互联网和通信技术的变革效果体现在学术实践的各个方面，并嵌入各领域学术人员的科研过程中[1]，科学家之间的联系不再受到时间和空间的限制。但由于计算机技术种类众多并发展迅速，而科学交流模式又受到学科、机构与用户等多种差异的影响。[2][3] 因此，尽管互联网和数字技术为学术交流和科研协作提供新的契机，但其如何在不同的数字环境中实现这一功能仍是个开放的问题。

---

①　Fransman J. Becoming academic in the digital age：Negotiations of identity in the daily practices of Early Career Researchers ［C］//Paper Presentation, Connected Communities and Early Career Researchers Workshop, City University, London, UK, 2014.

②　Borgman C L. Scholarship in the digital age：Information, infrastructure, and the Internet ［M］. MIT Press, 2010.

③　Harley D, Acord S K, Earl-Novell S, et al. Assessing the future landscape of scholarly communication：An exploration of faculty values and needs in seven disciplines ［J］. Psychopharmacology, 2010：1 - 20.

1.1.1 研究背景

以学术社交网站个体网络结构为研究课题，是基于一定的理论背景和现实状况做出的选择。

1.1.1.1 学术社交网站的快速发展

在互联网高速发展且全面普及的时代，社交网络（social network sites，SNS）已融入人们生活与工作的方方面面，越来越多的社交用户依赖于网络获取信息、传播思想、参与社交互动。面对日益激烈的市场竞争和多样化的用户需求，社交网络的定位与服务也更加精准。科学最核心的两个元素是交流与合作。[①] 伴随研究机构间的合作日益频繁，学者之间的沟通交流、跨领域合作越来越紧密，学者之间获取对方最新的个人信息、研究成果、研究方向等在科研活动中的重要性逐渐凸显。[②] 社交媒体的融合、分散、参与、协作等特征，与科研人员学术交流需求完美契合。因此，基于科研人员这一特定群体的学术社交网站（academic social network sites，ASNS）应运而生，为科研协作提供新的交流范式。

基于学术社交网站的交流模式的价值在于其通过聚集大量兴趣相近的人群建立学术社区，社区成员具有强烈的归属感与差异感，最终成为为科研机构提供创造力的重要渠道。[③] 除了产生新的联系与合作关系，学术社交网站还为科研人员提供新的内容访问与成果输出途径，对资源的便捷访问与高效利用反之也有助于科研信息与成果的广泛传播。

---

① Giglia E. Academic social networks: It's time to change the way we do research [J]. European Journal of Physical & Rehabilitation Medicine, 2011, 47 (2): 345 – 350.

② Oison G M, Zimmerman A, Bos N. Scientific Collaboration onthe Internet [M]. MIT Press, Cambridge, 2008: 1 – 12.

③ Serantes A. Academic Social Networks: What They are and How They Can Help Science [EB/OL]. [2019 – 08 – 09]. https://www.bbvaopenmind.com/en/humanities/communications/academic-social-networks-what-they-are-and-how-they-can-help-science/.

　　早在 2000 年，国外学术出版商、科学家协会等组织就开始尝试建立针对科研学者在线交流的学术社交网站，例如，美国教科书资源共享平台 SciLinks、科学与生物技术交流平台 Scientist Solutions、专业社交博客 Nature Network 以及国内的学术论坛小木虫等。与此同时，大众社交网站也试图为科研人员提供专门的交流服务，例如，脸书（Facebook）推出 Facebook for Science。但由于大众平台定位不清晰，而学术网站的服务专业性与资源不足等原因，早年的学术社交网站尚未形成足够的规模和影响力，多以失败告终。[①]随着开放科学运动的兴起与推进，学术社交网站迎来新的转机。2008 年前后，以 ResearchGate、Mendeley、Academia. edu 为代表的新兴学术社交网站再次获得科研人员的关注。随后，国内也出现科学网、学者网、CNKI 学者圈等网站促进学者的交流（见图 1 - 1）。

　　相比于传统的学术社交网站，当前主流学术社交平台的专业性更强，不再仅仅提供广泛的信息集成与发布服务，而是推出更多面向专业学科的交流服务，例如，医学领域的丁香园，Mendeley 通过标签聚类的学习小组。另外，信息技术的发展，使得平台进行更深层次的数据挖掘，为用户制定个性化的社交服务，例如，基于用户的搜索记录推送个性化信息或根据用户的研究领域推荐相关知名学者。最重要的是，平台结合开放存取理念和学者的科研需求，通过开放性资源共享服务，提高学者的科研成果传播效率和学术影响力，从而吸引更多用户加入平台、检索信息并参与交流，最终学术社交网站在这种良性循环中获得可持续发展。

　　科学家的交流行为一直备受学界关注，作为聚集大量科研用户的学术社交网站，其功能与服务、用户行为模式、信息传播方式都具有特殊性。已有不少学者对学术社交网站展开调查研究，探索其在整个科学交流系统中发挥的作用。尽管学术社交网站致力于支持科学研究的各个过程，但它们的功能在实现过程中受到不同程度的限制，而且用户在使用过程中也存在一些主观

---

①　Noorden R V. Online collaboration：Scientists and the social network［J］. Nature，2014，512（7513）：126 - 129.

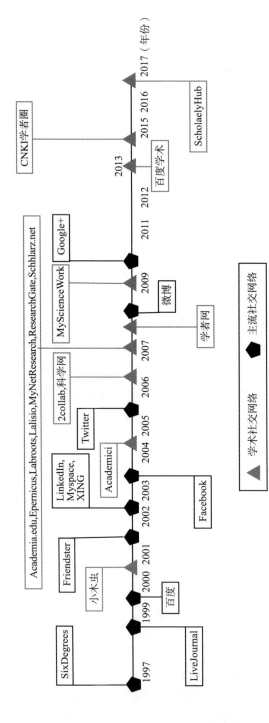

图1-1 学术社交网络与主流社交网络创建时间

资料来源：笔者在以下研究基础之上进行更新：Jordan K.From social networks to publishing platforms：A review of the history and scholarship of academic social network sites [C]//Frontiers in Education，2019：（In Press）。

因素的影响。正如维莱西亚诺斯（Veletsianos）和金蒙斯（Kimmons）[①]、周庆山和杨志维[②]指出的，目前学术社交网站的研究缺乏对用户如何使用平台的关注。

1.1.1.2　科研人员的广泛采用

学术社交网站提供大量免费的学术资源，帮助学者推广科研成果并积累社交资本等优势，获得众多科研人员的认同与加入，促进不同地域和学科的科研人员之间以及与学术界以外的人之间的合作和交流。截至 2020 年 2 月，已有超过 1600 万用户在 ResearchGate 上分享、发现和讨论学术研究；Academia. edu 上的注册用户人数甚至已超过 1 亿，共享文献数量超过 2400 万篇；Mendeley 拥有 600 多万科研用户和 3000 多万篇学术成果。

各类实证研究结果表明，"建立社交关系"是科研人员使用学术社交网站的首要目的。[③④⑤⑥] Springer Nature 的学术社交平台调查显示[⑦]，2014 年的学者在各个学术社交网站使用目的最多的选项是"与他人建立联系"（Academia 约为 60%；LinkedIn 约为 70%；Mendeley 约为 30%；ResearchGate 约为 70%），而到 2017 年，超过 95% 的受访者表示他们使用某种社交媒体或学

---

①　Veletsianos G, Kimmons R. Scholars in An increasingly open and digital world：How do education professors and students use Twitter? [J]. The Internet and Higher Education，2016：S1096751616300033.

②　周庆山，杨志维. 学术社交网站用户行为研究进展 [J]. 图书情报工作，2017 (16)：38 - 47.

③　Nández G，Borrego Á. Use of social networks for academic purposes：A case study [J]. The Electronic Library，2013，31 (6)：781 - 791.

④　Salahshour M，Dahlan H M，Iahad N A. A Case of academic social networking sites usage in Malaysia：Drivers，benefits，and barriers [J]. International Journal of Information Technologies and Systems Approach (IJITSA)，2016，9 (2)：88 - 99.

⑤　Collins E，Hide B. Use and relevance of web 2. 0 resources for researchers [EB/OL]. [2018 - 11 - 29]. https：//pdfs. semanticscholar. org/8145/c065a16ec4f12bfdd0813fa4dea2a00553fb. pdf.

⑥　Rowlands I，Nicholas D，Russell B，et al. Social media use in the research workflow [J]. Learned Publishing，2011，24 (3)：183 - 195.

⑦　Staniland M. How do researchers use social media and scholarly collaboration networks (SCNs)? [EB/OL]. [2018 - 11 - 29]. http：//blogs. nature. com/ofschemesandmemes/2017/06/15/how-do-researchers-use-social-media-and-scholarly-collaboration-networks-scns.

术合作网络用于专业目的，查找或阅读学术内容的比重从 2014 年的 33% 上升至 2017 年的 80%。

从科研人员在学术社交网站上的行为演变可以发现，学术社交网站的科研服务得到用户的逐步认可，也能反映出科研人员对开放式学术社交的需求日益增长。

1.1.1.3　学术社交网站个体网络价值凸显

新一代互联网网络的价值有三大来源：用户交互关系、信息内容和用户影响力。① 瓦兹拉威克（Watzlawick）等②将人类的信息交流分为内容和关系两个层面，并认为关系的质量决定了信息传播的多寡。可见由一个个独立关系构成的个体网络将在科学交流中发挥重要的作用。对于学术社交网站而言，网站中用户之间的社交互动是平台发展的必要条件，而这种互动就是建立在用户个体网络的基础之上。对学术社交网站的个体网络进行研究，能够通过微观视角对用户在学术社交网站中的互动对象、互动密度、互动规模等多个方面进行客观深入的分析，识别社交网络中的关键人物并探索他们如何影响其他成员。同时比较学术社交网站个体网络结构的差异可以更好地理解不同社交关系网中的信息交流与互动行为模式，从而了解个体网络是如何在学者的科学交流过程中发挥作用的。学术社交网站通过对用户个体网络的控制可以聚集大量相同属性（如机构、学科）的用户，有效地维护网站用户的关系链条，为个体网络在科学信息服务中的应用找到方向，最终有效发挥学术社交网站的学术价值与社交价值。

但现有研究对用户个体网络结构与成员科学交流行为的揭示还不够充分，这也是本书的研究目的之一，以期为相关理论研究和实践应用提供有益参考。

---

① 桑杰特·保罗·乔达利. 社交网络用户并非越多越好 [EB/OL]. [2019 – 06 – 16]. https：// blog. csdn. net/weixin_34250434/article/details/85207270.

② Watzlawick P, Bavelas J B, Jackson D D. Pragmatics of human communication [M]. New York： W. W. Norton & Company, 1967：11.

1.1.2　研究意义

随着学术社交网站的发展与科研人员的广泛采用，其在资源开放存取、内容发现、学者发现和在线科研协作等方面的价值日益突出。对于用户在学术社交网站构建的个体网络进行研究具有重要的理论意义与实践意义。

1.1.2.1　理论意义

虽然有大量学者对学术社交网站的用户行为进行研究，例如，平台的人口统计学特征、使用动机与影响因素、内容创建与知识共享行为、科研协作行为，以及基于学术社交网站的学术成果影响力评价体系研究。学者们借鉴社会资本理论、社会交换理论、计划行为理论、技术接受与采纳整合理论对用户行为动机与结果进行假设和验证。这些研究对于理解在线科学交流行为具有重要意义和参考价值。但大多以单个学术社交网站、单个科研机构、特定学科领域或特定学术身份用户为考察对象，同时对用户行为的分析大多基于单一的研究范式。而在学术社交网络的科学交流研究中，如果客观孤立地研究用户的社交网络，就容易忽视用户本身在网络结构建立过程中的能动作用以及网络结构背后的学术价值；如果完全关注用户在学术社交网站的主观态度与行为模式，而缺乏对这些行为特征在网络结构上的客观呈现进行研究，就会导致调查揭示程度受限，研究结果难以真实地全面反映科研人员学术社交网站行为。

因此本书在前人研究的基础上，借鉴社会网络分析中的强（弱）连带优势理论、结构洞理论、社交大脑假说，利用社会网络分析方法对学术社交网站用户的个体网络结构进行分析，并通过问卷与访谈法调查用户在不同个体网络结构下的社交互动方式，结合定性与定量研究结果深入分析学术社交网站在学术实践中所起的作用，在一定程度上丰富学术社交网站的研究方法，同时也对该领域的理论研究进行检验并完善。

1.1.2.2 实践意义

虽然学术社交网站已经获得了较高的接受度和使用率，但具体用户行为在不同学科、不同身份、不同地域间存在差异性和不均衡性，并且还没有完全融入学术实践中。不容忽视的是，用户对学术社交网站的使用还面临着信任[1][2]、感知质量不佳[3]、时间成本高[4][5]、语言障碍[6]、隐私顾虑[7]等障碍，导致学术社交网站用户活跃度较低，社交不足且互动范围有限。

学术社交网站个体的网络结构在一定程度上是用户学术资本和社会互动程度的反映，例如，机构同质性、学科同质性、身份同质性，都体现了用户的社交行为习惯。因此，有必要对不同学术社交网站及不同特征的用户进行细致考察，深入研究用户在个体网络中的角色、不同主体特征的个体网络结构有何差异、其如何嵌入科学交流过程中、其对科学交流的效果产生何种影响等问题。最终为学术社交网站的服务改进提供实践参考，推动数字环境下的社交互动与学术交流。

1.2 研究综述

学术社交网站为科研人员提供了新的线上交流方式，作为日益重要的

---

① Salahshour M, Dahlan H M, Iahad N A. A Case of academic social networking sites usage in Malaysia: Drivers, benefits, and barriers [J]. International Journal of Information Technologies and Systems Approach (IJITSA), 2016, 9 (2): 88 – 99.

② 陈明红，漆贤军，刘莹. 科研社交网络使用行为的影响因素研究 [J]. 情报理论与实践，2015, 38 (10): 73 – 79.

③ Procter R, Williams R, Stewart J, et al. Adoption and use of Web 2.0 in scholarly communications [J]. Philosophical Transactions of the Royal Society A: Mathematical, Physical and Engineering Sciences, 2010, 368 (1926): 4039 – 4056.

④ Chen A, Lu Y, Chau P Y K, et al. Classifying, measuring, and predicting users' overall active behavior on social networking sites [J]. Journal of Management Information Systems, 2014, 31 (3): 213 – 253.

⑤⑥ McClain C, Neeley L. A critical evaluation of science outreach via social media: Its role and impact on scientists [J]. F1000Research, 2014, 3 (300): 1 – 12.

⑦ Madhusudhan M. Use of social networking sites by research scholars of the University of Delhi: A study [J]. The International Information & Library Review, 2012, 44 (2): 100 – 113.

学术社交工具，平台在整个科学交流系统中的价值逐渐受到业界和学界关注。通过对国内外主要学术期刊数据库的全面检索，结果显示学者们对于学术社交网站的研究内容与技术不断推陈出新，成果颇丰。本节对检索结果进行梳理归纳，在剔除与本书研究主题不相关的文献后，首先，对学术社交网站用户行为和社会网络的相关研究进行综述，厘清当前学术社交网站的用户行为动机、互动模式和社会网络分析的对象与内容。其次，对科研人员的合作网络、网络结构与科学交流效果的研究成果进行学习，了解前人在研究中应用的理论、研究视角和研究方法，为本书提供文献和技术参考。

1.2.1 学术社交网站用户行为

1.2.1.1 学术社交网站用户行为的特征差异

使用行为的特征差异研究主要是调查科研人员对学术社交网站的选择及使用频次，以及不同的特征变量与用户使用偏好的关系，如年龄、学科、机构等。相关的研究主要采用在线调查问卷或访谈等形式，受访用户的特征与范围多有差异，因此各研究的结果也存在诸多不一致甚至是矛盾的地方。

学科与研究领域的差异一直被当作研究科研用户行为的重要因素。实证研究发现，不论是平台选择偏好，还是使用动机、知识共享方式，不同学科的用户均存在不同程度的差别。其中，人文艺术与社会科学领域的学者经常通过大众社交媒体进行科学交流，如 Facebook、Twitter①，并且在社交媒体上

---

① Van Noorden R. Online collaboration：Scientists and the social network ［J］. Nature News，2014，512（7513）：126.

获得更多的帮助①，同时对学术社交网站的使用总体比较积极②③，其中语言学家和社会学家更偏爱 Academia. edu④⑤。而在自然科学、工程技术科学以及理论和应用科学领域，学者最经常使用的网站是 ResearchGate⑥⑦，尤其是对生物学家具有很高的吸引力⑧。平台选择偏好的学科差异直接影响了不同学科信息在网站的传播范围。泰尔沃（Thelwall）和科莎（Kousha)⑨ 的研究发现，用户在 ResearchGate 上的文章分享范围存在学科差异，与用户活跃的平台一致，自然科学和物理科学的文章传播范围与数量大于社会科学、艺术和人文学科。扎赫迪等⑩对 Mendeley 中不同类型用户的使用行为和感兴趣主题的进行研究，结果表明，人文社会领域的教授、学生和图书馆员用户更加活跃，因此，社会与人文学科的出版物平均获得最高阅读量。而数学与计算机科学的出版物在 Mendeley 的覆盖率最低，其他科研人员主要活跃于引用率相对较高的领域，如生物医学与健康科学和生命与地球科学。

除学科差异之外，处于不同科研阶段的学者的学术身份也与用户的使用行为息息相关。⑪ 总体而言，年轻学者的社交活跃度较高。马斯

---

① Rowlands I，Nicholas D，Russell B，et al. Social media use in the research workflow ［J］. Learned Publishing，2011，24（3）：183 –195.

② Al-Aufi A S，Fulton C. Use of social networking tools for informal scholarly communication in humanities and social sciences disciplines ［J］. Procedia-Social and Behavioral Sciences，2014，147：436 –445.

③⑥ Al-Aufi A，Fulton C. Impact of social networking tools on scholarly communication：A cross-institutional study ［J］. The Electronic Library，2015，33（2）：224 –241.

④ Ortega J L. Disciplinary differences in the use of academic social networking sites ［J］. Online Information Review，2015，39（4）：520 –536.

⑤⑧ Megwalu A. Academic social networking：A case study on users' information behavior ［M］//Current Issues in Libraries，Information Science and Related Fields. Emerald Group Publishing Limited，2015：185 –214.

⑦ Elsayed A M. The use of academic social networks among Arab researchers：A survey ［J］. Social Science Computer Review，2016，34（3）：378 –391.

⑨ Thelwall M，Kousha K. ResearchGate：Disseminating，communicating，and measuring Scholarship? ［J］. Journal of the Association for Information Science and Technology，2015，66（5）：876 –889.

⑩ Zahedi Z，van Eck N J. Exploring topics of interest of Mendeley users ［J］. Journal of Altmetrics，2018，1（1）：5.

⑪ Manca S，Ranieri M. Networked scholarship and motivations for social media use in scholarly communication ［J］. The International Review of Research in Open and Distributed Learning，2017，18（2）：123 –138.

（Mas）等①发现欧洲高被引量的学者在社交网站上的显示度普遍较低，其中年轻学者出现在社交网络的比例更高。奥尔特加（Ortega）②也发现谷歌学术的用户群体多数是年轻的研究人员。

此外，学术社交平台差异③④和国别差异⑤也常作为分析用户科学交流行为的重要影响因素。事实上，学术社交网站的服务定位和提供的社交功能的不同，以及不同特征的用户无论是在科研需求和社交习惯上均存在差异，这些差异都可能体现在对学术社交网站的使用上。这意味着，对科研人员学术社交网站使用行为的深入研究需要将学科、身份、平台、语言等特征纳入研究框架当中。

1.2.1.2　学术社交网站用户行为动机

对于科研人员学术社交网站使用动机的研究主要分为两个方面：一是利用问卷调查，通过数据统计发掘用户的具体动机；二是应用理论框架对用户行为的影响因素进行假设，然后通过实证研究，对用户行为进行解释。

关于学术社交网站用户使用动机的研究结论具有一定趋同性，主要有三个方面：第一，社交与互动，包括被其他学者发现⑥、与其他学者保

①　Mas Bleda A，Thelwall M，Kousha K，et al. European highly cited scientists' presence in the social web［C］//14th International society of scientometrics and informetrics conference（ISSI 2013）. Vienna, Austria：Austrian Institute of Technology，2013：98 – 109.

②　Ortega J L. Disciplinary differences in the use of academic social networking sites［J］. Online Information Review，2015，39（4）：520 – 536.

③　Deborah L. 'Feeling Better Connected'：Academics' use of social media［J］. Retrieved August, 2015，20（6）：1 – 36.

④　张耀坤，张维嘉，胡方丹. 中国高影响力学者对学术社交网站的使用行为调查：以教育部长江学者为例［J］. 情报资料工作，2017（3）：98 – 103.

⑤　Thelwall M，Kousha K. ResearchGate：Disseminating，communicating，and measuring Scholarship？［J］. Journal of the Association for Information Science and Technology，2015，66（5）：876 – 889.

⑥　Chakraborty N. Activities and reasons for using social networking sites by research scholars in NEHU：A study on Facebook and ResearchGate［J］. INFLIBNET Centre，2012，8（3）：19 – 27.

持联系①②③、关注其他学者④、查找其他学者⑤、响应他人或合著者的邀请；第二，信息获取和知识分享，包括保持及时更新⑥、传播研究成果⑦、获取免费论文和资料、为新研究获取观点、扩散观点、发现感兴趣的研究；第三，进行科研协作，包括组建研究群组⑧、参与合作研究活动。

格鲁兹德（Gruzd）等⑨调查发现，社交和信息扩散、信息收集、寻求合作是受访者使用学术社交网站的主要动机。萨拉赫苏尔（Salahshour）等⑩对马来西亚理工大学学者的调查结果显示，同行推荐、对技术的接受度和在交流过程中的收益是用户使用平台的主要影响因素，而寻找工作岗位的需求较低。查克拉博提（Chakraborty）⑪发现印度东北山丘大学的社会科学领域的学者主要将学术社交网站用于教学和研究，而自然科学学者则主要出于娱乐目的。正（Jeng）等⑫以 Mendeley 的用户为研究对象，结果发现科研人员主要将社交网络账户视为提高其在线显示度的途径，而并非将其作为社交工具。尼古拉斯（Nicholas）等⑬也发现欧洲学者使用学术社交网站主要为了共享文章，也很少利用平台的社交功能。

有不少学者采用验证性研究来揭示用户的学术社交网站的使用动机，即

---

① ④ ⑦　Nández G, Borrego Á. Use of social networks for academic purposes: A case study [J]. The Electronic Library, 2013, 31 (6): 781 – 791.

② ⑤ ⑩　Salahshour M, Dahlan H M, Iahad N A. A Case of academic social networking sites usage in Malaysia: drivers, benefits, and barriers [J]. International Journal of Information Technologies and Systems Approach (IJITSA), 2016, 9 (2): 88 – 99.

③　Al-Daihani S M, Al-Qallaf J S, AlSaheeb S A. Use of social media by social science academics for scholarly communication [J]. Global Knowledge, Memory and Communication, 2018, 67 (6/7): 412 – 424.

⑥ ⑧　Chakraborty N. Activities and reasons for using social networking sites by research scholars in NEHU: A study on Facebook and ResearchGate [J]. INFLIBNET Centre, 2012, 8 (3): 19 – 27.

⑨　Gruzd A, Goertzen M. Wired academia: Why social science scholars are using social media [C]// Hawaii International Conference on System Sciences. IEEE Computer Society, 2013.

⑪　Chakraborty N. Activities and reasons for using social networking sites by research scholars in NEHU: A study on Facebook and ResearchGate [J]. INFLIBNET Centre., 2012, 8 (3): 19 – 27.

⑫　Jeng W, He D, Jiang J. User participation in an academic social networking service: A survey of open group users on mendeley [J]. Journal of the Association for Information Science and Technology, 2015, 66 (5): 890 – 904.

⑬　Nicholas D, Herman E, Jamali H, et al. New ways of building, showcasing, and measuring scholarly reputation [J]. Learned Publishing, 2015, 28 (3): 169 – 183.

基于相关理论提出假设，并通过实证进行检验，从而识别出不同影响因素的作用机制。相关理论研究模型有：计划行为理论（theory of reasoned action，TRA）[1][2]、技术接受与采纳整合理论（the unified theory of acceptance and use of technology，UTAUT）[3][4][5][6]、社会资本理论[7][8][9]、使用与满足理论[10]。除了调查用户使用学术社交网站的驱动因素，阻碍因素也受到学者的关注。主要的研究结论包括：感知的质量不佳[11]；对网络的不信任[12]；时间成本高[13][14]；隐

　① Kim Y. An empirical study of biological scientists' article sharing through ResearchGate：Examining attitudinal, normative, and control beliefs [J]. Aslib Journal of Information Management, 2018, 70 (5)：458 –480.

　② 陈明红，漆贤军，刘莹. 科研社交网络使用行为的影响因素研究 [J]. 情报理论与实践，2015, 38 (10)：73 –79.

　③ Bullinger A C, Renken U, Moeslein K M. Understanding online collaboration technology adoption by researchers-a model and empirical study [J]. Online Communities and Digital Collaboration, 2011, 12：1 –11.

　④ Salahshour Rad M, Nilashi M, Mohamed Dahlan H, et al. Academic researchers' behavioural intention to use academic social networking sites：A case of Malaysian research universities [J]. Information Development, 2019, 35 (2)：245 –261.

　⑤ 甘春梅. 学术博客用户行为及其影响因素研究 [D]. 武汉：华中师范大学，2013.

　⑥ 甘春梅，王伟军. 学术博客持续使用意愿：交互性、沉浸感与满意感的影响 [J]. 情报科学，2015, 33 (3)：70 –74.

　⑦ Koranteng F N, Wiafe I. Factors that Promote Knowledge Sharing on Academic Social Networking Sites：An Empirical Study [J]. Education and Information Technologies, 2019, 24 (2)：1211 –1236.

　⑧ 张鼐，李英剑，周年喜. 社会资本对虚拟学习社区知识共享绩效的影响研究 [J]. 山东图书馆学刊，2017 (3)：13 –17.

　⑨ 纪静雅. 科研社交网络中用户社会资本对知识共享影响的实证研究 [D]. 合肥：合肥工业大学，2017.

　⑩ Meishar-Tal H, Pieterse E. Why do academics use academic social networking sites? [J]. The International Review of Research in Open and Distributed Learning, 2017, 18 (1)：1 –22.

　⑪ Procter R, Williams R, Stewart J, et al. Adoption and use of Web 2. 0 in scholarly communications [J]. Philosophical Transactions of the Royal Society A：Mathematical, Physical and Engineering Sciences, 2010, 368 (1926)：4039 –4056.

　⑫ Salahshour M, Dahlan H M, Iahad N A. A Case of academic social networking sites usage in Malaysia：drivers, benefits, and barriers [J]. International Journal of Information Technologies and Systems Approach (IJITSA), 2016, 9 (2)：88 –99.

　⑬ Chen A, Lu Y, Chau P Y K, et al. Classifying, measuring, and predicting users' overall active behavior on social networking sites [J]. Journal of Management Information Systems, 2014, 31 (3)：213 –253.

　⑭ McClain C, Neeley L. A critical evaluation of science outreach via social media：Its role and impact on scientists [J]. F1000Research, 2014, 3 (300)：1 –12.

私风险①②③；安全顾虑、网络暴力风险、不愿使用社交媒体④。

总体而言，上述研究分别从内因和外因探讨用户学术社交行为的影响因素。这些研究结果为我们理解科研人员在互联网时代的科学交流行为提供了基础，也有助于学术社交网站据此完善平台功能，提高服务质量，促进用户的持续性使用。

1.2.1.3 用户的平台使用方式研究

学术社交网站的主要资源是海量的学术信息和专业的学术群体，因此对于用户的平台使用方式的研究也大致分为两个方向：基于学术信息的共享行为和基于学术群体的科研协作行为。

1. 信息共享行为。

信息共享是用户在学术社交网站的主要使用方式之一，研究并理解用户知识共享的行为规律，有助于学术社交网站及其他科学交流服务提供方优化服务策略，增强用户黏性，提高资源利用率。

科研成果是用户在学术社交网站上共享的主要信息类型之一，用户可以在平台上传或认领个人的成果，并免费开放文章全部或部分内容，供其他用户获取。在开放科学运动潮流的推动下，学术社交网站逐渐成为科研人员进行自存储的首要选择，甚至超过了个人网站和机构知识库等其他类型的学术平台。⑤

---

① Madhusudhan M. Use of social networking sites by research scholars of the University of Delhi：A study［J］. The International Information & Library Review，2012，44（2）：100 – 113.

② Salahshour M，Dahlan H M，Iahad N A. A Case of academic social networking sites usage in Malaysia：Drivers，benefits，and barriers［J］. International Journal of Information Technologies and Systems Approach（IJITSA），2016，9（2）：88 – 99.

③ Procter R，Williams R，Stewart J，et al. Adoption and use of Web 2.0 in scholarly communications［J］. Philosophical Transactions of the Royal Society A：Mathematical，Physical and Engineering Sciences，2010，368（1926）：4039 – 4056.

④ Persson S，Svenningsson M. Librarians as advocates of social media for researchers：A social media project initiated by Linköping University library，Sweden［J］. New Review of Academic Librarianship，2016，22（2 – 3）：304 – 314.

⑤ Laakso M，Lindman J，Shen C，et al. Research output availability on academic social networks：Implications for stakeholders in academic publishing［J］. Electronic Markets，2017，27（2）：125 – 133.

张（Zhang）和沃森（Watson）[1] 对加拿大卫生研究所（CIHR）资助的物理学研究人员进行调查，发现近 31% 的作者通过 ResearchGate 进行自存储，仅 2.1% 选择机构知识库。但在整个高等教育领域，通过学术社交网站进行开放存取的程度存在很大差异。洛维特（Lovett）等[2] 对罗德岛大学（University of Rhode Island）的教职员工进行调查显示，尽管只有 47.0% 的教职员工是 ResearchGate 的用户，但用户群中有 72.5% 上传了全文，而通过机构知识库提供全文的比例仅为 15.4%。相对较少的教师（6.3%）同时使用这两种方法，而大多数教师（70.6%）两者都没有使用。该研究将原因归结为机构开放获取的使用率较低，机构看门人更喜欢作者接受的手稿版本，而学者更喜欢分发最终版本（尽管这更有可能伴随着版权问题）。博雷戈（Borrego）[3] 比较了机构知识库和 ResearchGate 提供的 13 所西班牙顶尖大学科研产出的覆盖范围，发现 ResearchGate 在论文可用性方面超过了机构知识库，2014 年发表的论文中有 54.8% 可以通过 ResearchGate 获得全文，相比之下，只有 11.1% 的论文可以通过机构存储库下载，尽管有 84.5% 的论文通过机构知识库发布。拉克索（Laakso）等[4] 对芬兰汉肯经济学院（Hanken School of Economics）125 位学者的 587 篇文章进行研究，发现与机构知识库相比，ASNS 是更常用的开放存取平台，15.8% 的全文是在 ASNS 上找到的，而机构知识库仅为 9.9%。同样，这也反映了总体上开放获取的使用率较低，但与机构知识库相比，学术社交网站的使用率更高。但二者并不是竞争关系，学者通过学术社交网站自存储还能提高机构知识库的文章下载量。

除了研究成果的开放存取，研究者还对在线问答行为进行了研究。乔丹

---

① Zhang L, Watson E. The prevalence of green and grey open access： Where do physical science researchers archive their publications? [J]. Scientometrics, 2018, 117 (3)： 2021 –2035.

② Lovett J A, Rathemacher A J, Boukari D, et al. Institutional repositories and academic social networks： Competition or complement? A study of open access policy compliance vs. ResearchGate participation [J]. Journal of Librarianship and Scholarly, 2017 (5)： 2183.

③ Borrego Á. Institutional repositories versus ResearchGate： The depositing habits of Spanish researchers [J]. Learned Publishing, 2017, 30 (3)： 185 –192.

④ Kelly B. Can LinkedIn and Academia. edu enhance access to open repositories? [J]. Impact of Social Sciences Blog, 2012 (7)： 1 –4.

（Jordan）[①] 对 Academia. edu 中的问答内容进行分类，发现用户经常提问一些事实和概念性问题，其次是资源请求以及一些职业相关问题等。李（Li）等[②]对 ResearchGate 的问答质量进行预测，发现回答者的权威、较短回复时间、较多的回答内容与回答质量存在正相关。

2. 科研协作行为。

学术社交网站的开放性促进信息在各学科领域交叉融合，也对各科研团体的交流协作起到积极的作用。对于用户的科研协作行为主要分为同学科领域科研协作与跨学科科研协作。

学术社交网站用户可以在平台中检索来自相同或相似科研领域的学者，通过追随（follow）的方式寻求科研合作机会，或者加入相应的问答社区、学习小组等开放模块开展学术交流与协作。例如，ResearchGate 允许用户将线下的实验室搬到线上，经过认证的成员可以在主页展示自己的实验团队，并参与交流。Mendeley 也鼓励用户创建开放式与半开放式的群组进行资源共享和互动。克劳福德（Crawford）[③] 通过访谈发现，ResearchGate 的生物科学用户经常通过学术小组进行交流协作、文章合著和科研创新。高（Gao）等[④]的调查发现，Mendeley 成员数量和学术资源最多的群组来自生物科学、计算机科学和医学领域，且小组成员都来自同一学科，说明学术社交网站用户热衷于在平台中开展同领域的科研协作。

学术社交网站的出现为跨学科合作创造更多可能，学者可以随时随地搜索并邀请跨机构、跨学科甚至跨地区的专家参与课题研究，或者就面临的科

---

① Jordan K. What do academics ask their online networks? An analysis of questions posed via Academia. edu ［C］//Acm Web Science Conference. ACM, 2015.

② Li L, He D, Jeng W, et al. Answer Quality Characteristics and Prediction on an Academic Q&A Site: A Case Study on ResearchGate ［C］//International Conference on World Wide Web Companion. International World Wide Web Conferences Steering Committee, 2015.

③ Crawford M. Biologists using social-networking sites to boost collaboration ［J］. BioScience, 2011, 61 (9): 736 – 736.

④ Gao H, Hu C, Jiang T. An exploratory study of paper sharing in Mendeley's public groups ［J］. iConference 2015 Proceedings, 2015, 3 (1): 1 – 9.

研难题向其他学者请教，还能发布自己的合作需求，吸引合适的合作者①。
学术社交网站借鉴大众社交网站的互动模式，例如，通过关注与被关注模式，
帮助研究人员建立并扩大原有的学术社交圈②③，社交资本的积累增加了他们
参与跨学科协作的机会④。欧（Oh）等⑤通过对 Mendeley 学习小组的研究发
现，群体构成在学科方面具有很高的多样性，有 36.2% 的用户选择加入不同
学科领域的学习小组，并在群组成员的帮助下获取到所需的跨学科知识和技
能，拓宽研究思路，最终促进研究成果创新。

1.2.2　学术社交网站的社会网络结构

学术社交网站具有通用社交网络的社交功能，但与大众社交平台相比，
学术社交网站的用户的社会关系网络结构更加清晰，用户行为因而受到社会
网络结构更加突出的影响⑥。学者们基于用户数据，使用社会网络分析等方
法，对科研人员个体与群体信息交流与互动行为所形成的网络结构进行广泛
研究。通过用户群体与社会网络类型，可以推断出平台与正式学术界之间的
关系，例如，平台在多大程度上代表了一个新颖的、平等的空间，或者复制
了学术界现有的层次结构。

---

① Bullinger A C，Hallerstede S H，Renken U，et al. Towards Research Collaboration：A Taxonomy of Social Research Network Sites ［C］. AMCIS，2010：92.

② Curry R，Kiddle C，Simmonds R. Social networking and scientific gateways ［C］//Proceedings of the 5th Grid Computing Environments Workshop. ACM，2009：4.

③ Kelly B. Using social media to enhance your research activities ［C］//Social Media in Social Research 2013 conference，2013.

④ Codina L. Science 2.0：Social networks and online applications for scholars ［J］. Hipertext. Net，2009，7.

⑤ Oh J S，Jeng W. Groups in academic social networking services：An exploration of their potential as a platform for multi-disciplinary collaboration ［C］//2011 IEEE Third International Conference on Privacy, Security, Risk and Trust and 2011 IEEE Third International Conference on Social Computing. IEEE，2011：545 – 548.

⑥ 张耀坤，胡方丹，刘继云. 科研人员在线社交网络使用行为研究综述 ［J］. 图书情报工作，2016，60（3）：138 – 147.

宋钰和王锦明①从社会网络结构的点度中心性、中间中心性以及接近中心性三个属性出发，对东南大学在 ResearchGate 平台上注册科研人员进行关注与被关注情况分析，验证了社会网络分析法在科研群体交流研究中的有效性。张海涛等②认为虚拟学术社区用户的知识交流网络由知识网络与社交网络交织形成，其中知识网络关系的强弱与成员所拥有的知识相似度正相关，社交网络关系强度与成员互动频率相关，并根据网络主体的职能、知识交流平台，以及知识流转方式将知识交流网络分为星型、环型、链式与多关键点型四种拓扑结构。

科研人员的学科领域、学术身份、国别、语言等特征差异以及社交习惯、科研需求的不同，会对他们的学术社交网站的平台选择与使用方式产生影响，最直接的体现就是社交网络的组成及结构差异。学者们通过抓取学术社交网站的用户社交数据生成相应的社交关系网络，结合社会个体网络结构特征（出入度、中心度、密度等）对成员的角色进行划分，并分析不同成员的社交贡献或价值、成员间的关系类型及强度、信息的传播路径等。例如，韦尔泽（Welser）等③通过在线论坛成员之间交流的模式，对问答过程中答题者（answer people）的特征进行描述（structural signatures），并据此为识别答题者的行为提供了一个强预测模型。邱均平与熊尊妍④根据网络密度和中心性分析学术社交用户的活跃度，结合用户的发帖情况，将学术社交论坛的成员分成实力型、活跃型和精英型，其中精英型用户位于网络的关键节点，对论坛的发展起着至关重要的作用。托拉尔（Toral）等⑤根据网络成员的出度与

---

① 宋钰，王锦明. 基于科研社交网络平台关注情况的分析与思考：以 ResearchGate 平台东南大学用户为例 [J]. 新世纪图书馆，2018，260（4）：48 – 52.

② 张海涛，孙思阳，任亮. 虚拟学术社区用户知识交流行为机理及网络拓扑结构研究 [J]. 情报科学，2018，36（10）：139 – 144，165.

③ Welser H T，Gleave E，Fisher D，et al. Visualizing the signatures of social roles in online discussion groups [J]. Journal of Social Structure，2007，8（2）：1 – 32.

④ 邱均平，熊尊妍. 基于学术 BBS 的信息交流研究：以北大中文论坛的汉语言文学版为例 [J]. 图书馆工作与研究，2008（8）：3 – 8.

⑤ Toral S L，Martínez-Torres M R，Barrero F. Analysis of virtual communities supporting OSS projects using social network analysis [J]. Information and Software Technology，2010，52（3）：296 – 303.

中间中心性，将其划分为外围用户、正式成员与核心用户。江（Jiang）等①根据学科背景、学历、职业、网络结构特征和群组协作情况，将 Mendeley 学术小组的成员分为高级学者和初级学者，其中知识水平与知识分享能力显著相关。谷斌等②根据入度中心性、出度中心性、中间中心性、论坛等级、近似度和专业虚拟社区用户分为核心用户、信息获取者、咨询者、边缘用户。

多项研究发现，学术社交网站用户的个人网络具有很高的机构同质性，即线下相识的同学、同事和其他合作伙伴成为线上社交网络的主体。李玲丽和吴新年③发现 Academia. edu 用户线下的同事人数与线上网络成员数量正相关，可见机构成员在学术个体网络中的重要角色。张素芳和张晓晓④的调查发现，相对于陌生用户，学术社交网站用户更倾向于与线下相识的学者进行交流。霍夫曼（Hofman）等⑤认为，ResearchGate 用户的个人网络规模有限，且主要为来自相同机构的同事，此外该研究还发现用户的社交活跃度、学术资历和学术影响力正向影响成员的网络入度和特征向量中心性，但不影响网络密度和中介中心性。此外，严（Yan）和张（Zhang）⑥ 通过收集美国 61 所大学的 ResearchGate 用户个人信息，发现用户追随者数量越高，其所在的科研机构活跃度就越高，其与来自同一机构的其他用户联系更紧密。随后，

---

① Jiang J，Ni C，He D，et al. Mendeley group as a new source of interdisciplinarity study：how do disciplines interact on Mendeley？［C］//Proceedings of the 13th ACM/IEEE-CS Joint Conference on Digital Libraries. ACM，2013：135 – 138.

② 谷斌，徐菁，黄家良. 专业虚拟社区用户分类模型研究［J］. 情报杂志，2014，33（5）：203 – 207.

③ 李玲丽，吴新年. 开放型科研社交网络应用调查与分析：以 Academia. edu 为例［J］. 情报资料工作，2013（1）：90 – 93.

④ 张素芳，张晓晓. 科研社交网络用户行为倾向的影响因素分析［J］. 国家图书馆学刊，2014，23（4）：36 – 41.

⑤ Hoffmann C P，Lutz C，Meckel M. A relational altmetric？Network centrality on R esearch G ate as an indicator of scientific impact［J］. Journal of the Association for Information Science and Technology，2016，67（4）：765 – 775.

⑥ Yan W，Zhang Y. Research universities on the ResearchGate social networking site：An examination of institutional differences，research activity level，and social networks formed［J］. Journal of Informetrics，2018，12（1）：385 – 400.

严（Yan）等①根据用户的追随者－关注者比例，将用户划分为三种类型：信息源用户（information source users，高追随率、低关注率），朋友用户（friend users，追随率与关注率相似），信息引导者用户（information seeker users，低追随率、高关注率）。用户通常是信息源角色（37.98%）或好友角色（54.21%），而信息搜索者相对较少（7.81%）。这些类别还与其他指标相关，声誉与受欢迎程度较高的用户拥有更多的关注者。不同机构的信息搜索者的比例相似，而好友用户的比例随着研究活动的增加而增加，该研究认为，这些数据可能是衡量机构声誉的一种潜在方式。

同时，不同学术身份的用户在学术社交网站中的地位呈现出显著差异。乔丹（Jordan）②对 Academia. edu、Mendeley 和 Zotero 平台的用户社交关系网络进行分析，得出几个重要发现：第一，用户节点数与度数分布呈现"长尾分布"（heavy-tailed distribution），即多数用户的网络规模有限，但存在少数规模极大的高影响力用户；第二，度中心性、特征向量中心性与学科显著相关，即不同学科用户在网络中的位置和重要性不同，但此结论存在平台差异；第三，学术资历高的学者，如教授，其网络连接数量更多且处于更加中心的位置，学生等学术资历较低的学者网络连接数量较少，处于网络边缘位置；第四，用户的学术等级越高，网络的入度与出度也随之增加，但讲师和教授的入度高于出度。该研究随后又对学者的学术社交关系网络（Aacdemia. edu 或 ResearchGate）和大众社交关系网络（Twitter）结构进行比较发现，首先，两种网络的规模相似，但大众社交关系网的规模更大；其次，学术社交关系网的入度与学术身份显著相关，职位越高，入度越高，但大众社交关系网不存在此类现象；最后，学术社交关系网的密度、凝聚程度、互惠程度都高于大众社交关系网。

---

① Yan W, Zhang Y, Bromfield W. Analyzing the follower-followee ratio to determine user characteristics and institutional participation differences among research universities on ResearchGate [J]. Scientometrics, 2018, 115（1）: 299 –316.

② Jordan K. Academics and their online networks: Exploring the role of academic social networking sites [J]. First Monday, 2014, 19（11）: 1 –9.

　　对学术社交网站的社会关系结构分析，能够深入了解用户在学术社交过程中的角色作用、行为偏好，也能对信息的传播路径和效率进行分析判断。此外，识别学术社交网络中的关键人物并探索他们对他人的影响方式与作用，能够有效提高成员的科学交流效果。并且相比线上社交网络，学术社交网站的数据更规范且易于获取，其用户的同质性与异质性对社交关系强弱产生明显的影响，因此网络结构在学术社交网站数据分析中具有很高的适用性。但相关的研究数量较少，现有研究对学术社交用户的社会网络结构的揭示还不够深入，这也是本书的研究目的之一，以期为相关理论研究和实践应用提供有益参考。

1.2.3　科研人员个体网络分析

　　社会网络分析能够深入揭示网络成员关系与结构，从而丰富对人类行为的解释，特别是在科学交流领域，社会网络分析已经成为分析群体内部和群体间交流与协作行为的有力工具。科学交流与知识创造是一种集体和社交活动，科研人员构建个体网络是因为他们需要将不同的学术资源整合到一起，并通过与其他学者的互动、经验共享产生新知识①②③。由此形成的个体网络反映了一种状态——需要注入多样化的知识和思想，并且在知识创造的过程中，网络成员需要通过有效的相互作用来组合和交换这些资源④⑤⑥。由于网

　　①　Nonaka I. A dynamic theory of organizational knowledge creation [J]. Organization Science，1994，5（1）：14–37.

　　②　Okada T，Simon H A. Collaborative discovery in a scientific domain [J]. Cognitive Science，1997，21（2）：109–146.

　　③　Sosa M E. Where do creative interactions come from? The role of tie content and social networks [J]. Organization Science，2011，22（1）：1–21.

　　④　Ahuja G，Soda G，Zaheer A. The genesis and dynamics of organizational networks [J]. Organization Science，2012，23（2）：434–448.

　　⑤　Borgatti S P. The network paradigm in organizational research：A review and typology [J]. Journal of Management，2003，29（6）：991–1013.

　　⑥　Payne G T，Moore C B，Griffis S E，et al. Multilevel challenges and opportunities in social capital research [J]. Journal of Management，2011，37（2）：491–520.

络结构在促进和阻碍科研人员科学交流和知识创造的过程中起着关键作用①②③，因此对科研人员的个体网络进行分析有助于我们从微观的层面去理解科学交流与协作的模式规律与内涵。学者们主要关注以科研人员个体网络的规模、密度、成员间紧密程度、网络的异质性与趋同性，以及不同网络结构对知识创造和科研协作的影响。

一般而言，个体网络的规模越大，成员间存在更多的交流合作机会，并有助于成员获取到更多的互补信息④⑤，因此大规模个体网络中的科研成果数量更多⑥。赵延东和周婵⑦对我国科研人员的合作网络结构进行分析时发现，学者在平均每个合作项目中的合作者数量不超过 3 位，36% 以上的学者在科研活动中未曾与他人进行合作创新。曹玲和李敏⑧发现科研人员个体合作网络规模与科研人员的产出、影响力正相关。韦尔奇（Welch）等⑨对 Web of Science 中的引文数据进行分析，也发现作者的个体网络规模与 h 指数正相关，因此该研究认为增加学术影响力的最佳途径是尽可能与多位合著者共同出版，并优先选择高引用率的合著者。

有的学者通过网络连接程度洞悉研究人员与其直接交换合作伙伴之间的

---

① Okada T，Simon H A. Collaborative discovery in a scientific domain ［J］. Cognitive Science，1997，21（2）：109–146.

② Ahuja G，Soda G，Zaheer A. The genesis and dynamics of organizational networks ［J］. Organization Science，2012，23.

③ Nahapiet J，Ghoshal S. Social capital，intellectual capital，and the organizational advantage ［J］. Knowledge & Social Capital，1998，23（2）：242–266.

④⑨ Welch E，Melkers J. Effects of network size and gender on PI grant awards to scientists and engineers：An analysis from a national survey of five fields ［J］. Yale University Library Gazette. yale University. library，2008，77（1）：85–85.

⑤ Nicolaou N，Birley S. Social networks in organizational emergence：The university spinout phenomenon ［J］. Management Science，2003，49（12）：1702–1725.

⑥ Godin B，Gingras Y. Impact of collaborative research on academic science ［J］. Science and Public Policy，2000，27（1）：65–73.

⑦ 赵延东，周婵. 我国科研人员的科研合作网络分析：基于个体中心网视角的研究 ［J］. 科学学研究，2011，29（7）：999–1006.

⑧ 曹玲，李敏. 科研合作"个体中心网"特征与科研绩效关系研究：基于大气科学领域论文合作的实证分析 ［C］. 第七届中国科技政策与管理学术年会论文集，2011：1–11.

关系强弱程度，并进一步判断中心个体对合作伙伴的熟悉程度及其对科研合作的影响。其中个体网络密度能够直接反映科研人员的直接联系人之间的联系程度，即在剔除科研人员（中心个体）之后，其他成员之间的联系程度。边燕杰和李煜[①]的研究发现密度越高的网络中的资源总量越少。曹玲和李敏[②]的研究也表明网络密度与科研产出、学术影响力负相关。而索萨（Sosa）[③]的研究发现联系强度和创造力之间存在正相关关系。但是，克拉克哈特（Krackhardt）[④]的研究发现，适当黏合的团体合作网络才适合新知识的传播，网络密度过高与过低都容易产生负面影响。劳皮斯（Llopis）和德埃斯特（D'este）[⑤]对生物医学领域学者的个体网络结构与社会资本进行分析，发现学者的个体网络中介性与知识创新程度呈倒 U 形关系。该研究认为这反映了网络主体在稀疏和密集网络之间的权衡。稀疏网络自带的信息优势有助于学者参与各种形式的医疗创新活动。但网络主体需要投入更多的时间和精力来培养和维持与弱关系成员的联系，当这种成本超过其潜在收益时，可能会阻碍知识在网络内的流动。谢丽斌等[⑥]以作者合作关系网络为例，探索科研人员的关系网络特征和分布规律，最后证明了科研领域合作关系网络符合幂律分布。

近年来，合著作者的文章数量急剧增加[⑦]，部分学者通过建立科研人员

① 边燕杰，李煜. 中国城市家庭的社会网络资本 [J]. 清华社会学评论，2000（2）：1-18.

② 曹玲，李敏. 科研合作"个体中心网"特征与科研绩效关系研究：基于大气科学领域论文合作的实证分析 [J]. 第七届中国科技政策与管理学术年会论文集，2011：1-11.

③ Sosa M E. Where do creative interactions come from? The role of tie content and social networks [J]. Organization Science，2011，22（1）：1-21.

④ Krackhardt D. Organizational viscosity and the diffusion of controversial innovations [J]. Academy of Management Review，2002（1）：17-40.

⑤ Llopis O, D'este P. Connections matter: How personal network structure influences biomedical scientists' engagement in medical innovation [J]. INGENIO（CSIC-UPV）Working Paper Series，2014，2（3）：117-119.

⑥ 谢丽斌，董颖，吴德志. 基于 Pajek 的科研领域合作关系网络特征分析 [J]. 图书馆，2016（7）：62-65.

⑦ Abbasi A, Chung K S K, Hossain L. Egocentric analysis of co-authorship network structure, position and performance [J]. Information Processing & Management，2012，48（4）：671-679.

的合著网络，对作者的网络结构与其影响力的相关性进行研究。阿纳博迪（Arnaboldi）等①对谷歌学术中合著文献的作者个体网络进行分析，发现个体网络规模与作者的文献引用率之间存在显著正相关。阿巴西（Abbasi）等②还分析了来自 Scopus 数据库的 8000 个共同作者的个体网络，结果表明，个体网络的密度、网络约束系数（Burt's constraint）、中间性中心度（Ego-betweenness）、有效大小（effective size）与作者绩效（g 指数③）显著相关，特别是合著者较多的学者和中间中心性水平较高的学者，拥有更高的 g 指数。欧特佳（Ortega）④ 对从 Microsoft Academic Search（MSA）收集到的大型数据集（其中有 32000 个作者）的分析结果与 Abbasi A 一致，并且该数据集还发现数学、社会科学和经济学的科研人员的个体网络规模小、密度低，而物理、工程和地球科学的学者个体网络更加密集。李纲和刘先红⑤的研究发现学术带头人的合作强度较大，且合作强度与合作规模呈倒 U 形关系。奥利弗（Olive）⑥ 发现企业界科学家的合作网络异质性随着规模的扩大而增加，因为科学家需要增强研究的多样性和积累学术声誉。波拉克（Porac）等⑦对两个科研团体进行比较时发现，异质性高的团体科研产出率更高，并且对于新知识的吸收与运用能力更强。可见科研合作网络的异质性越高，越有助于成员

① Arnaboldi V，Dunbar R I M，Passarella A，et al. Analysis of Co-Authorship Ego Networks［C］//NetSciX. Springer International Publishing，2016.

② Abbasi A，Chung K S K，Hossain L. Egocentric analysis of co-authorship network structure，position and performance［J］. Information Processing & Management，2012，48（4）：671 – 679.

③ g 指数：将论文按被引次数由高自低排序，将序号平方，将引次数按序号层层累加，当序号平方等于累计被引次数时，该序号则为 g 指数。g 值越大说明该学者的学术影响力越大、学术成就越高，通常作为 h 指数的补充或提高。

④ Ortega J L. Influence of co-authorship networks in the research impact：Ego network analyses from Microsoft Academic Search［J］. Journal of Informetrics，2014，8（3）：728 – 737.

⑤ 李纲，刘先红. 科研团队中学术带头人的合作特征及其对科研产出的影响［J］. 情报理论与实践，2016，39（6）：70 – 75.

⑥ Oliver A L. Biotechnology entrepreneurial scientists and their collaborations［J］. Research Policy，2004，33（4）：0 – 597.

⑦ Porac J F，Wade J B，Fischer H M，et al. Human capital heterogeneity，collaborative relationships，and publication patterns in a multidisciplinary scientific alliance：a comparative case study of two scientific teams［J］. Research Policy，2004，33（4）：670 – 678.

获取多样性的信息，促进知识创新，提高科研产量和质量。但赵延东和周婵[①]研究发现我国科研人员的合作网络异质性不高，以同事和师生关系为主，并且表现出年龄、职称的趋同性，可能与社交习惯与研究需求有关，但还是有必要加强与不同领域学者的交流与合作。张（Zhang）等[②]以中国科学院为中心建立其与企业、高校组织间的科学协作网络，发现在 1978 ~ 2015 年中国科学院的个体网络规模不断扩大，与国外著名高校的合作密度显著增强，结构洞位置的数量也不断增加，这为中国科学院提供更多的关键信息，此外，中国科学院合作网络中的小世界结构呈现出四种倒 U 形演化模式，中国政府可能是促进该网络演化的关键因素，也就是说，政府发布的科技政策可能会对促进中国的国际交流合作产生积极的影响。

部分研究表明人口特征，如性别、年龄、婚姻、地位等，也会对人们的社会网络构成产生不同的影响[③]，但具体的影响程度因研究对象的不同而产生差异。例如，杰迪迪（Jadidi）等[④]发现女性科研人员更有可能嵌入没有结构洞的个体网络中，并在表现出更强的性别同质性。王（Wang）等[⑤]对物理学和计算机领域的学者个体网络进行分析，发现随着学龄的增长，学者的网络中心性也相应提高，这意味着高级学者的合作者更多，另外，学者的合作网络中存在学术年龄同质趋势。

---

① 赵延东，周婵. 我国科研人员的科研合作网络分析：基于个体中心网视角的研究 [J]. 科学学研究，2011，29（7）：999 - 1006.

② Zhang Y, Chen K, Zhu G, et al. Inter-organizational scientific collaborations and policy effects：An ego-network evolutionary perspective of the Chinese Academy of Sciences [J]. Scientometrics, 2016, 108（3）：1383 - 1415.

③ 张文宏，李沛良，阮丹青. 城市居民社会网络的阶层构成 [J]. 社会学研究，2004（6）：1 - 10.

④ Jadidi M, Karimi F, Wagner C. Gender disparities in science? Dropout, productivity, collaborations and success of male and female computer scientists [J]. Advances in Complex Systems, 2018, 21（03n04）：1750011.

⑤ Wang W, Yu S, Bekele T M, et al. Scientific Collaboration Patterns Vary with Scholars' Academic Ages [J]. Scientometrics, 2017, 112（1）：329 - 343.

1.2.4 网络结构及其影响研究

社会网络分析从网络结构的角度对科学交流效果的影响进行探索。乌齐（Uzzi）[①] 指出，由强关系带来的信任和其他嵌入因素有助于促进个体之间的有效知识交流，特别是在深度搜索与获取复杂性知识方面，这给在线社交网络结构研究以极大的启发。

已有学者从在线社交网络结构角度出发，将学术社交环境概念化为社会关系网络，学者们就是通过关系纽带相互联系的节点，对不同团体及其产生的网络结构对科学交流效果的影响进行评价。2000 年，克劳斯（Cross）等[②③]将社会网络分析方法引入知识管理领域，评估员工在重要项目中学习和知识共享所依赖的工作关系的特征。多项研究证实，网络连接关系通过促进成员的知识获取来激发知识创造和知识创新行为。[④⑤⑥⑦⑧] 关于该领域的辩论主要集中在何种网络结构更有可能支持个体的创造力：行动者应该嵌入封闭且相互加强连接的紧密网络（bonded networks），还是嵌入连接薄弱、互动较

① Uzzi B. Social structure and competition in interfirm networks：The paradox of embeddedness ［J］. Administrative Science Quarterly，1997：35 – 67.

② Cross R，Parker A，Borgatti S P. A bird's-eye view：Using social network analysis to improve knowledge creation and sharing ［J］. IBM Institute for Business Value，2002，2：1 – 19.

③ Cross R. Knowing what we know：Supporting knowledge creation and sharing in social networks ［J］. Organizational Dynamics，2001，30 （2）：100 – 120.

④ Ahuja G. Collaboration networks，structural holes，and innovation：A longitudinal study ［J］. Administrative Science Quarterly，2000，45 （3）：425 – 455.

⑤ Baum J A C，Calabrese T，Silverman B S. Don't go it alone：Alliance network composition and startups' performance in Canadian biotechnology ［J］. Strategic Management Journal，2000，21 （3）：267 – 294.

⑥ Borgatti S P，Halgin D S. On network theory ［J］. Organization Science，2011，22 （5）：1168 – 1181.

⑦ Hagedoorn J. Inter-firm R&D partnerships：An overview of major trends and patterns since 1960 ［J］. Research Policy，2002，31 （4）：477 – 492.

⑧ Stuart T E. Interorganizational alliances and the performance of firms：A study of growth and innovation rates in a high-technology industry ［J］. Strategic Management Journal，2000，21 （8）：791 – 811.

少的中介网络（brokered networks）①②。

　　一方面，封闭的、社会联系紧密的网络能够加强网络参与者之间的信任、相互监督和人际协作③，只要网络包含或关联足够多的信息，就有更多对外输出信息的可能，从而促进与提高个人创造力有关的知识的共享④⑤。莫雷诺（Moreno）等⑥认为鼓励构建具有共同兴趣和目标的网络社区，可以促进银行组织间的知识交流。占（Zhan）和韩（Han）⑦通过边缘加权图论解释成员间的知识交流，提出成员之间知识交流数量、频率、信任等级等要素都会对知识交流效果产生影响。钟琦和汪克夷（2008）⑧认为组织知识网络的效率和有效性往往取决于网络中非冗余性联系的数量，并将表征成员之间知识联结强度的维度分为知识交流频率、关系类型、人际关系亲密程度、知识交流内容。

　　另一方面，开放性的中介网络可以让个人跨越原本没有连接关系的联系人之间的结构性漏洞⑨，让中间人接触到更加广泛的信息源，为网络输入更

---

① Fleming L, Mingo S, Chen D. Collaborative brokerage, generative creativity, and creative success [J]. Administrative Science Quarterly, 2007, 52 (3): 443 – 475.

② Obstfeld D. Social networks, the tertius iungens orientation, and involvement in innovation [J]. Administrative Science Quarterly, 2005, 50 (1): 100 – 130.

③ Coleman J S. Social capital in the creation of human capital [J]. American Journal of Sociology, 1988, 94: S95 – S120.

④ Reagans R, McEvily B. Network structure and knowledge transfer: The effects of cohesion and range [J]. Administrative Science Quarterly, 2003, 48 (2): 240 – 267.

⑤ Uzzi B, Spiro J. Collaboration and creativity: The small world problem [J]. American Journal of Sociology, 2005, 111 (2): 447 – 504.

⑥ Moreno A. Enhancing knowledge exchange through communities of practice at the Inter-American Development Bank [C]//Aslib Proceedings. MCB UP Ltd, 2001, 53 (8): 296 – 308.

⑦ Zhan Z, Han B T. The Study on Knowledge Flow Efficiency Measure of Weighted RIN [C]//International Workshop on Modelling. IEEE, 2008.

⑧ 钟琦, 汪克夷. 基于社会网络分析法的组织知识网络及其优化 [J]. 情报杂志, 2008, 27 (9): 59 – 62.

⑨ Burt R S. Structural Holes: The social structure of competition [M]//Dobbin F. The New Economic Sociology: A Reader. Princeton: Princeton University, 2004: 325 – 348.

多异质性信息，而这正是知识创造的重要驱动力①。张赟②对不同知识交流模式的效果进行研究，发现组织的人际网络应存在一定规模的结构洞，才有机会接触到异质知识，加快隐性知识的传播速度，但选取联结程度较高的人群组建网络，可以降低知识共享的成本并提高网络信息质量。

1.2.5　研究述评

国内外学者已经在学术社交网站的用户科学交流行为与科研人员合作关系网络的相关领域积累了一些的显著研究成果，研究方向主要体现在上述四个方面。这些研究证明了学术社交网站在科学交流过程中的价值，同时对于理解科研人员的科学交流行为具有重要意义，揭示了知识创造与科研协作的新模式，但在理论探索和实证研究方面还存在一些问题亟待解决。

1.2.5.1　学术社交个体网络的构建过程有待深入探讨

已有学者对学术社交网站用户的使用动机、使用方式进行理论分析和实证调查，但此类研究主要以用户的知识贡献和知识获取作为"果"来寻找"因"，未专门针对用户个体网络构建的动机和过程展开研究。然而社交关系是个体与个体之间联系的基础，个体网络是用户社交关系在虚拟学术空间的一种映射，对于个体网络构建过程不仅能够帮助我们了解用户的社交需求和不同社交关系的形成机理，也有助于进一步理解用户行为模式差异的原因。因此后续研究有必要对学术社交个体网络的构建时机、动因、方式、作用等问题进行细致的考察，从而形成一个可供深入研究的理论框架。

---

① Sekowski A. Creativity in context：Update to the social psychology of creativity ［J］. High Ability Studies，1999，10（2）：233.

② 张赟. 基于结构洞的科研团队隐性知识共享效果测度研究 ［J］. 图书情报工作，2012，56（6）：111 – 116.

1.2.5.2　不同学术身份用户的个体网络与行为有待全面研究

相关研究虽对用户个体网络进行了考察，但大多以单个学科用户或者影响力高的学者为研究对象，选取的样本范围和数量有限，研究结果难以全面地反映不同学术身份用户的社交关系及科学交流行为的一般规律。因此需要对于多种学术身份用户数据进行抓取和分析，对中心个体与成员之间的社交关系强度差异，以及这种差异带来的影响进行全面揭示，并结合实证研究对用户个体网络结构及互动行为进行解释，从中挖掘出行为的一般规律。

1.2.5.3　学术社交网站个体网络解释性研究不足

学术社交网站是数字时代中进行科学交流的重要平台，研究者和实践者均需要了解学术社交网站在不同情境中的实际应用效果。到目前为止，研究学术社交网站用户行为的方法多是以社会资本理论、社会交换理论、信任相关理论、技术接受模型、持续使用意愿等理论为基础，提出用户行为的研究假设，并通过实证研究对所构建的理论模型进行验证。研究方法与理论较为单一，研究结果也各不相同，无法全面客观反映出学术社交网站用户行为模式和影响因素。也有一些研究针对科研人员的个体网、基于社群知识交流的局域网得出了一些普适的理论，但实际的网络结构各不相同，其背后的成因及对构建者进行科学交流的影响也不一样。理论来源于实践，并最终将服务于实践。因此需要在客观数据分析的基础之上，由构建者对其网络进行主观解释，才能全面了解学者的科学交流行为的前因后果。对现有科研信息服务的社交化改造进行全面的实证研究，在实证中检验并完善理论。

1.3　研究问题与研究内容

本书是一项面向学术社交网站用户的课题，平台的发展与社交方式的变化，使得对于用户科学交流行为的研究不能仅仅依赖于经验总结，还有必要结合现实情况和理论研究，形成具体的研究问题和研究内容。

1.3.1　研究问题

本书的研究目的是试图回答学术社交网络在科研人员科学交流合作的流程中发挥何种作用以及如何发挥的问题。由于学术社交网络用户与科学交流合作均受个体特征差异的影响，因此本书决定从学术社交网络的微观视角出发，即对用户个体网络进行内部分析和外部比较，总结用户在个体网络中的互动交流模式，研究个体网络结构差异、成因，并分析其对整个科学交流合作效果的影响。围绕上述研究目的，提出本书的研究问题：

问题一：学术社交网站个体网络由哪些成员构成？各成员内部及相互间在交流互动过程中形成何种关系？

问题二：学术社交网站个体网络内部结构是怎样的？哪些因素导致个体网络结构差异？

问题三：学术社交网站个体网络的不同结构特征在科学交流合作过程中产生哪些影响？

围绕这三个问题，首先，本书厘清学术社交网站个体网络的发展现状、中心个体类型及其特征，结合结构洞理论与强弱关系理论，探究不同个体内部组成结构及与成员之间的关系，并对个体网络成员行为展开调查。其次，本书利用社会网络分析方法对学术社交网站用户个体网络结构进行实证研究，并比较个体网络的学术身份和学科特征，分析导致个体网络结构差异的因素。最后，本书对学术社交网站用户个体网络的成因及影响进行解释性研究，了解个体网络乃至整个学术社交网站在科学交流过程中的哪些环节发挥作用。

1.3.2　研究内容

学术社交网站用户个体网络研究的主要内容如下。

第1章：绪论，本章主要从学术社交网站的迅速发展、科研人员的广泛采用及个体网络在学术社交网站中的价值等背景出发，确立本书研究的必要性及重要意义。在梳理学术社交网站用户行为、社会网络分析内容、科研人员的个体网络结构、网络结构与科学交流效果关系等相关研究成果的基础之上，通过分析与述评的方式明确已有研究的薄弱部分，据此确立本书研究的问题和内容，制定相应的研究方法。

第 2 章：理论基础与分析框架。本章结合前人的研究结论和本次的研究对象，对研究涉及的核心概念——学术社交网站与个体网络进行界定，并较为系统地分析研究过程中所涉及主要相关理论——弱连带优势理论、强连带优势理论、结构洞理论、社交大脑假说理论和科学交流相关理论，为后续的网络结构和科学交流行为研究提供理论依据。最后根据研究内容、方法和理论基础制定本书的分析框架。

第 3 章：学术社交网站个体网络及用户行为概述。首先，本章对学术社交网站个体网络发展现状、成员类型和成员关系进行介绍，将网络中的成员关系划分为单向追随关系、双向式互惠关系以及同质与异质的间接关系，并结合强弱关系理论和结构洞理论对关系强度的作用进行解释。其次，本章通过问卷调查学术社交网站用户的平台选择偏好、学术身份创建、个体网络构建、信息获取、学术传播、科研协作、寻求职业发展与项目资助的行为。本章的目的在于了解个体网络的构建背景，并选取志愿者参与后续的社会网络分析与访谈。

第 4 章：学术社交网站个体网络结构。本章对学术社交个体网络的规模、凝聚程度和网络位置三种结构特征的计量指标和计量目的进行描述。围绕现有的研究成果以及学术社交网站用户的特殊性，从个体类型、学术身份与学科领域的角度，选取个体网络结构的研究对象。借助社会网络分析方法对个体网络内部结构进行可视化分析，分析不同用户个体网络的结构情况，探索网络结构与个体类型、学术身份和学科领域的相关性和差异。

第 5 章：学术社交网站个体网络结构的影响。本章选取第 4 章的研究对象，结合第 3 章与第 4 章的研究结果，通过访谈法对用户的个体网络结构进行解释，深入讨论用户在个体网络中的互动交流方式，重点探讨用户不同的个体网络结构在其科学交流与合作的过程中发挥了何种作用，效果如何等问题。

第 6 章：结论与展望。本章对全书的研究过程和研究结果进行总结，并针对研究最初提出的问题进行解答。最后根据文章的研究内容与结论，归纳创新点，并对研究不足进行说明，展望未来研究方向。

1.4 研究方法

由于本书研究的问题具有一定的复杂性，不容易放在一个单一的研究范式中。虽然个体网络本质上是实证研究，因为个体网络本身是客观存在且有待发现的，但个体网络的客观结构只是本研究的一部分，更重要的是个体网络构建的意义：个体网络在数字科学交流大背景下，如何帮助网络主体进行科学交流与合作，其是否会对不同主体产生不同的作用与效果。因此，本书既要考虑学术社交网站用户个体网络的客观呈现，也要兼顾用户在网络中的主观能动作用。为了解答上述研究问题，本书主要采用文献调研法、问卷调查法、深度访谈法和社会网络分析相结合等方法。研究方法的应用如图 1-2 所示。

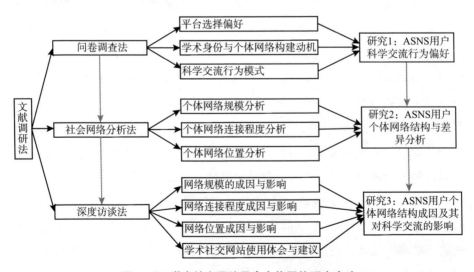

图 1-2　学术社交网站用户个体网络研究方法

1.4.1　文献调研法

文献调研是开展科学研究前一项极为重要的工作，是指通过对相关文献进行检索、收集和归类分析后，对研究课题形成较全面、客观认知的分析方法。本书围绕学术社交网站和用户个体网络开展了大量的文献收集、整理及归纳工作，了解本书研究领域的研究进展和研究成果，适用的理论依据和研究方法，发现学术社交网站用户个体网络与科学交流行为研究的欠缺之处，提出研究问题、内容。此外，在研究过程中也通过深入、全面的文献调研工作，总结归纳学术社交网站用户个体网络的结构特征及成员关系，提取与学术社交网站用户行为中具有普遍性的用户特征与行为方式，为个体网络结构分析提供视角。

1.4.2　问卷调查法

问卷调查法是调查者根据研究问题设计问卷，并向被选取的调查对象了解情况或征询意见的调查方法。本书对学术社交网络用户展开问卷调查，并用统计分析软件对收集到的数据进行分析，问卷调查的目标有两点：第一，广泛收集学术社交网站用户使用行为的基本数据，重点考察用户在构建个体网络的目的以及在网络中的交流互动方式，总结出个体网络信息交流过程中的主体特征及科学交流行为偏好；第二，作为一种招聘机制，邀请答卷者参与后续的个体网络数据分析和访谈。

1.4.3　社会网络分析法

社会网络分析是对社会网络的关系结构及其属性加以分析的一套规范和方法，也称为结构分析。本书利用社交网络分析法对学术社交网站用户个体网络进行分析，具体操作分为三个步骤：第一，通过问卷调查中的志愿者提供的社交账号，获取其学术社交网站用户数据，其中，学术社交网站的选取是依据前期问卷调查中用户最常用的平台；第二，确定个体网络结构的度量指标，使用 Gephi v0.9.2 工具和 Ucinet 6 以可视化方式显示用户的个体网络结构；第三，根据网络度量指标结果，分析个体网络结构的个体类型差异、学术身份差异及学科差异。

1.4.4　深度访谈法

深度访谈法是指访谈者根据研究需求，预设好开放式或半开放式的问题，通过与受访者的访谈获取相关信息，并加以汇总、分析及归纳，得出结论。本书为深入了解学术社交网站用户个体网络的影响，选取个体网络结构的研究对象，研究有三个目的：第一，探讨中心个体在网络中与其他成员的科学交流行为；第二：由中心个体对其个体网络结构成因进行解释；第三，深入分析个体网络在用户科学交流与合作中产生的影响与效果。

第 2 章
理论基础与分析框架

2.1 核心概念

学术社交网站是社交平台在数字科学交流时代的新发展，区别于大众社交网站，学术社交网站有其特有的服务和功能。同时，个体网络作为本文的主要研究对象，已在社会网络分析领域中具有明确的定义。因此本书结合已有的研究及本研究的主要对象，对学术社交网站和个体网络的概念进行界定。

2.1.1 学术社交网站

随着技术的发展，社交网站的功能和定义也在发生着动态的变化。2007年，密歇根州立大学通信、信息和媒介学院教授埃里森（Ellison）和博伊德（Boyd）① 将社交网站定义为基于网页的服务，它允许个人：第一，在一个有

① Ellison N B, Boyd D M. Social network sites: Definition, history, and scholarship [J]. Journal of Computer-mediated Communication, 2007, 13（1）: 210 – 230.

界限的系统中，建立公开或半公开的个人页面；第二，和有着共同社会网络链接的人保持联系；第三，能够互相浏览对方的社会网络链接，这些链接能够从一个站点转移到另一个站点。2013 年，埃里森（Ellison）和博伊德（Boyd）① 将社交网站重新定义为一个网络化的交流平台，主要包括三个特征：一是用户拥有唯一的、可识别的个人主页，主页包含用户提供的、其他用户提供的和系统提供的三种内容；二是社交网站中的关系是公开的；三是用户可以通过网站消费、生成内容，并进行交互。交流模式包括：一对一或一对多、同步或异步、基于文字或基于媒体、公开或私密。

如今社交网站在市场竞争中不断调整定位，服务内容和方式也日趋多元化。而学术社交网站（academic social network sites，ASNS）便是面向学术界的在线网络服务平台。随着平台的发展，学者们对学术社交网站的概念界定也在不断调整。欧（Oh）与正（Jeng）② 从建立联系和成果管理与共享的视角，认为学术社交网络是在线服务（例如，在线平台或软件），其专注于支持在线科研活动并帮助学者建立社交网络，除了基本的社交网络功能，ASNS还允许学者进行以下操作：第一，创建以研究为导向的用户公共档案。例如，Academia. edu 和 ResearchGate 平台允许研究人员添加当前和以前导师的字段，而 Mendeley 平台允许研究人员列出他们的荣誉或资助项目。学术社交网站的个人档案不仅仅是一个简单的个人资料页面，ASNS 允许学者建立一个专业的研究成果清单或简历。第二，支持管理个人科研出版物、书目和引文。例如，Mendeley 和 Zotero 平台均具有文献管理功能，并能将管理软件与他们的网页平台集成在一起，允许用户分享、浏览和搜索自己或他人的文献列表。第三，提供在线学习小组讨论平台。ResearchGate 和 Mendeley 平台都鼓励用户创建

① Ellison N B, Boyd D M. Sociality through social network sites [M]. The Oxford handbook of internet studies, 2013: 151 – 172.

② Oh J S, Jeng W. Groups in academic social networking services: An exploration of their potential as a platform for multi-disciplinary collaboration [C]//2011 IEEE Third International Conference on Privacy, Security, Risk and Trust and 2011 IEEE Third International Conference on Social Computing. IEEE, 2011: 545 – 548.

学习小组，并在组内发送信息、分享阅读清单、参与讨论。艾希曼（Eich-mann）① 从科研协作的角度指出，"学术社交网站是为科研人员在特定领域进行有效合作而建立的服务平台"；塞尔沃尔（Thelwall）等② 则是结合联系与成果共享的功能，将其描述为"通过研究人员之间的联系与学术成果共享搭建起的学术型社会网络平台"。

本书结合前人的建立联系、科学交流和学术合作的三个主要视角，将学术社交网站定义为通过研究人员之间的联系与学术成果共享搭建起的学术型社交网络平台，旨在通过一系列交流工具、学术资源和在线服务推进科学交流与合作。

2.1.2　个体网络

社会网络共分为个体网络、局域网络和整体网络三种，如图 2 - 1 所示。个体网络是由一个中心个体和与之直接相连的其他个体构成的网络；局域网络则是个体网加上与个体网络成员有关联的其他点构成的网络；整体网络指的是由一个群体内部所有成员由其间的关系构成的网络。③

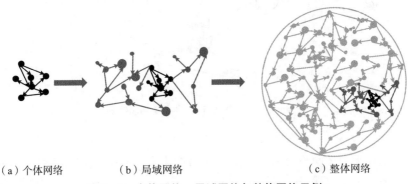

（a）个体网络　　　　（b）局域网络　　　　　　　　（c）整体网络

图 2 - 1　个体网络、局域网络与整体网络示例

---

① Eichmann D. Semantic commonalities of research networking and PIM［C］//Robert Capra & Jaime Teevan. Personal Information Management—PIM 2012 Workshop，Seattle（Bellevue），2012.

② Thelwall M，Kousha K. A cademia. edu：Social network or A cademic Network？［J］. Journal of the Association for Information Science and Technology，2014，65（4）：721 - 731.

③ 罗家德. 社会网分析讲义［M］. 北京：社会科学文献出版社，2005.

个体网络（Ego Network）是人类学中的重要概念①，又称为自我网络、自我/个体中心网络（后文主要使用个体网络这个术语），它是围绕一个特定的社会行动者而形成的网络，行动者可以是一个人类，也可以是一个企业。从理论角度而言，个体网络指的是以个体为中心（ego）、由它和与建立直接联系的成员（alter）以及成员之间建立一种或几种特定类型的社交关系（如情感交流、信息共享、经济交流等）构成的网络。在学术社交网站中，用户间通过互相关注建立联系，个体网络体现在学术社交网站中则是为以用户为中心、由用户的关注者（followers）及被关注者（followee）形成的社交关系网络。根据定义将个体网络进行可视化，如图2-2所示，黑色的顶点表示中心个体，白色节点表示它的直接联系人，连接线表示它们之间的关注情况。

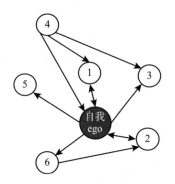

图2-2 以自我为中心的个体网络示例

学术社交个体网络分析旨在从个体角度出发研究和理解学术关系网的结构与功能，因为个体了解和参与学术社交活动本质上讲是通过自己与其直接关联的成员的交互进行的，例如，一个人想在学术社交网站进行科学交流活动，那么一定会与网站中的某些人直接进行交互，而这些人也将出现在那个

---

① Scupin R, DeCorse C R. Anthropology A Global Perspective: A Global Perspective [M]. Pearson, 2015.

人的个体网络中。个体网络分析是研究学术社交网站用户社交行为和关系网络的重要工具之一。①

2.2 社会网络理论

本书借助社会网络理论中的三个基础理论：第一，通过格兰诺维特及其他学者共同验证弱连带优势、强连带优势理论，探讨学术个体网络中用户关系对信息交流价值；第二，利用结构洞理论分析学术社交网站用户个体网络中的成员如何利用自身在网络中的位置获取信息竞争优势，进而达到科学交流的目的；第三，通过"社交大脑假说"理论来分析学术社交个体网络规模和关系层次，用以探讨中心个体与不同关系层成员的交流方式和效果。

2.2.1 弱连带优势理论和强连带优势理论

1973 年，美国斯坦福大学社会学系教授马克·格兰诺维特（Mark Granovetter）首次提出了人际连带强度的概念，并用根据关系建立时间长短、互动频率、情感强度和互惠性四个因素将人际连带强度划分为强连带、弱连带和无连带，并就不同连带强度的作用进行分析，提出"弱连带优势"理论（strength of weak ties，SWT）。②③

格兰诺维特的弱连带优势理论是由一系列明确的前提和结论构成的（如图 2-3 所示）。该理论的第一个前提是，两个人之间的关系越强，他们的社会世界越有可能交叉，即他们会与相同的第三方有关系，这是一种传递性（transitivity）。例如，A 与 B 结婚，而 B 是 C 的好友，那么 A 和 C 至少有机

---

① 王庆. 自我中心网络的结构建模与研究［D］. 北京：北京邮电大学，2017.
② Granovetter M. The Strength of Weak Ties［J］. American Journal of Sociology，1973：1360－1380.
③ Granovetter M. The Strength of Weak Ties［M］. Academic Press，1977：347－367.

会成为熟人。格兰诺维特认为，其原因在于关系形成的深层动因是内在于其中的传递性。例如，人们往往同类相吸（homophilous），即他们同与自己相似之人有强关系。[1][2] 类聚性（homophily）是弱传递（weakly transitive）的基础，因为如果 A 和 B 相似，B 和 C 相似，那么 A 和 C 也可能有某些相似性。关系是由相似性引起的，就此而言，它会导致关系结构中的弱传递性。另一个论点的基础则是平衡论或认知失调论[3]。如果 A 喜欢 B，B 喜欢 C，A 为了避免不协调也会喜欢 C。

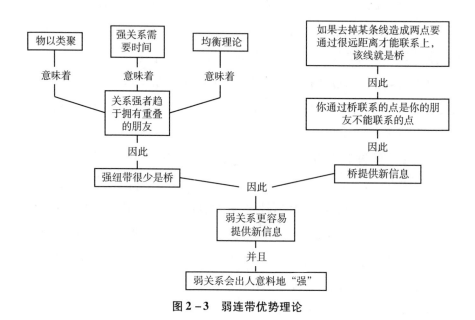

图 2-3 弱连带优势理论

弱关系理论的第二个前提是，桥接关系（bridging）是新思想（novel ideas）的一个可能来源。桥接关系将一个人与另一些人联系起来，这些人与此

① Lazarsfeld P F, Merton R K. Friendship as a Social Process：A Substantive and Methodological Analysis [M]//Freedom and Control in Modern Society. New York：Van Nostrand, 1954.

② Mcpherson M, Cook S L M. Birds of a Feather：Homophily in Social Networks [J]. Annual Review of Sociology, 2001, 27：415 – 444.

③ Heider F. The psychology of interpersonal relations [M]. New York：Wiley, 1958.

人的其他朋友都没有联系。这个观点意味着，一个人可以从桥接关系里打听到一些还没有在他们的其他朋友之间流传开的消息。图 2 - 4 中，A 同 G 就是桥接关系。格兰诺维特认为，将这两个前提放到一起，可以推出新信息不可能来源于强关系。原因如下：首先，桥接关系不大可能是强关系。根据前述前提一，如果 A 和 G 有强关系，那么 G 与 A 的其他关系强的朋友之间至少有一个弱关系。然而，如果这是真的，A 和 G 之间就不可能是桥接关系了，因为这意味着会有许多从 A 至 G、经由他们共同熟人的短路径。因此，只有弱关系才可能是桥。由于桥接关系是新信息的来源，且只有弱关系是桥接关系，所以弱关系才是新信息的最佳可能来源。

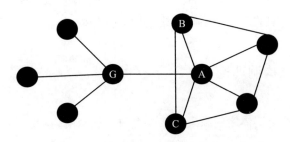

图 2 - 4　由 A 到 G 是桥接关系，移除它就会切断整个网络

1982 年，经过一系列的弱连带优势分析之后，格兰诺维特又提出强连带也有其不可替代的优势，他认为，弱关系为人们提供超出自己社交圈子能获取到的信息和资源的机会，但是强连带也有其不可替代的作用，而且通常更容易获得，处于不安全地位的人更有可能求助于发展强有力的关系来获得保护和减少不确定性。[①] 在格兰诺维特看来，强连带是在年龄、教育水平、身份地位等社会特征相似的个体之间构建起来的，因为特征相似，所以个体所了解的事物、事件经常是相同的，信息交流过程中的成本就会更低，交流也

---

① Granovetter M. The strength of weak ties: A network theory revisited [J]. Sociological Theory, 1983: 201 - 233.

更加便利，但通过强连带获得的信息可能会具有重复性。① 1992 年，管理学家克拉克哈特（Krackhardt）在格兰诺维特及其他学者的理论研究基础之上，正式提出强连带优势理论（strength of strong ties，SST），并将强关系定义为：拥有频繁、持久、情感强烈、相互作用的特征的关系。其优势在于为人们奠定相互信任的基础，有利于人们适应环境的变化，在面对不确定性风险时提供安全感。②

弱连带优势理论和强连带优势理论可以作为个体的社会资本理论，在个体网络中通常是强弱关系并存的状态，弱关系提升网络的信息多样性，强关系通过信任度和熟悉度加快信息传播速度，诸如此类的关系优势共同为个体网络的科学交流创造机会。因此，本书将利用弱连带优势理论和强连带优势理论对个体网络中的用户关系与网络结构进行分析。

2.2.2　结构洞理论

当两个或多个实体之间缺乏直接联系时，社交网络中就存在结构性漏洞。1992 年，伯特（Burt）在《结构洞：竞争的社会结构》（*Structural Holes：The Social Structure of Competition*）③ 一书中提出了"结构洞"理论（structural holes theory）。结构洞理论的出现与发展是为了解释实体如何从社会网络的竞争及其交叉关系中获益，经常被应用于占据社会网络的个人、组织或其他实体之间的关系分析。例如，不同实体之间是如何相互联系的？一个人如何才能从这些关系中获益？

伯特的结构洞理论不同于格兰诺维特所描述的"弱关系是桥梁"，它关注的不是两个实体之间的关系强度，而是实体之间的"鸿沟"（chasm）或关

---

① 孙立新. 社会网络分析法：理论与应用 [J]. 管理学家（学术版），2012（9）：66 – 73.

② Krackhardt D. The strength of strong ties：The importance of philos in organizations [J]. Journal of Networks and Organizations：Structure，1992：216 – 239.

③ Burt R S. Structural Holes：The Social Structure of Competition [M]. Cambridge，MA：Harvard University Press，1992.

系间断（disconnection）的实体。下面将用四个行动者（A、B、C、D）所形成的关系网络来说明结构洞。

图 2 - 5（a）存在 3 个结构洞：BC、BD、CD（如图虚线所示），而中心成员 A 分别与 B、C、D 建立联系。因此相对于其他三位行动者，处于结构洞位置的 A 具有信息获取优势和信息控制优势：第一，A 最有可能获取网络中的所有资源，并且信息重复性低；第二，B、C、D 必须通过 A 才能建立联系，因此 A 可以决定信息传递的优先顺序。图 2 - 5（b）实际是一个封闭的网络，A、B、C、D 彼此连接，不存在结构洞。每位成员在获取信息时处于平等位置，没有优劣势之分。

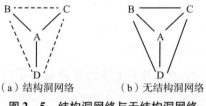

（a）结构洞网络　　　（b）无结构洞网络

图 2 - 5　结构洞网络与无结构洞网络

伯特认为"群体内部的观点和行为比在群体之间更具同质性（homogenous），因此跨群体的人们更熟悉不同的思考和行为方式"[1]。在联系紧密的群体存在更多的冗余信息，因此，个人在探索这些密集网络之间的稀疏地段的过程中，可能与另一个人或网络连接起来，填补网络的结构洞（搭桥），从而访问非冗余信息或资源，获得最大利益。此外，在一个组织中，位于结构洞的人不容易过分沉浸于单个网络里，他们通过在网络边缘的行动，更有可能成为一座桥梁，获取外界的非冗余信息，并在交流的过程中产生新的思想并输入到组织中。成员传递新思想的能力是网络创新的关键，而对于结构洞成员而言，能否获得结构洞带来的利益取决于信息传递的成功与否。

伯特的结构洞理论为本书的个体网络位置分析提供重要的依据，识别学术

---

① Burt R S. Structural holes and good ideas［J］. American Journal of Sociology，2004，110（2）：349 - 399.

社交个体网络中潜在的结构洞数量及中心个体对结构洞的控制能力，有助于了解中心个体在科学交流中的信息优势，从而提高整个网络的信息交流效果。

2.2.3　社交大脑假说理论

人类学家邓巴（Dunbar）在 1998 年提出了著名的社交大脑假说理论（social brain hypothesis，SBH）[1][2]，指出灵长类动物大脑的进化是由维持日益庞大的社交群体的需要所驱动的，大脑皮质提供的认知能力只允许每个人维持大约 150 人的社交关系，也就是说，人们在现实生活中只能维持的大约150 个人的"内部圈子"，而"内部圈子"成员指每年至少联系 1 次的人，"150 人"也被称为邓巴数字或邓巴定律[3]。

由于个体对每种关系的重视程度不同，邓巴等学者对个体网络的内部结构进行探索，并结合实证研究表明个体网络是由一系列的层次构成的，并将其区分为支持层（support clique）、同情层（sympathy group）、亲近层（affinity group）和活跃层（active group），随着情感亲密度的降低，每个层次的规模逐渐增加，最初平均人数分布为"5 人—10 人—35 人—100 人"。邓巴认为中心个体将 60% 精力给予支持层与同情层的 15 人，剩下其余两层的 135人，即邓巴数字。随着研究的推进，邓巴等学者发现每个圈层的平均人数比例约为 3，就形成了"5 人—15 人—50 人—150 人"的经典个体社交网络四层模型（如图 2 - 6 所示）。[4][5] 第一，支持层是由与中心个体特别亲密的人组

① Dunbar R I M. Neocortex size as a constraint on group size in primates [J]. Journal of Human Evolution, 1992, 22 (6): 469 – 493.

② Dunbar R I M. The social brain hypothesis [J]. Evolutionary Anthropology: Issues, News, and Reviews, 1998, 6 (5): 178 – 190.

③ Dunbar R I M, Shultz S. Evolution in the social breiin [J]. Science, 2007, 317 (5843): 1344 – 1347.

④ Zhou W X, Sornette D, Hill R A, et al. Discrete hierarchical organization of social group sizes [J]. Proceedings of the Royal Society B: Biological Sciences, 2005, 272 (1561): 439 – 444.

⑤ Sutcliffe A, Dunbar R, Binder J, et al. Relationships and the social brain: integrating psychological and evolutionary perspectives [J]. British Journal of Psychology, 2012, 103 (2): 149 – 168.

成，平均值为 5 人，一般是关系亲密的好朋友或亲属。这些是中心个体在面对情感或经济困难时可以求助的人。中心个体与支持层保持频繁的互动，通常每周至少联系 1 次，占据中心个体社交时间的 40%。[1][2] 第二，同情层约由 15 人组成，这群人会因为中心个体遇到困难和挫折时产生同理心，为中心个体的境遇感到难过并安慰他，至少每个月联系 1 次。第三，亲近层约有 50 人，与中心个体的关系更为疏远，中心个体与亲近层不属于情感上的亲密，他们可能是有用的联系人和有用信息的来源。[3][4] 第四，活跃层与中心个体相似，但关系最为疏远，约有 150 人，每年至少联系 1 次。[5]

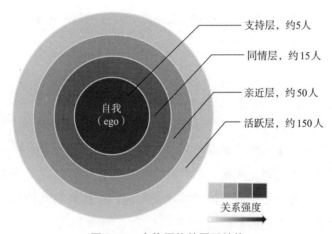

图 2 - 6　个体网络的圈层结构

随着数字技术的发展，人们社交数据的可用性使学者们能够在更大的

---

①　Dunbar R I M, Spoors M. Social networks, support cliques, and kinship [J]. Human Nature, 1995, 6（3）: 273 - 290.

②　Stiller J, Dunbar R I M. Perspective-taking and memory capacity predict social network size [J]. Social Networks, 2007, 29（1）: 93 - 104.

③　Hill R A, Dunbar R I M. Social network size in humans [J]. Human Nature, 2003, 14（1）: 53 - 72.

④　Roberts S G B, Dunbar R I M. Communication in social networks: Effects of kinship, network size, and emotional closeness [J]. Personal Relationships, 2011, 18（3）: 439 - 452.

⑤　Roberts S G B, Dunbar R I M, Pollet T V, et al. Exploring variation in active network size: Constraints and ego characteristics [J]. Social Networks, 2009, 31（2）: 138 - 146.

规模上分析人际关系及其相互作用的本质。但已有研究证实，虽然人们的信息交流方式在数字时代发生诸多变化，但大家能维持的社交关系数量依旧支持邓巴的社交大脑假说理论。例如，Facebook 和 Twitter 用户的在线个体网络依然存在临界规模（100～200 人）[1][2]，并且维持四层、三倍递增的结构[3]。

"150 人"只是中心个体在特定时间段大概能维持的社交关系数量，新成员的进入就会有其他成员的离开，由于关系较弱，外层的成员比内层的变化速度更快。[4][5] 如何维持亲疏有别的社会关系是每个人都要面临的问题。本书将通过社会网络分析，对邓巴的社交大脑假说理论是否适用于学术社交个体网络规模进行验证，并作为个体网络关系紧密程度的划分依据。

2.3　科学交流理论

米哈伊洛夫的正式科学交流与非正式科学交流理论为学术社交网站用户行为研究提供重要的理论依据。学术社交网站出现恰好解决了非正式渠道适用范围有限的问题，但是对个体学术社交行为和个体网络结构的研究依然需要建立在科学交流理论的基础之上。

① Arnaboldi V, Conti M, Passarella A, et al. Analysis of ego network structure in online social networks［C］//2012 International Conference on Privacy, Security, Risk and Trust and 2012 International Confernece on Social Computing. IEEE, 2012：31 –40.

② Arnaboldi V, Conti M, Passarella A, et al. Ego networks in twitter：An experimental analysis［C］//2013 Proceedings IEEE INFOCOM. IEEE, 2013：3459 –3464.

③ Dunbar R I M, Arnaboldi V, Conti M, et al. The structure of online social networks mirrors those in the offline world［J］. Social Networks, 2015, 43：39 –47.

④ Sutcliffe A, Dunbar R, Binder J, et al. Relationships and the social brain：Integrating psychological and evolutionary perspectives［J］. British Journal of Psychology, 2012, 103（2）：149 –168.

⑤ Heydari S, Roberts S G, Dunbar R I M, et al. Multichannel social signatures and persistent features of ego networks［J］. Applied Network Science, 2018, 3（1）：8.

2.3.1 正式交流与非正式交流

1965 年，苏联学者米哈伊洛夫提出了科学交流的概念，并在深入研究之后提出了科学交流理论，对情报学研究产生了深远影响。

米哈伊洛夫[①]在 "大" 科学的背景下，即有着研究复杂性迅速增加、职业科学家迅速增加、科学研究范围迅速扩大、科学文献日益增多等特点的 "大" 环境下，指出：科学研究就是获取、积累和合理整理科学情报以便得到新知识的一种过程。科学情报传递的某些方法和手段，就是科学交流系统。并将科学交流的全过程分为正式和非正式渠道，构成了广义上的科学交流系统（如图 2 - 7 所示）。

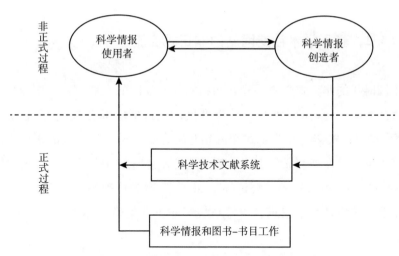

图 2 - 7　米哈伊洛夫的广义科学交流系统

在科学交流系统中，正式过程包括：第一，编辑出版和印刷过程；第二，科学出版物的发行过程；第三，图书馆书目工作和档案事务；第四，科学情

---

①　А. И. 米哈依洛夫. 科学交流与情报学 [M]. 北京：科学技术文献出版社，1980.

报工作本身。非正式过程包括：第一，科学家之间的直接交谈；第二，科学家参观同行的实验室、会议等；第三，科学家的演讲；第四，交换书信、出版物预印本和单行本；第五，研究或研制成果发表前的准备工作。

"非正式"过程最早由门泽尔（Menzel）① 提出，他认为，"非正式"过程更有意义。首先，非正式渠道具有最短的情报间隔时间，能够提高交流速度。其次，非正式渠道具有高度的选择性和针对性，研究者可以直接通过与相关学者的交流获取情报。最后，非正式过程的情报反馈更为迅速。克洛宁②也对非正式交流给予了高度评价，他认为非正式交流网络是"科学发展的生命源泉"。针对非正式科学交流网络，普赖斯③提出"无形学院"的概念，用来描述交流和共享科研成果与思想的学者和专业人士的非正式社区。

但是，米哈伊洛夫也指出，非正式渠道的适用范围有限，同时无法保障情报的科学性和真实性。

2.3.2　基于学术社交网站的非正式交流

不同时代的非正式交流手段并不相同，互联网的发展对科学交流模式产生巨大的影响。传统的无形学院在互联网的支持下变得更加开放、便捷。格里夏姆④指出正式交流和非正式交流相互融合是科学交流系统的未来发展方向，由无形学院发展而成的虚拟学院正是代表这一方向的新型科学交流体系。以 Researchgate、Mendeley、Academia. edu 等平台为代表的新兴学术社交网站拓宽了非正式科学交流渠道，恰好解决了非正式渠道适用范围有限的问题，

---

① Menzel H. Planned and unplanned scientific communication ［C］//Proceedings of the International Conference on Scientific Information，1959：199 – 243.

② Cronin B. Progress in documentation：Invisible colleges and information transfer ［J］. Journal of Documentation，1982，3：212 – 236.

③ Price D J. Little science，big science and beyond ［M］. New York：Columbia University Press，1986.

④ Gresham J L. From invisible college to cyberspace college：Computer conferencing and the transformation of informal scholarly communication networks ［J］. Interpersonal Computing and Technology Journal，1994，2（4）：37 – 52.

给非正式科学交流带来新的契机。

学术社交网站是开放科学大环境中发展起来的非正式交流工具，它融合了科研人员的信息交流和文章开放存取的双重功能，以专业的科研功能与个性化的学术服务吸引大量的学者参与使用。正如 ResearchGate 的创始人所言："科学 2.0 的前景是光明的：科学家之间的交流将加速新知识的传播……科学就是协作，因此学术社交网络将促进和改善科学家协作的方式。我们可以通过类似维基的概念促进学术出版方面的合作"①。随着学术社交网站用户的增长，各种主题的学术社区也随之成形。学术社交网站信息交流作为非正式交流渠道的新的方式，对于它的研究依然需要建立在科学交流理论的基础之上。

2.3.3 学术社交的微观视角——个体网络

在科学交流与合作的过程中，每个科研人员都可以根据自己的研究需要与其他用户建立信息联系，从而形成以个体为中心的社交关系结构，即个体网络。学术社交网站的发展为科研人员个体网络构建提供新的契机，科研人员可以在线上进行自我推广和同行发现，建立基于学术社交网站的个体网络，并利用个体网络开展科学交流和科研协作等学术活动。从宏观上看，整个学术社交网络就是由一个个各具特征的个体网络交叉连接集合而成的。

克劳福德（Crawford）② 最早对无形学院内的交流网络结构进行实证分析，他发现在非正式交流网络中存在少数核心科学家，他们既拥有较高的论文产量和被引率，又拥有较多的社会纽带，通过不超过 2 步的联结，核心科

---

① Serantes A. Academic Social Networks: What They are and How They Can Help Science [EB/OL]. [2019 - 08 - 09]. https://www.bbvaopenmind.com/en/humanities/communications/academic-social-networks-what-they-are-and-how-they-can-help-science/.

② Crawford S. Formal and informal communication among scientists in sleep research [J]. Journal of the American Society for Information Science (pre - 1986), 1972, 23 (4): 287.

学家就可以把科学情报传播给非正式交流网络中95%的科学家。克劳福德的研究不仅揭示了非正式交流的网络结构，也证明了科学家的社会关系对其获取科学情报的潜在价值。科研人员个体网络规模的扩大有利于增加其所获得的信息价值，此外，在每一个个体网络中，核心用户的影响力随着网络规模的增大而增加。①

目前，学术社交网站的网络结构相关研究对群组信息网络结构和问答社区社交行为的动态演变进行揭示探讨，从整体上分析学术社交网站对科学交流系统的影响与作用，但忽略了个体网络中科学交流的微观过程。而宏大的科学交流系统的运行正是由每一个个体成员之间的交流互动形成，因此有必要从微观的视角探视学术社交网站个体网络内部的交流结构和互动模式，以揭示科学交流系统在数字科学环境下的演变，推动科学的开放进程。

2.4　研究框架

本书根据第1.3节的研究问题与研究内容，结合本章的理论基础，按照图2-8所示的研究框架进行组织和安排。全书沿着提出问题、分析问题和解决问题的逻辑思路逐步展开，以学术社交网站个体网络的发展背景、成员类型、成员关系和个体网络用户行为调查作为个体网络的建构背景，在对学术社交个体网络组成要素进行概述的基础上，结合强弱连带优势理论、结构洞理论和社交大脑假说理论，从微观视角对不同个体类型的网络结构进行深入分析。最后通过访谈对个体网络结构差异、成因进行解释，探讨个体网络对科学交流的影响，解答本研究最初提出的问题。

---

① 邓胜利. 新一代互联网环境下网络用户信息交互行为 [M]. 北京：中国社会科学出版社，2014.

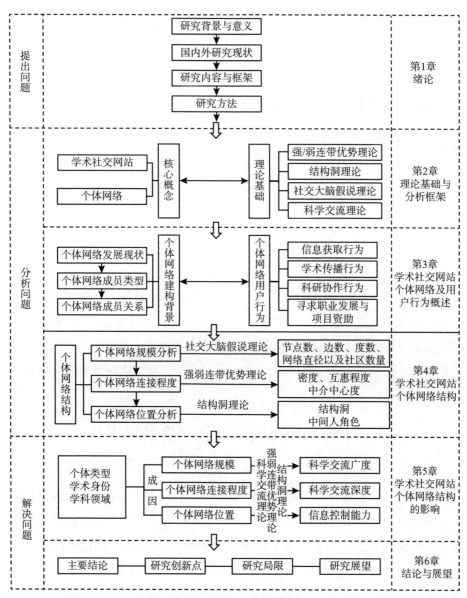

图 2-8　本书研究框架

第 3 章

学术社交网站个体网络
及用户行为概述

本章将对学术社交网站个体网络的发展现状进行介绍，并对学术社交网站个体网络的成员类型、成员关系和关系强度的作用进行概述，为个体网络结构的实证分析提供分类依据。最后通过实证调查了解学术社交网站个体网络构建的动机和行为，为后续的个体网络结构差异分析和案例探讨提供研究背景。

3.1　学术社交网站个体网络发展现状

科学研究是一项与日俱增的合作趋向型活动①，学术社交网站的出现进一步推动了在线科研合作进程。2008 年，学术社交平台融入了开放获取机制与社交网络的理念，国外出现了以 ResearchGate、Mendeley 为代表的在线学术交流平台重新受到学者的关注。截至 2020 年 2 月，已有超过 1600 万用户在 ResearchGate 上分享、发现和讨论学术研究；Academia. edu 上的注册用户人数甚至已超过 1 亿，共享文献数量超过 2400 万篇；Mendeley 拥有 600 多万

①　Revolutionizing Science and Engineering through Cyberinfrastructure ［EB/OL］. ［2019 – 10 – 18］. https：//www. nsf. gov/cise/sci/reports/atkins. pdf.

科研用户和 3000 多万篇学术成果。国内也出现了小木虫、丁香园、科学网、CNKI 学者圈等学术社交网站。

为了解学术社交网站个体网络的发展现状，以及用户在不同学术社交网站构建个体网络的方式，本节通过预调查选取国内外的主流学术社交网站，筛选标准主要依据于 2010～2019 年与学术社交平台相关的个案研究中的主要研究对象①、Springer Nature 的学术社交平台调查中用户常用的学术社交平台②，以及截至 2019 年 9 月 15 日各平台的注册用户数量。结合艾尔 – 戴哈尼（Al-Daihani）等③、阿斯米（Asmi），马尔甘姆（Margam）④、阿卜杜拉蒂夫（Abdullatif）等⑤、辛松（Singson）与艾米斯（Amees）⑥、埃尔塞德（El-sayed）⑦、张耀坤等⑧等学者针对各个国家和机构的用户平台选择偏好的调研结果。最终发现 ResearchGate、Academia. edu、Mendeley 以及国内的科学网和小木虫 5 个学术社交网站是当前科研用户常用的学术社交网站，也是这些年内备受学者关注的平台（见表 3 – 1）。

────────────────

① 研究频次系作者在以下研究基础之上补充更新：Jordan K. From Social Networks to Publishing Platforms：A Review of the History and Scholarship of Academic Social Network Sites［C］. Frontiers in Education，2019.

② Staniland M. How Do Researchers Use Social Media and Scholarly Collaboration Networks（SCNs）？［EB/OL］.［2018 – 11 – 29］. http：//blogs. nature. com/ofschemesandmemes/2017/06/15/how-do-research-ers-use-social-media-and-scholarly-collaboration-networks-scns.

③ Al-Daihani S M, Al-Qallaf J S, AlSaheeb S A. Use of social media by social science academics for scholarly communication［J］. Global Knowledge，Memory and Communication，2018，67（6/7）：412 – 424.

④ Asmi N A, Margam M. Academic social networking sites for researchers in Central Universities of Delhi：A study of ResearchGate and Academia［J］. Global Knowledge，Memory and Communication，2018，67（1/2）：91 – 108.

⑤ Abdullatif A M, Shahzad B, Hussain A. Evolution of social media in scientific research：A case of technology and healthcare professionals in saudi universities［J］. Journal of Medical Imaging and Health Informatics，2017，7（6）：1461 – 1468.

⑥ Singson M, Amees M. Use of ResearchGate by the research scholars of Pondicherry University：A study［J］. DESIDOC Journal of Library & Information Technology，2017，37（5）：366 – 371.

⑦ Elsayed A M. The use of academic social networks among Arab researchers：A survey［J］. Social Science Computer Review，2016，34（3）：378 – 391.

⑧ 张耀坤，张维嘉，胡方丹. 中国高影响力学者对学术社交网站的使用行为调查：以教育部长江学者为例［J］. 情报资料工作，2017（3）：98 – 103.

表 3 - 1   主流 ASNS 研究及使用情况

ASNS 平台	2010～2019 年研究数量（次）	2017 年学者常用的 ASNS（%）	建立时间（年）	注册用户数量（万人次）
ResearchGate	143	88	2008	1500
Academia. edu	98	68	2008	9100
Mendeley	80	66	2008	600
科学网	57	—	2007	100
小木虫	12	—	2001	1500.

ResearchGate 由马迪什（Madisch）博士、霍夫迈耶（Hofmayer）和菲肯舍尔（Fickenscher）于 2008 年创建，旨在推动全球范围内的科学交流与协作。用户通过在该平台上创建账号，就可以上传或认领已有的学术成果，发布个人最新的科研情况。ResearchGate 还为每位科研人员提供了个人学术指数（RG Score）来衡量研究人员在网站中的影响力，其计量指标具有相对全面性，被认为是学术影响力替代计量的主要来源数据之一。[①]

Academia. edu 也是创立于 2008 年，2011 年收购了文献检索和审阅平台 Plasmyd 后，便开始专注开发文献分析引擎，支持用户的学术形象管理和科研成果共享。

Mendeley 最初是由德国三位博士生设计的一款文献管理工具，于 2008 年 8 月发布第一版，随后受到了科研机构和研究人员的青睐，2013 年 4 月被科技出版商爱思唯尔（Elsevier）高价收购，成为 Elsevier 的核心工作流、协作和网络平台。

"科学网"于 2007 年 1 月正式上线，由中国科学院、中国工程院和国家自然科学基金委员会主管。科学网的前身是《中国科学报》，受益于其深厚的传媒背景，科学网在上线之初就聚集了来自科研院所和高等院校的高层次

---

① 李根，王淑华，史冠中，等. 利用 ResearchGate 推动科技期刊国际化发展初探 ［J］. 编辑学报，2016，28（1）：75 - 76.

专家学者团队。截至 2019 年 10 月，科学网博客已有博文数量超过 120 万篇（根据博文 ID 编号推测），月发布博文近 3000 篇，已经成为"全球最大的华人科学社区"①。

"小木虫"由李国德独立创办于 2001 年 12 月，2005 年被北京学而思教育科技有限公司收购，成为非营利性的学术交流论坛。论坛会员主要来自国内各大院校、科研院所的博硕士研究生，采取自主选拔板块版主的方式进行管理。截至 2019 年 10 月，小木虫已超过 1800 位注册会员，共发布帖子 1400 余万篇。②

学术社交网站在过去十几年不断发展，每个平台都通过各自的基础设施和功能组合来支持用户的科研活动、通信协作以及社交关系网络的建立。为帮助科研人员了解各个学术社交平台的功能及服务差异，以便选择合适的平台构建个体网络并开展科学交流活动，学者们根据学术社交网站的功能对其进行分类。里希特（Richter）等③指出，学术社交平台应备身份和网络管理、信息管理以及交流三种最基本的功能。格鲁兹德（Gruzd）等④将学术社交平台分为交流型和文献管理型。雷比安（Rebiun)⑤ 工作组根据科研目的将网站分为研究共享、资源共享和结果共享三大类。夏秋菊等⑥调研了 29 个学术社交平台，通过关键词聚类识别出分析工具、网络平台和数据库三种科研平台类别。布林格（Bullinger）等⑦对 24 个学术社交网络进行调研，归纳出学

---

① 科学网 ［EB/OL］. ［2019 – 10 – 29］. http：//www. sciencenet. cn/aboutus/default. aspx.

② 小木虫 ［EB/OL］. ［2019 – 10 – 29］. http：//muchong. com/bbs/.

③ Richter A，Koch M. Functions of Social Networking Services ［J］. From CSCW to Web 2. 0：European Developments in Collaborative Design Selected Papers from COOP08，2008，8：1 – 12.

④ Gruzd A，Staves K，Wilk A. Connected Scholars：Examining the Role of Social Media in Research Practices of Faculty Using the UTAUT Model ［J］. Computers in Human Behavior，2012，28 (6)：2340 – 2350.

⑤ Rebiun R. Science 2. 0：The Use of Social Networking in Research ［EB/OL］. https：//repositoriorebiun. org/bitstream/handle/20. 500. 11967/314/Science20_rebiun_2011. pdf? sequence = 1&isAllowed = y.

⑥ 夏秋菊，栗文超，薛晶晶，等. 面向学术领域的新型社交平台：科研社交网络 ［J］. 情报杂志，2014，33 (9)：167 – 172.

⑦ Bullinger A C，Hallerstede S H，Renken U，et al. Towards Research Collaboration：A Taxonomy of Social Research Network Sites ［C］. AMCIS，2010：12 – 15.

术社交网络的功能：身份和网络管理、交流、信息管理与合作，这些功能对研究人员开展学术研究起到积极的推动作用。随后，罗哈尼（Rohani）等[①]通过考察 20 多个学术社交平台，在布林格等的分类基础之上进行补充，将平台的具体功能划分为管理功能（administrative features）、协作功能（collaborative features）、报告功能（reporting features）和集成功能（integrating features）。这种分类基本涵盖了学术社交平台的功能与服务，由于两位作者的研究时间较早，学术社交网站的功能已经有所发展，本书在罗哈尼功能分类的基础上增加了基于资源检索与获取的发现功能（如表 3 - 2 所示）。

表 3 - 2   主流 ASNS 功能类型

功能类型	具体内容
检索功能	内容检索与呈现、检索方式
管理功能	身份管理、科研成果管理、参考文献管理、好友管理等
协作功能	在线小组、一对一交流、公告板等
计量功能	积分与排名更新、活跃度、影响力计量等
集成功能	学术团体集成、学术机构集成、研究领域集成等

在学术社交网站的各项功能当中，管理功能是个体网络构建的基础，尤其是管理内容和模式将直接影响个体网络构建方式和效果。因此本书对上述的 ResearchGate、Academia. edu、Mendeley、科学网和小木虫五个主流学术社交网站提供的功能和服务情况进行网络调查，作为分析学术社交个体网络的构建方式与过程的基础。管理功能主要包括学术身份管理、科研成果管理和好友管理。在调查过程中，本书根据平台提供的功能和服务与否对平台进行打分，若平台提供相应的服务，则计 1 分，管理功能共计 16 项（分）。除小木虫外，其他学术社交平台均提供较为完整的管理功能，排名分别为：Re-

---

① Rohani V A, Ow S H. Eliciting Essential Requirements for Social Networks in Academic Environments [C]//2011 IEEE Symposium on Computers & Informatics. IEEE, 2011: 171 - 176.

searchGate（13 分）、Mendeley（11 分）、Academia. edu（10 分）、科学网
（10 分）、小木虫（4 分）。具体功能情况及不同功能对个体网络构建的影响
如表 3 - 3 所示。

表 3 - 3　　　　　　　　主流学术社交平台管理功能得分　　　　　　单位：分

类别	管理项目	学术社交平台				
		ResearchGate	Academia. edu	Mendeley	科学网	小木虫
学术身份管理	机构信息	1	1	1	1	0
	研究领域	1	1	1	1	1
	合作项目	1	1	1	1	0
	技能/专业认可	1	0	0	0	0
科研成果管理	科研成果认领	1	0	1	0	0
	上传科研成果	1	1	1	1	0
	开放评审	1	0	0	0	0
	获取用户评价	1	1	0	1	0
	获取访问者信息	0	1	1	1	0
	文章被阅读通知	1	1	1	0	0
	参考文献的超链接	1	0	1	0	0
好友管理	好友邀请	1	1	1	0	0
	关注其他用户	1	1	1	1	1
	收到被关注的通知	1	1	1	1	0
	移除好友	0	0	0	1	1
	好友分组	0	0	0	1	1
总分	16	13	10	11	10	4

（1）学术身份管理。这也是用户在学术社交网站建立个体网络的初始步
骤，即用户通过平台上进行注册来创建学术身份，一般注册用户公开的信息
包括机构、研究领域、正在进行或意向的合作项目内容，但小木虫只提供用
户的研究领域。学术身份信息是吸引其他相同机构、领域或有合作意向等关

注者加入个体网络的重要因素，因此有助于扩大网络规模。用户可以在个人主页上介绍自己擅长的技能与专业，以期便于被其他学者发现。ResearchGate在每项技能之后提供赞同/认可（endorse）选项，当用户的好友点击该选项时，代表他/她认可该用户的技能，当某项技能获得的认可人数越多，代表其技能的含金量就越高，此类选项能够为用户开展有效的形象推广，吸引更多的关注者。

（2）科研成果管理。科研成果管理与推广是用户使用学术社交平台的主要动机。[1][2] 科研成果的数量也是吸引关注者的重要依据，用户通过学术社交网站开放科研成果全文或摘要供其他学者检索、获取，增加网络关注者数量。规模的扩大反之也有利于中心个体在其网络中的科研成果推广和学术声誉建设。Mendeley 作为文献管理软件出身，为用户提供了专业的参考文献管理功能，但 ResearchGate 的科研成果管理功能更加全面，系统提供文章的开放评议功能，用户还可以获取文章的读者信息以及读者对文章的评价。此外，Academia. edu 和科学网也提供科研成果的上传和用户反馈功能，而小木虫没有提供科研成果管理功能。

通过学术社交平台的关注功能与其他学者保持联系也是用户使用网站的驱动因素之一。[3] 好友管理服务就是为用户的在线关系维护提供便捷性，也就是中心个体对其个体网络的运营维护。相比之下，国外的三个平台更注重好友邀请功能，增加个体网络关注者数量。国内的科学网与小木虫则提供移除好友和分组功能，Academia. edu 和 ResearchGate 还提供专门的合著者分组，有助于中心个体与特定的成员进行信息的传播、获取和协作交流。

---

① Nández G, Borrego Á. Use of social networks for academic purposes: A case study [J]. The Electronic Library, 2013, 31 (6): 781 – 791.

② Salahshour M, Dahlan H M, Iahad N A. A case of academic social networking sites usage in Malaysia: Drivers, benefits, and barriers [J]. International Journal of Information Technologies and Systems Approach (IJITSA), 2016, 9 (2): 88 – 99.

③ Al-Daihani S M, Al-Qallaf J S, AlSaheeb S A. Use of social media by social science academics for scholarly communication [J]. Global Knowledge, Memory and Communication, 2018, 67 (6/7): 412 – 424.

随着学术社交平台的用户规模不断扩大，网站中文献的浏览量、阅读量以及用户的关注量、粉丝数等数据常被作为科研成果或用户影响力的计量指标。学术社交平台的计量功能一般包括积分与排名更新、学术信息推送、活跃度计量等。用户在社交网站的影响力会影响个体在网站中对其他用户的吸引力，从而影响网络规模和用户类型属性。结合研究需求，本书的预调查还对主流学术社交网站的影响力计量指标来源进行评分和比较，也作为平台对于用户数据公开程度的判断依据，每项 1 分，共计 11 分。网站调查结果显示，ReasearchGate 的计量指标最全面（8 分），其后依次是 Mendeley（5 分）、科学网（4 分）、Academia. edu 与小木虫（均 3 分）。具体得分情况如表 3 – 4 所示。

表 3 – 4　　　　　　　主流学术社交平台影响力计量指标得分　　　　单位：分

计量服务	指标类型	ResearchGate	Academia. edu	Mendeley	科学网	小木虫
科研成果影响力计量	h 指数	1	1	1	0	0
	文献浏览量	1	1	1	0	0
	文献下载量	0	0	0	0	0
	文献推荐量	1	0	0	0	0
	文献被引用量	1	0	1	0	0
	媒体提及率	0	0	1	0	0
用户社交影响力计量	主页访问量	0	0	1	1	0
	好友数量	1	1	1	1	1
	发帖数	1	0	0	1	1
	评论数	1	0	0	1	1
整体影响力	复合指标	1	0	0	0	0
总分		11	8	3	5	4	3

ResearchGate 平台提供的科研数据包括研究成果数量（research items）、项目数（projects）、被引用量（citations）、阅读量（reads）、转发量（recommendations)、问答次数（questions & answers）。除此之外，ResearchGate 还为每位科研人员提供了个人学术指数（RG score）来衡量研究人员的综合影响力，其计量指标具有相对全面性，被认为是学术影响力替代计量的主要来源数据之一。① RG Score 包含出版物数量、提问数、答疑数以及追随者数四个方面的得分，但 RG 分数的排名与 RG 分数之间的关系尚不清楚，例如，两位学者的 RG 分数差距之大，但其百分比的排名是一样的。因此有学者指出这是"黑箱式"的评估方式，且算法不断进行修正，使得评估结果不可再现。② 因此，其科学性受到一些学者的质疑。③④⑤ 从 2019 年 2 月开始，ResearchGate 开始发布一个新的综合指标 RI 得分，并将其定义为"衡量科研人员对一个人的研究的兴趣"，主要关注用户的科研成果，如文章、项目、专著等，以及其他学者与这些科研成果的互动数据，以反映科学家对一项研究的兴趣的生命周期。例如，科研人员访问一个研究成果，如果对其感兴趣，就可能进一步阅读全文（如果有全文阅读的权限），然后进行推荐，甚至在自己的研究中引用该成果。因此当其他用户阅读推荐或引用某一学者的研究成果时，其 RI 得分就会上升（如表 3 – 5 所示）。值得注意的是，ResearchGate 为提高 RI 得分的有效性及其对用户的意义，非平台用户的阅读量被排除在外，同一用户在一周内的多次阅读和推荐只计量一次，同时平台会实时监测，对无关数据或恶意推广行为进行处理，因此通过原始数据手动计算出的结果与平台给的 RI 得分存在一定偏差。

---

① 李根，王淑华，史冠中，等. 利用 ResearchGate 推动科技期刊国际化发展初探［J］. 编辑学报，2016，28（1）：75 – 76.

② Kraker P，Jordan K，Lex E. ResearchGate Score：Good Example of a Bad Metric［EB/OL］. https：//www. socialsciencespace. com/2015/12/researchgate-score-good-example-of-a-bad-metric/.

③ Copiello S，Bonifaci P. A few remarks on ResearchGate score and academic reputation［J］. Scientometrics，2018，114（1）：301 – 306.

④ Copiello S，Bonifaci P. ResearchGate Score，full-text research items，and full-text reads：A follow-up study［J］. Scientometrics，2019，119（2）：1255 – 1262.

⑤ Jordan K. Exploring the ResearchGate score as an academic metric：Reflections and implications for practice［EB/OL］.［2019 – 12 – 16］. http：//ascw. know-center. tugraz. at/wp-content/uploads/2015/06/ASCW15jordanresponsekraker-lex. pdf%5CnCopyright.

表 3 - 5 RI 得分计量标准

计量指标	含义	权重
阅读量 X_1 （read）	科研成果摘要被查看或其中某个图表被点击的次数	$W_1 = 0.05$
全文阅读量 X_2 （full-text read）	科研成果被全文浏览或下载的次数	$W_2 = 0.15$
推荐量 X_3 （recommendation）	科研成果被其他用户推荐分享的次数	$W_3 = 0.25$
引用量 X_4 （citation）	科研成果被其他用户引用至其研究中的次数	$W_4 = 0.5$

注：$RI = \overline{W}_1 X_1 + \overline{W}_2 X_2 + \overline{W}_3 X_3 + \overline{W}_4 X_4$。

　　除管理功能与计量功能外，学术社交网站强大的检索功能能够有效提高用户访问资源的便捷性与资源利用率，从而在很大程度上提升用户体验，反之也有助于科研信息与成果的广泛传播。科研协作功能能够满足用户组建研究群组、参与合作研究活动、响应他人或合著者的邀请、扩散观点[1]等科研需求。学术社交网站个体网络成员之间可以通过在线小组、一对一私信、讨论板等科研协作形式，增加信息共享与社交互动的频率，加强成员之间的关系强度，从而增强个体网络的连接程度。集成功能的价值在于通过学术团体集成、机构集成、科研领域集成功能聚集大量兴趣相近的人群建立学术社区，用户可以根据科研需求与相应机构、学科领域的学者建立联系，以此形成的个体网络社区成员具有强烈的归属感或差异感，最终成为为个体网络提供创造力的重要渠道。[2]

　　综合考虑平台的受欢迎程度、用户数量，管理功能与平台影响力计量的全面性，并结合数据的可获得性和完整性，因而本书在学术社交个体网络分

① Chakraborty N. Activities and reasons for using social networking sites by research scholars in NEHU： A study on Facebook and ResearchGate ［J］. INFLIBNET Centre. ，2012，8 （3）：19 – 27.

② Serantes A. Academic Social Networks：What They are and How They Can Help Science ［EB/OL］. ［2019 – 08 – 09］. https：//www.bbvaopenmind.com/en/humanities/communications/academic-social-net-works-what-they-are-and-how-they-can-help-science/.

析部分选择用户最常用的学术社交网站 ResearchGate 作为个体网络数据来源。

3.2 学术社交网站个体网络成员类型

个体网络中的成员分为中心个体（ego）与直接联系人（alter）两类，成员的类型划分标准依据需求各不相同，例如，一般的人口统计学特征、用户的活跃度、其在网络中的位置等。个体网络正是由这些不同的成员围绕着中心个体相互建立关系所形成的，同时，每个成员又拥有其各自的个体网络。庞大的用户量促进了学术社交网站的蓬勃发展，但随之出现的是用户管理困难。因此学术界和学术社交网站都非常重视用户细分。通过对用户类型的划分，能更加了解每一类用户的特征及其与网站的关系与价值，使之有效地黏滞于平台中，进而增加网站的用户量以及信息量。[1]

3.2.1 中心个体

与大众社交媒体网站一样，学术社交网站的用户也是通过个人主页的公开介绍、社交互动的频率和数量、互惠关系（追随者－关注者情况）等信息来形成对彼此的身份认知[2][3][4]，从而以关注（follow）的方式来建立联系。在这种关注－被关注的关系网络中，追随者（被关注/粉丝）的数量可以作为用户分享行为的预测指标，即信息的接收群体与数量，反映了信息的传播

① 陈家维. 线上运动社群之社群意识组成要素之研究：以日本职棒社群日促会为例［D］. 台中：朝阳科技大学，2006.

② Bai S, Zhu T, Cheng L. Big-Five personality prediction based on user behaviors at social network sites［J］. arXiv Preprint arXiv：1204. 4809，2012.

③ Adal S, Golbeck J. Predicting personality with social behavior：A comparative study［J］. Social Network Analysis and Mining，2014，4（1）：159.

④ Tommasel A, Corbellini A, Godoy D, et al. Exploring the role of personality traits in followee recommendation［J］. Online Information Review，2015.

范围。①② 追随者的数量还能体现用户所分享的内容的质量，追随者越多，通常表示其信息质量越高，因此才能吸引更多的关注。③ 而用户关注的对象（关注者）数量则与用户的信息搜索行为有关，例如关注的群体类型体现了用户的信息需求偏好。④ 由此可见，在学术社交网站中的用户社交关系——追随者与关注者数量可以被视为信息分享行为、受欢迎程度以及信息搜索行为的反应指标。已有学者们根据用户的关注与被关注的比例对用户类型进行划分，以此分析各类用户的信息行为差异。这个指标规则如下⑤⑥：

（1）如果这个比例接近无穷大（高追随量和低关注量），用户很可能是信息传播者（broadcaster），例如，媒体、名人或其他受欢迎的用户。

（2）如果比例接近 1（追随量和关注量接近），则代表用户的网络是具有普遍互惠性的类型。

（3）如果该比例接近于 0（低追随量和高关注量），则该用户可能被归类为"典型的垃圾邮件制造者"（stereotypical spammer）或机器人，主要指未经接收者允许，大量、重复发送对接收者无用的广告信息的人。垃圾邮件制造者不仅会频繁地关注其他用户，而且还会在短时间内取消关注。⑦

此外，追随量和关注量之间的差距的大小也可以作为用户可信度的判断指标。⑧ 因此，研究人员建议采用"追随量 - 关注量比例法"来检测 Twitter 等

① Huberman B A, Romero D M, Wu F. Social networks that matter：Twitter under the microscope［J］. Computer Science，2008（12）.

② Al-Daihani S M，AlAwadhi S A. Exploring academic libraries' use of Twitter：A content analysis［J］. The Electronic Library，2015.

③⑦ Gayo Avello D，Brenes Martínez D J. Overcoming spammers in Twitter：A tale of five algorithms［J］. Spanish Conference on Information Retrieval，2010：41 – 52.

④ Armentano M G，Godoy D，Amandi A A. Followee recommendation based on text analysis of micro-blogging activity［J］. Information Systems，2013，38（8）：1116 – 1127.

⑤ Krishnamurthy B，Gill P，Arlitt M. A few chirps about twitter［C］//Proceedings of the First Workshop on Online Social Networks，2008：19 – 24.

⑥ Leavitt A，Burchard E，Fisher D，et al. The influentials：New approaches for analyzing influence on Twitter［J］. Web Ecology Project，2009，4（2）：1 – 18.

⑧ Westerman D，Spence P R，Van Der Heide B. A social network as information：The effect of system generated reports of connectedness on credibility on Twitter［J］. Computers in Human Behavior，2012，28（1）：199 – 206.

社交网站上的垃圾邮件发送者。虽然这种方法存在一定的局限性，例如，有些用户恰好有相当多的关注者。因此除比例外，还需兼顾具体关注数量，学者吴（Wu）① 对这种分类方法提出补充：

（1）追随量/关注量大于3的，属于明星型用户，其通常有一技之长来积累高人气，同时，他们大部分也都是活跃用户。

（2）追随量 = 关注量且小于200的，是生活型用户，其通常只关注现实中认识的人；追随量 = 关注量且大于400的，是交友广泛型，其有很多朋友，也擅长和人交往；追随量 = 关注量且大于1000的，是信息爆炸型用户。这些用户会高频率地不断更新、转发和回复内容。

（3）追随量/关注量小于1/3的，是渴望交流型，这些用户挣扎于关注了很多人，却没得到关注，即回粉。

这种比例已作为用户类型划分的重要参照依据，并且在研究实践中得到学者们的多次改进。胡伯曼（Huberman）等②、爪哇（Java）等③、严（Yan）等④、胡（Hu）等⑤均采用追随者与关注者比例在1/3和3的阈值，将用户划分为三种类型（如表3－6所示）：信息源用户（information source users），社交型用户（friend users），信息搜索型用户（information seeker users）。基于这种分类，严炜炜等⑥从地区与层级角度对用户结构及学术社交网

---

① Wu M X. 真正有价值的社交网络——微观下的 Twitter［EB/OL］. https：//developer. aliyun. com/article/300230，2019－06－01.

② Huberman B A, Romero D M, Wu F. Social networks that matter：Twitter under the microscope［J］. Computer Science，2008（12）.

③ Java A, Song X, Finin T, et al. Why we twitter：An analysis of a microblogging community［C］// International Workshop on Social Network Mining and Analysis. Springer，Berlin，Heidelberg，2007：118－138.

④ Yan W, Zhang Y, Bromfield W. Analyzing the follower-followee ratio to determine user characteristics and institutional participation differences among research universities on ResearchGate［J］. Scientometrics，2018，115（1）：299－316.

⑤ Hu C P, Yan W W, Hu Y. User satisfaction evaluation of microblogging services in China：Using the tetra-class model［J］. Behaviour & Information Technology，2015，34（1）：17－32.

⑥ 严炜炜，温馨，刘倩，等. 学术社交网络中 iSchool 成员用户结构与利用差异分析［J］. 现代情报，2019（8）：66－72.

站的利用差异进行比较分析，发现北美机构拥有较多明星型用户且注重展现与互动、亚太机构用户则更倾向于搜寻信息，另外，高层级的机构用户更偏好学术资源分享、低层级机构用户具有更高的资源获取需求。严（Yan）[①] 等学者也以此方法对 ResearchGate 用户进行分类，发现该方法也能有效地反映出不同类型用户行为模式的差异，以 ResearchGate 的用户影响力评分 RG Score 为例：信息源用户的 RG 得分最高（平均值 = 20.67），搜索型用户得分最低（平均值 = 9.35）。由此反映了追随量/关注量比例与学术影响力的相关性，信息源用户拥有最多的科研成果（平均值 = 51.15），每个出版物的阅读量（平均值 = 39.61）和每个出版物的引用量（平均值 = 26.53）。对于用户的受欢迎程度的指标，如个人资料浏览量和追随者数量，也发现了类似情况。这些指标从信息源用户到搜索型用户急剧下降。但是，关注者的数量显示出相反的趋势。

表 3-6　　　　　　　　　学术社交网站个体网络中心个体类型

个体类型	划分依据	特征	参考
信息源个体	追随量/关注量 ≥3	科研成果数量更多；声誉、知名度、影响力、受欢迎程度（浏览量、粉丝量）最高；社交活跃；附属机构的科研水平更高	Java A 等（2007）、Huberman B A 等（2008）、Hu C P 等（2015）、Yan 等（2018）、严炜炜等（2019）
社交型个体	1/3 < 追随量/关注量 <3	整体指标低于信息源个体	
搜索型个体	追随量/关注量 ≤1/3	整体指标低于搜索型个体	

资料来源：Java A, Song X, Finin T, et al. Why we twitter: An analysis of a microblogging community [C]//International Workshop on Social Network Mining and Analysis. Springer, Berlin, Heidelberg, 2007: 118-138; Huberman B A, Romero D M, Wu F. Social networks that matter: Twitter under the microscope [J]. Computer Science, 2008 (12); Hu C P, Yan W W, Hu Y. User satisfaction evaluation of microblogging services in China: using the tetra-class model [J]. Behaviour & Information Technology, 2015, 34 (1): 17-32; Yan W, Zhang Y, Bromfield W. Analyzing the follower-followee ratio to determine user characteristics and institutional participation differences among research universities on ResearchGate [J]. Scientometrics, 2018, 115 (1): 299-316; 严炜炜, 温馨, 刘情, 等. 学术社交网络中 iSchool 成员用户结构与利用差异分析 [J]. 现代情报, 2019 (8): 66-72.

---

① Yan W, Zhang Y, Bromfield W. Analyzing the follower-followee ratio to determine user characteristics and institutional participation differences among research universities on ResearchGate [J]. Scientometrics, 2018, 115 (1): 299-316.

鉴于这种分类方法可以支撑个体网络的结构研究，并能深入揭示不同类型的用户行为差异，因此本书也采用用户追随量与关注量的比例对个体网络的中心个体进行分类。

3.2.2　直接联系人

社交网站的用户分类研究通常根据成员的社交行为进行定性分类。例如，根据用户的网站使用行为分为浏览者、潜水者、贡献者和购买者[1]，或是根据参与角度分为被动者、主动者、诱导者和管理者[2]。社会网络分析方法为用户类型分类提供新的指标，有学者根据成员的互动频率、互动次数、关注与被关注等数据建立关系网络，然后选择点出度、点入度、中心性、凝聚子群等结构指标对用户进行分类（如表 3 - 7 所示）。邱均平和熊尊妍[3]根据用户的发帖情况建立社交网络，利用网络密度和中心度等方法分析了成员交流的活跃度；用中心度统计网络的活跃成员，并将用户分为精英型、实力型、活跃型。其中，精英型用户作为网络中的关键节点，对成员的信息交流起着至关重要的作用。

表 3 - 7 　　　　　　　　　社交网站用户分类汇总

用户分类	衡量指标	文献来源
领袖、呼应者、浏览者、共享者、学习者	发帖数、回帖数、原发文章数、精华数	毛波和尤雯雯（2006）
网管、版主、资深网民、普通网民	论坛等级与话语权力等级呈正相关	刘永谋和夏学英（2006）
精英型、实力型、活跃型、孤独型	关注、不关注	宫辉和徐渝（2007）
精英型、实力型、活跃型	点出度、点入度、中间中心度	邱均平和熊尊妍（2008）

---

[1]　Sindhav B. Book Review：Net Gain：Expanding Markets through Virtual Communities ［J］. Journal of Marketing，1998：120 - 121.

[2]　Adler R P，Christopher A J. Internet community primer overview and business opportunities ［J］. Digital Places，1998，3（1）：77 - 90.

[3]　邱均平，熊尊妍. 基于学术 BBS 的信息交流研究：以北大中文论坛的汉语言文学版为例 ［J］. 图书馆工作与研究，2008（8）：3 - 8.

续表

用户分类	衡量指标	文献来源
核心成员、交谈者、信息搜索者、爱好者、功能主义者、机会主义者	访问频率、访问持续时间、信息检索、信息提供、参与讨论	De Valck 等（2009）
核心用户、边缘用户	讨论次数	陈海强等（2009）
意见领袖、聚焦者、扩散者、争议者、参与者、边缘者	发帖量、回复量、认同值、扩散度	薛可和陈晞（2010）
外围用户、正式成员、社区核心	出度、中间中心度	Toral 等（2010）
领袖者、回应者、社交者、咨询者、旁观者	主帖量、点入度、点出度、交往规模、互动程度、帖子内容	徐小龙和黄丹（2010）
核心用户、普通用户	点度中心度	何黎等（2011）
搜寻信息型、网络游民、专业用户、ME 型等	关注、被关注、博文数	赵文兵等（2011）
重要成员、浏览者、沉没成员	近度、频度、值度	刘伟和丁志慧（2012）
权威用户、人气用户	点度中心性、中间中心性、凝聚子群	宋恩梅和左慧慧（2012）
高级学者和初级学者	组内成员耦合、组间成员耦合	Jiang Jiepu 等（2013）
核心用户、信息获取者、咨询者、边缘用户	入度中心性、出度中心性、中间中心性、论坛等级、近度、专业贡献	谷斌等（2014）

资料来源：毛波，尤雯雯．虚拟社区成员分类模型［J］．清华大学学报：自然科学版，2006（zl）：1069 – 1073；刘永谋，夏学英．虚拟社区话语冲突研究：以天涯社区为例［J］．长沙理工大学学报：社会科学版，2006，21（4）：56 – 58；宫辉，徐渝．高校 BBS 社群结构与信息传播的影响因素［J］．西安交通大学学报：社会科学版，2007，27（1）：93 – 96；邱均平，熊尊妍．基于学术 BBS 的信息交流研究——以北大中文论坛的汉语言文学版为例［J］．图书馆工作与研究，2008（8）：3 – 8；De Valck K，Van Bruggen G H，Wierenga B. Virtual communities：A marketing perspective［J］. Decision support systems，2009，47（3）：185 – 203；陈海强，程学旗，刘悦．基于用户兴趣的寻找虚拟社区核心成员的方法［J］．中文信息学报，2009，23（2）：89 – 94；薛可，陈晞．BBS 中的"舆论领袖"影响力传播模型研究［J］．新闻大学，2010（4）：90；Toral S L，Martínez-Torres M R，Barrero F. Analysis of virtual communities supporting OSS projects using social network analysis［J］. Information and Software Technology，2010，52（3）：296 – 303；徐小龙，黄丹．消费者在虚拟社区中的互动行为分析：以天涯社区的"手机数码"论坛为例［J］．营销科学学报，2010，6（2）：42；何黎，何跃，霍叶青．微博用户特征分析和核心用户挖掘［J］．情报理论与实践，2011，34（11）：121 – 125；赵文兵，朱庆华，吴克文，等．微博客用户特性及动机分析：以和讯财经微博为例［J］．数据分析与知识发现，2011，27（2）：69 – 75；刘伟，丁志慧．基于参与行为的兴趣型虚拟社区成员分类研究［J］．商业研究，2012（11）：92 – 95；宋恩梅，左慧慧．新浪微博中的"权威"与"人气"：以社会网络分析为方法［J］．图书情报知识，2012（3）：43 – 54；Jiang J，Ni C，He D，et al. Mendeley group as a new source of interdisciplinarity study：how do disciplines interact on Mendeley？［C］//Proceedings of the 13th ACM/IEEE-CS Joint Conference on Digital Libraries. ACM，2013：135 – 138；谷斌，徐菁，黄家良．专业虚拟社区用户分类模型研究［J］．情报杂志，2014，33（5）：203 – 207。

上述的成员分类研究主要是基于用户在论坛、博客中的内容创造活跃度为依据，对其整体网或局域网的成员进行分类。其所使用的社会网络结构指标，如出入度、中心性等，能够为本书研究的个体网络成员分类提供有效的参考。但由于本书研究重点关注以个体为中心的关系网络，除中心个体外，其余均是与中心个体有直接关系的成员（即直接联系人）。因此对直接联系人的类型划分需要结合其在网络中的位置判断其所扮演的角色。个体网络中，直接联系人与中心个体必须存在联系，而直接联系人直接也会建立直接联系，但也存在大量的间接联系，因此个体网络中存在大量的多种三元关系组。例如，第 2.2.2 小节"结构洞理论"中所述，位于结构洞位置的成员为中间人（broker），可以把另外两个互相没有联系的人联系到一起，起到桥梁的作用。个体网络中，中心个体显然充当了直接联系人间的中间人角色，但直接联系人也存在不同的中间人，由此掌握着网络的控制优势和社交资本，在网络的科学交流过程中发挥不同的作用。

结合前述的研究经验，本书依据结构洞理论，把直接联系人分为中间人与边缘用户。中间人指向一个位置发送资源，却从另外一个位置那里得到资源的行动者，即在一个 A、B、C 三方关系中，如果 A 有一个指向 B 的关系，同时 B 有一个指向 C 的关系，但是 A 没有指向 C 的关系，那么 B 就是中间人。也就是说，A 需要通过 B 才能与 C 联络上，A 是信息源，C 是信息接收者。而边缘用户就是指在网络中不具备中间人功能的用户。

虽然伯特（Burt）提出了"中间人"的概念，但是他没有考虑行动者所在的群体和信息传播流向的控制能力等情况。如果中间人与其连接者所属的群体不同，例如，来自不同学科群体、不同机构群体、不同学习小组群体抑或是不同合著群体，那么中间人扮演的角色也就不一样。古尔德（Gould）和费尔南德兹（Fernandez）根据 A、B、C 所在的群体不同，将中间人分为五种类型：协调者（coordinator）、守门人（gate keeper）、代理人（representation）、顾问（consultant）、联络人（liaison）。表 3-8 对 B 的中间人角色及其具体作用进行介绍。[①]

表 3 – 8   **中间型直接联系人**

角色名称	角色图例	角色描述	角色功能
协调者 （coordinator）	B 为协调者	A、B、C 处于同一个群体之中，B 为协调人	协调人仅在其所在的团体中具有较强的中介作用
守门人 （gatekeeper）	B 为守门人	B、C 处于同一个群体之中，而 A 处于另外一个群体。B 为守门人	守门人接收来自其他团体成员 A 的信息，传递给本团体成员 C，发挥信息输入作用
代理人 （representation）	B 为代理人	A、B 处于同一个群体之中，而 C 处于另外一个群体，B 为代理人	代理人接收来自本团体成员 A 的信息，并将其传递给其他团体成员 C，发挥信息输出作用
顾问 （consultant）	B 为顾问	如果 A、C 处于同一个群体之中，而 B 处于另外一个群体，B 为顾问	顾问接收来自其他团体成员 A 的信息，并将其传递给成员 C，作为 A、C 团体的外部中介者

[①]   Prell C. Social Network Analysis：History，Theory and Methodology ［M］. Sage，2012.

续表

角色名称	角色图例	角色描述	角色功能
联络人 （liaison）	B为联络人 B A → C	A、B、C 分别隶属于三个群体，这时候称 B 为联络人	联络人接收来自其他团体成员 A 的信息，传递给第三个团体成员 C，作为两个不同团体的中介者

如表 3-8 所示，在学术社交个体网络中，五类中间人各自发挥着不同的功能：

（1）协调者在团队内的中间性高，具有信息获取与传递优势，但是协调者会同时受到该团体的规范约束，且只在其所处的社区中具有较强的中介作用。例如，只对同一机构成员起到信息中介作用，而学术社交网站开放性为跨学科、跨地域交流提供更多机会，因此个体网络中可能较少的用户仅担任协调者角色。

（2）守门人是在团体中与外界联系的重要渠道，操控了该团体的对外信息。此时，关系的发起人位于另外一个团体中。即是 B 负责接收从外界团体传输过来的信息。守门人就像是足球守门员一样，对方踢过来的球要先挡一挡。但是也不同于守门员，因为守门人可以接收外界的信息再传给同一个团体内的其他节点守门人可以控制外界信息的传入，会过滤信息。可以看成防火墙，引入有用信息，挡住无效信息。例如，老师在教学的过程中，向学生分享不同学科领域的研究方法与学术知识，促进本学科发展。或者用户转发其他研究团队的学术信息给本团队成员，共同学习。

（3）代理人是一个团体的对外代表，控制了团体信息的输出门槛。例如，用户在学术社交网站中上传自己的研究成果、课题组的研究进展、学术会议报告等信息，供其他用户了解本团体的科研动态，扩大学科知识的传播范围。

（4）顾问的行动自由度比前三者高一些，因为他属于另外一个团体，所以不受该团体规范的约束。在学术社交网站中，较少出现一个学科团体的交流需要依赖其他学科搭建桥梁，更多的是在学科内部交流的基础之上，对外开展信息传播或获取。

（5）第五类是联络人。因为联络人不为任何一个团体所规范，自由度高且能操控两个团体间的信息流通方式。①②个体网络中若存在三个及以上的不同社区，中心个体很有可能以联络人的身份控制信息在社区间的传播方向。

除了中间人，个体网络中的直接联系人里还存在大量的边缘用户，他们虽然在本个体网中不具备中间人的作用，但通过与中心个体建立联系，可能发挥着与其他个体网的中介作用。如图 3-1 中的边缘型用户 B，B 同时存在于中心个体 1 与中心个体 2 网络中，虽然 B 在两个网络内部均未处于中间人位置，但其在两个个体网之间充当着重要的中间人角色，为两个网络的信息传播建立桥梁。因此，边缘用户也有其价值。

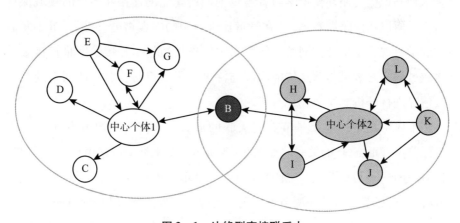

图 3-1　边缘型直接联系人

---

① 刘军. 整体网分析讲义：UCINET 软件实用指南［M］. 上海：上海人民出版社，2009.

② 罗家德. 社会网分析讲义［M］. 2 版. 北京：社会科学文献出版社，2010.

在学术社交个体网络中，不论是信息源型、社交型或搜索型的中心个体，还是中间人角色和边缘型角色的直接联系人，各成员根据自身的信息需求与科研兴趣建立社交关系，积累学术资本。反之，成员们也依据其在网络中位置和身份特征，如学科领域、声誉、活跃度、科研成果数量等，形成个体网络的同质性与多样性，促进成员间的信息流动与协作效率。

3.3 学术社交网站个体网络成员关系

加拿大学者乔治·西蒙斯于2005年提出创新性的数字时代学习理论——联通主义（connectivism），其学习观为："学习就是建立连接的过程"，即学习不再是一个人的活动，学习是连接专门节点和信息源的过程。[①] 联通主义的起点是个人，个人的知识组成了一个个体网络，这种网络被编入更宏观的知识网络，反过来宏观网络的知识又被反馈给个体网络，辅助个人的学习活动。这种知识流动循环使得学习者通过他们所建立的连接在各自的领域保持不落伍。所以在西蒙斯看来，"在管道比管道中的内容物更重要"。基于联通主义的学习观，学术社交网站个体网络中的连接数量与连接强度将直接影响网络成员的学习效果与信息传播广度与深度。因此有必要对个体网络的成员连接情况进行分析。

在个体网络中，连接是节点间关联的形式，表现为从源节点（source）到目标节点（target）的关联。如图3-2所示，学术社交网站用户（源节点）关注另一用户（目标节点），则认为建立一个单向连接（如节点 ego 与 C、A 与 B），若目标节点也关注源节点，则二者建立双向连接（如节点 ego 与 A 和 B）。在单向连接中，源节点只能跟踪到目标节点的信息，例如，研究进展更新，但是得不到目标节点的反馈，因此将这种连接称为单向式跟踪关系。而

---

① Siemens G. Connectivism: A Learning Theory for the Digital Age [J]. Instructional Technology & Distancelearning, 2005 (2): 3 – 10.

双向连接中，节点间可以传递信息并获取反馈，形成双向式互惠关系。此外，个体网络中还存在大量未建立直接连接的节点，这些节点通过中心个体或其他路径形成间接关系（如节点 B 与 C）。

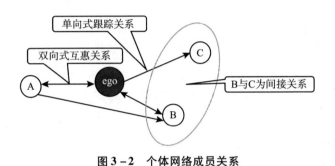

图 3 - 2　个体网络成员关系

事实上，不同节点之间的连接强度也不同。格兰诺维特的弱关系理论与克拉克哈特（Krackhardt）的强关系理论（见第 2.2.1 节）告诉我们，连接的强度越高，信息传输强度越高，进而科学交流的效率也就越高，反之亦然。以下将对学术社交个体网络中的成员关系及关系强度进行分析。

3.3.1　单向式追随关系

学术社交网站的关注机制帮助用户追随感兴趣的对象，影响关注行为的因素包括：第一，关注对象的社交影响力，影响力高的用户更容易吸引他人的关注，关注量的增加反之也会提升用户的影响力[①]；第二，社交活跃度，用户的活跃程度越高，其关注其他用户的概率相对也越高，同时也会受到更多的关注[②]；第三，用户自身的研究兴趣也会影响关注情况，有的用户倾向于关注同一机构、相似研究领域的学者，有的用户偏好追随跨学科/机构/领

[①] 赵丽，袁睿翕，管晓宏，等. 博客网络中具有突发性的话题传播模型 [J]. 软件学报，2009 (5)：1384 - 1392.

[②] 张聪. 微博用户关注推荐及排名策略研究 [D]. 郑州：郑州大学，2012.

域的用户；第四，用户之间的熟悉程度也可能引发用户的追随行为，一般用户在社会网络交流时，会倾向于先与熟人之间建立关系。[①]

在不同动机的引导下，个体网络中存在不同性质的单向追随关系，可以根据线下是否相识分为基于线上或基于线下的单向式追随关系。基于线上的单向式追随关系中，用户的关注对象是素不相识的学者，关注目的是跟进对方的研究进展，通过阅读对方的科研成果，为自己的研究获取新的观点和参考，抑或是希望获得对方的关注，从而推广自己的科研成果或与对方进行科研合作等动机。在本书第 3.4.2 小节"用户科学交流行为调查结果分析"显示，70.51% 的受访用户愿意关注其未来想合作的学者，其中本科生（79.47%）与讲师/助理讲师（72.73%）的认同度最高，这两类用户正处于科研学习或教学身份的初始位置，需要挖掘更多的潜在合作者支持自己的学习或科研。此外，医药科学类（77.14%）也更愿意现实环境之外的学者，可能由于医疗资源分布不均有关，医药科学领域需要更多专业性的知识交流与经验共享，从而提高医疗技术与科研水平。

基于线下的单向式追随关系，则是关注已经现实中相识的同学/同事/合著者等学者，借此维系已建立的线下关系。本书的调查发现 66.44% 的受访用户关注别人是为了与合作过的人保持联系，尤其是本科生（74.17%）和硕士生（69.45），这类用户在科研学习的初期。同时，农业科学（75%）和工程技术（71.11%）领域的受访用户也更热衷于维持已有的合作关系，这与此类学科的高实操性有很大关系，二者均要求在现实中的紧密合作。但是只有 20.34% 的受访用户只关注其认识的人。可见学者们在关注相识的人之外，更有可能关注现实生活接触不到的学者，以期拓展自己的关系网，获得更多的信息渠道。

围绕着个体网络的中心个体，单向式追随关系还可以根据其方向分为成员指向中心个体或由中心个体指向成员两类。成员指向中心个体的单向式追

---

① 张素芳，张晓晓. 科研社交网络用户行为倾向的影响因素分析 [J]. 国家图书馆学刊，2014，23（4）：36 – 41.

随关系中，关系数量越多表示中心个体的受欢迎程度越高。在大众社交网站中，拥有追随者是企业或明星用户产品营销和自我推广的重要条件。同样地，在学术社交网站的个体网络中，信息源个体也拥有大量指向自己的单向式追随关系，例如，学术名人，学科带头人或拥有大量科研成果的学者，这类用户充当意见领袖的身份，对网络其他成员起着重要的信息引导作用。但是信息传播的实际效果受到追随者质量的影响，海尔（Heil）和皮斯科尔斯基（Piskorski）① 调查显示，Twitter 中 90% 的信息仅由 10% 的用户提供，反映了社交关键用户影响力的高度集中。因此，虽然信息源用户看起来拥有大量的追随者，但活跃的粉丝仍然偏少，存在大量无效的单向式追随关系，直接降低了信息传播的效果。

相反地，搜索型用户的个体网络集合了大量由中心个体指向直接联系人的单向式追随关系，即中心个体关注了很多对象。这种关系为中心个体提供大量的信息来源，但也增加了中心个体处理大量信息的成本。

3.3.2 双向式互惠关系

双向式互惠关系可以理解为两个单向式追随关系的叠加，即双方互相关注。互惠（reciprocity）是一种重要的社会偏好②，社会交换理论也强调人与人之间的关系存在互惠性③④⑤。用户的交往动机是互惠行为的产生的重要

① Heil B, Piskorski M. New Twitter research: Men follow men and nobody tweets [J]. Harvard Business Review, 2009, 1: 2009.

② Fehr E, Fischbacher U. Why social preferences matter: The impact of non-selfish motives on competition, cooperation and incentives [J]. The Economic Journal, 2002, 112 (478): C1 – C33.

③ Aselage J, Eisenberger R. Perceived organizational support and psychological contracts: A theoretical integration [J]. Journal of Organizational Behavior: The International Journal of Industrial, Occupational and Organizational Psychology and Behavior, 2003, 24 (5): 491 –509.

④ Coyle-Shapiro J A M, Conway N. Exchange relationships: Examining psychological contracts and perceived organizational support [J]. Journal of Applied Psychology, 2005, 90 (4): 774.

⑤ Cropanzano R, Mitchell M S. Social exchange theory: An interdisciplinary review [J]. Journal of Management, 2005, 31 (6): 874 –900.

依据。[①]

　　在学术社交网站上，当用户关注某一学者时，他也期望对方给予积极的响应，这样在用户和关注者之间将形成一种"心理契约"。基于此，双向式互惠关系的建立可分为主动关注和被动响应的两部分。例如，用户 A 主动关注了用户 B，A 则是这段关系的主动发起者，关系的方向为 A 指向 B。若 B 响应了 A 的关注行为，被动关注 A，方向性为 B 指向 A。最终 A 与 B 之间就构成了双向式互惠关系。在本书的调查中，53.90% 的受访用户会进行被动关注，即"如果有人关注我，我也会关注他们"。

　　拥有大量双向互惠关系的典型用户是社交型个体，网络成员相互关注，彼此能够第一时间看到对方在学术社交网站发布的信息，内容的传播渠道非常通畅，成员之间联系紧密。互惠本身就是一种强有力的激励源，当用户积极反馈他人的关注时，将会进一步会激励追随者主动地传播其关注者的信息[②]。曹云忠[③]也发现了互惠行为对信息的传播意愿具有显著的正向效应。此外，同质性也会促进互惠关系的形成，同质性意味着两个成员之间具有一定的情感支持、信任和较高的相似度。[④] 麦克弗森（McPherson）等[⑤]在针对 Twitter 的研究验证了同质性对用户交互行为具有促进作用。因此来自相同学科背景、科研机构甚至研究团队的用户之间更有可能建立双向互惠关系。

　　但是在学术社交个体网络中，双向式互惠关系过多会阻碍社交网络中的关键节点的获取外界信息的数量与多样性。里贝罗（Ribeiro）等[⑥]认为社会网络中节点的出入度分布信息和边对称性紧密相关，当边对称性为 1 时，节点的出入度分布相同。这意味着若个体网络中若多为双向式互惠关系，网

　　①③　曹云忠. 企业微博用户关注与信息转发预测研究［D］. 成都：电子科技大学，2015.

　　②　Fehr E，Fischbacher U. Why social preferences matter：The impact of non-selfish motives on competition，cooperation and incentives［J］. The Economic Journal，2002，112（478）：C1 - C33.

　　④　Weng J，Lim E P，Jiang J，et al. TwitterRank：finding topic-sensitive influential twitterers［C］. Proceedings of the Third International Conference on Web Search and Web Data Mining，2010.

　　⑤　McPherson M，Smith-Lovin L，Cook J M. Birds of a feather：Homophily in social networks［J］. Annual Review of Sociology，2001，27（1）：415 - 444.

　　⑥　Ribeiro B，Wang P，Murai F，et al. Sampling directed graphs with random walks［C］//2012 Proceedings IEEE INFOCOM. IEEE，2012：1692 - 1700.

络中输入与输出的信息同质性将会更高，容易产生信息冗余。此外，郭（Kwak）等①通过实验发现社交网站 Flickr、YouTube、LiveJouma 中的双向互惠关系比例非常高，主要原因是用户之间在线下也有着密切联系。若是学术社交网站的用户多为线下相互联系的用户，则网站的远程协作功能无法进行有效发挥，研究信息也难以在更大范围内传播。

3.3.3　同质与异质的间接关系

学术社交个体网络中成员关系的直接性和间接性的主要区别是节点之间是否存在直接相连的边，若存在相连边则称为直接关系，如前述的单向式追随与双向式互惠关系，否则称为间接关系。间接关系也是个体网信息传播与科研协作过程中不可忽略的要素。在社会学中，有两种理论与间接关系的性质密切相关。首先，同质性理论假定人们倾向于与其他具有相似特征的人建立联系，并且更强的关系意味着更高的相似性。② 其次，三元闭包原则（principle of triadic closure）③ 指出，两个有共同朋友的用户可能在不久的将来成为朋友。三元闭包原则被证明是社会网络动力学的基本原则。例如，科西内茨（Kossinets）和沃茨（Watts）④ 通过研究大学生之间电子邮件中的三元闭包关系，展示了它是如何放大同质性模式的。克莱因鲍姆（Kleinbaum）⑤ 发现，在大公司从事非典型职业的员工的电子邮件通信网络中往往缺乏三元闭包关系，因此他们拥有更多担任中间人的机会，即作为中间人促进其他成员的联系。

综合同质性理论与三元闭包原则的研究可以发现，间接联系的成员之间

---

① Kwak H, Lee C, Park H, et al. What is Twitter, a social network or a news media？[C]//Proceedings of the 19th International Conference on World Wide Web, 2010：591 – 600.

② Granovetter M. The Strength of Weak Ties [M]. Academic Press, 1977：347 – 367.

③ Rapoport A. Spread of information through a population with socio-structural bias：I. Assumption of transitivity [J]. The Bulletin of Mathematical Biophysics, 1953, 15（4）：523 – 533.

④ Kossinets G, Watts D J. Origins of homophily in an evolving social network [J]. American Journal of Sociology, 2009, 115（2）：405 – 450.

⑤ Kleinbaum A M. Organizational misfits and the origins of brokerage in intrafirm networks [J]. Administrative Science Quarterly, 2012, 57（3）：407 – 452.

可能存在一定的相似性，例如，科研机构相同、研究领域的相似、拥有共同好友，这些同质性增加了成员从间接关系转为直接关系的可能性。但是，个体网络成员的间接关系还存在异质性的可能，例如，两个来自完全不同的学科领域的用户，因为关注了同一位用户，才出现在同一个个体网络中。异质性的间接关系虽然降低了网络的紧密程度，但是增加了网络成员和知识的多样性，创造了跨学科或跨机构的合作交流机会。

虽然间接关系存在较多的中间环节，其作用的发挥往往不像直接关系那样显著和及时。但间接关系的节点可以通过中间节点和连接边产生间接影响，促进个体网络中的信息流通。间接关系的连接路径能反映出关系的亲疏程度和信息传播的概率，甚至能够预测直接关系的建立概率，这种预测能力在用户间有较大社会距离时依然存在。[①] 此外，间接关系也在信息推荐系统中发挥了重要作用。左（Zuo）等[②]发现间接关系可以使得社会地位低的用户可以贡献更多的资源，显著提高 F2F 推荐系统（friend-to-friend storage systems）中的负载分布效率。所以，不论是同质性还是异质性的间接关系，都在学术社交个体网络中发挥不可替代的作用。

3.3.4　关系强度的作用

从社会学的角度来看，社交关系的重要性是高度不均匀的，且每个关系都承担着不同的角色。由于本书的学术社交个体网络中的成员关系是有向的，因此成员间的关系强度是不对称的，并进一步体现在个体的影响力上。1977年，格兰诺维特[③]首次尝试考虑不同连边强度下不同角色的社交关系，他将关系强度（tie strength）定义为互动频率（time）、情感强度（emotional inten-

---

① Zuo X, Blackburn J, Kourtellis N, et al. The influence of indirect ties on social network dynamics [C]//International Conference on Social Informatics. Springer, Cham, 2014：50 – 65.

② Zuo X, Blackburn J, Kourtellis N, et al. The power of indirect ties in friend-to-friend storage systems [C]//14-th IEEE International Conference on Peer-to-Peer Computing. IEEE, 2014：1 – 5.

③ Granovetter M. The Strength of Weak Ties ［M］. Academic Press, 1977：347 – 367.

sity)、亲密关系（intimacy）和互惠服务（reciprocal service）等的线性组合，他认为关系强度（即社交关系的重要性）决定了社交关系的功能属性并将其分为两类：强连接和弱连接关系。邓巴（Dunbar）等①综述了基于 Facebook 和 Twitter 用户数据的相关研究，发现用户构建与管理线上与线下的个体关系网络的方式一致，均维持 4 层 3 倍增的个体网络规模。

结合格兰诺维特的关系强度理论、互惠性、关系的同质性与异质性的特征，参照邓巴关系圈层，以及本书对学术社交个体网络关系类型的划分，对个体网络关系强度进行大致分级。但由于现实中的关系强度还受到具体的互动情况的影响，因此这种划分只能作为大致的参考，用以对不同关系强度的作用进行解释。如图 3-3 所示，学术社交中心个体与直接联系人的关系强度由强至弱依次为：同质性双向关系—异质性双向关系—同质性单向追随关系—异质性单向追随关系。

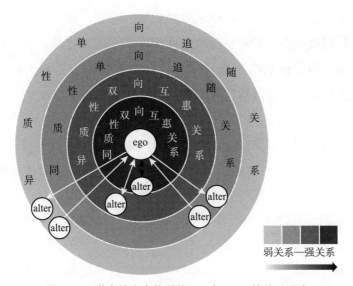

弱关系—强关系

图 3-3 学术社交个体网络 ego 与 alter 的关系强度

① Dunbar R I M, Arnaboldi V, Conti M, et al. The structure of online social networks mirrors those in the offline world [J]. Social Networks, 2015, 43: 39-47.

强连接关系主要指的是与少量亲密朋友的关系，该关系有助于巩固一群圈核心的人。个体网络中如果拥有同质性的双向互惠关系，他们的社交关系就更强，成员之间会更互相信任，彼此相处的意愿更高，社交关系网络存在重叠的可能性高，如同班同学或机构同事，这种强连接的双向互惠关系保证了信息来源的可靠性和质量，效用也高。王遵智[1]发现顾客在购买商品时，传递信息双方的社交关系越强，商品信息传递的效果就越好，并最终促成的购买行为。此外，人们在紧急时刻或者情绪低落的时候更愿意从强关系成员中寻求保护、获得精神支持与生活帮助。[2]

弱连接关系则主要是由单向追随或间接关系组成，这些认识的人关系相对没有那么亲密，且可能处于不同的社交领域。格兰诺维特发现，尽管弱连接关系的强度比较低，但它对于获取其他社交团体的资源是很重要的，且由于弱连接关系数量巨大，所有弱连接关系强度之和远远超过了强连接关系，有助于信息在不同的群体之间的扩散。并且，格兰诺维特指出强社交关系群体同质性高，据此获得的信息往往已知或重复的；而弱社交关系通常由分属不同团体的成员构建，个体特征存在更多差异，例如，拥有不同的研究领域或科研兴趣，因此形成信息的多样性，弱社交关系的建立正好为异质信息的传递搭建一个"信息桥"。这种"信息桥"对知识交流具有重要的作用，例如促进组织机构中不同子部门之间的信息传递和资源交换。[3] 加顿（Garton）等[4]也发现弱关系成员更有可能向对方提供多样的资源。

格兰诺维特的研究也提醒我们，为了充分理解学术社交网络，必须考虑

---

① 王遵智. 网络口碑中个人专业与关系强度对购买决策的影响：以电子邮件为例 [D]. 台北：台湾科技大学，2004.

② Lin N，Woelfel M W，Light S C. The buffering effect of social support subsequent to an important life event [J]. Journal of Health and Social Behavior，1985（4）：328 –336.

③ Friedkin N E. Information flow through strong and weak ties in intraorganizational social networks [J]. Social Networks，1982，3（4）：273 –285.

④ Garton L，Haythornthwaite C，Wellman B. Studying online social networks [J]. Journal of Computer-Mediated communication，1997，3（1）：JCMC313.

用户个体网络的关系强度。1984 年，马斯登（Marsden）和坎贝尔（Campbell）① 率先应用多元指标构建并验证格兰诺维特的关系理论，结果发现关系强度确实与投入的时间成本有关，亲密度是最有效的测量指标，而接触频次很难作为预测指标。马斯登和坎贝尔的研究为后续研究提供了重要的参考价值。沈洪洲和袁勤俭②的研究根据用户间的相似性、时间性和互动性因素作为标准，将社交关系强度划分为强关系、弱关系和临时社交关系，并对各关系的作用进行可视化分析。在线社交网站存在各式各样的社交关系，用户交互产生的海量数据为社交关系强度的研究提供了新研究视角和思路。

数字技术时刻记录着在线用户的个人信息与互动数据，为社交关系强度的相关研究提供了充分的研究数据和研究视角。大量的研究表明，社交关系强度可以通过可测量的指标进行有效评估，其中，网络成员同质性、时间成本与互动频率是最常用的测量指标。③ 佩特罗奇（Petroczi）等④依据用户的相互信任、相互倾诉、社交场景的多样性和共同的兴趣制定了在线社交用户关系强度量表，并且指出线上与线下用户的关系强度衡量指标是相似的。吉尔伯特（Gilbert）、卡拉哈利奥斯（Karahalios）⑤ 对 Facebook 用户的关系强度进行测量，其测量指标包括亲密程度、交流强度和关系持续时间，同时还探讨了不同维度的数据对于预测模型的作用，结果显示该模型能够以 85% 的准确率预测用户与好友在现实世界中的关系强度，其中亲密程度（如共同好友的数量和亲密性语言等）对模型的作用最大。卡汉达（Kahanda）和内维

① Marsden P V，Campbell K E 对关系强度进行测量，Marsden P V，Campbell K E. Measuring tie strength [J]. Social Forces，1984，63（2）：482－501.

② 沈洪洲，袁勤俭. 基于社交网络的社交关系强度分类研究 [J]. 情报学报，2014，33（8）：846－859.

③ Jones J J，Settle J E，Bond R M，et al. Inferring tie strength from online directed behavior [J]. PloS One，2013，8（1）：e52168.

④ Petróczi A，Nepusz T，Bazsó F. Measuring tie-strength in virtual social networks [J]. Connections，2007，27（2）：39－52.

⑤ Gilbert E，Karahalios K. Predicting tie strength with social media [C]//Proceedings of the SIGCHI Conference on Human Factors in Computing Systems. ACM，2009：211－220.

尔（Neville）①的研究发现用户与好友之间的交互事件在预测社交关系强度时非常有效。杨媛媛②、乔杜里（Choudhury）和梅森（Mason）③ 的研究均发现用户间的交互频率和次数是衡量社交关系强度的重要因素。吉尔伯特④对来自52个国家的20多万条在线关系进行评估，发现用户在 Facebook 的联结强度模型在很大程度上可以推广到 Twitter 平台，这表明用户在新的社交网站的关系是建立在旧的社交媒体的基础之上。阿纳博尔迪（Arnaboldi）等⑤通过设置用户人口统计学特征、互动方式、每个关系的互动总量和互动均值四个变量对用户个体网络关系强度进行评价，结果发现在线用户的社交关系数量与线下邓巴数字（"150"）相近，且近期互动频率与用户相似性对关系有很好的预测作用。此外，间接联系的强度与间接联系的两个节点之间形成新联系的速度正相关，因此可以将间接关系的强度作为社会网络中信息扩散路径的预测工具。⑥

3.4 学术社交网站个体网络用户行为

学术社交平台因其"学术性"和"社交性"受到了科研用户的普遍认

---

① Kahanda I, Neville J. Using transactional information to predict link strength in online social networks ［C］//Third International AAAI Conference on Weblogs and Social Media，2009.

② 杨媛媛. SNS 网络中节点关系研究［D］. 保定：河北农业大学，2010.

③ De Choudhury M, Mason W A, Hofman J M, et al. Inferring relevant social networks from interpersonal communication ［C］//Proceedings of the 19th International Conference on World Wide Web. ACM，2010；301－310.

④ Gilbert E. Predicting tie strength in a new medium ［C］//Proceedings of the ACM 2012 Conference on Computer Supported Cooperative Work. ACM，2012；1047－1056.

⑤ Arnaboldi V, Guazzini A, Passarella A. Egocentric online social networks：Analysis of key features and prediction of tie strength in Facebook ［J］. Computer Communications，2013，36（10－11）：1130－1144.

⑥ Zuo X, Blackburn J, Kourtellis N, et al. The influence of indirect ties on social network dynamics ［C］//International Conference on Social Informatics. Springer，Cham，2014；50－65.

可，对数字科学信息交流起到重要的作用。本节通过问卷调查学术社交网站
用户的科学交流行为，以便了解学者在平台构建个体网络的科研需求，以及
网络构建后开展的一系列科学交流活动的效果。

3.4.1 问卷设计与数据收集

3.4.1.1 问卷设计

本次调查有两个目标：第一，收集关于学者在学术社交网站的交流行为
的基本数据；第二，作为邀请学者参与后续活动的途径，包括网络数据分析
和访谈。问卷设计参考 Springer Nature 及其他学者关于科研人员学术社交媒
体使用行为的调查设计。主要调查内容包括三个部分：

（1）受访者的基本信息、平台使用偏好和网络规模，以便根据学科和用
户类型进行分析和抽样。包括：姓名（选填）；联系方式（选填）；所在院校/
机构（选填）；当前身份/职位（本科生、硕士生、博士生、博士后、讲师/
助理讲师、副教授、教授、其他）；学科领域，其中国内学者的学科依据
《学科分类与代码》（GB/T 13745—2009）2009 年修订版①，共划分为 5 个门
类：自然科学类、农业科学类、医药科学类、工程与技术科学类、人文与社
会科学类，考虑到国内外的学科差异，国外受访者的学科分类则依据英国高
等教育统计局（Higher Education Statistics Agency，HESA）划分标准，随后再
统一成国内标准。

（2）利用李克特量表分析学术社交网站用户的科学交流行为与态度。首
先是关于用户平台选择偏好的调查，选取当前主流的学术社交网站，同时也
是国内外相关实证研究中常作为研究对象的平台：Researchgate、Acade-
mia. edu、Mendeley、Zetero、LinkedIn、Slideshare、个人学术博客、科学网、

---

① 中国国家标准化管理委员会. 学科分类与代码［EB/OL］.［2019 – 12 – 09］. http：//openstd.
samr. gov. cn/bzgk/gb/newGbInfo?hcno =4C13F521FD6ECB6E5EC026FCD779986E.

小木虫、丁香园、其他（补充项）。用户科学交流行为调查选项采用李克特五点量表，题项设置参考前人的研究成果（如表 3 - 9 所示）。

表 3 - 9　　　　　　学术社交网站用户科学交流行为调查选项内容及依据

选项内容	研究基础
作为一个学者，创建网络学术账户对我而言很重要	学术身份创建（Bukvova，2012；Veletsianos and Kimmons，2013）
我把个人账户简介当作一张在线名片	
我在不同的学术社交网站上以不同的方式展示我的学术形象	
我通过学术社交网站来支持我的教学活动	
我在网络中的学术身份和个人身份是区分开的	
我不认为创建在线学术账户是很重要的	信息获取（Almousa，2011；Menendez，Angeli and Menestrina，2012）
学术社交网站有助于我及时发现感兴趣的出版物	
学术社交网站使我可以在需要时得到庞大的专业知识社区的帮助	
我认为能够在学术社区进行提问/解答是很重要的	
通过浏览其他学者的学术资料能够为我的阅读内容提供参考	
我通过学术社交网站追踪我的研究相关指标	学术传播
学术社交网站有助于我的科研成果推广	
学术社交网站有助于学术资源共享（如论文、数据集、协议）	
我认为我应该提高学术社交网站的使用频率来推广我的研究	
我通过学术社交网站来寻找同行	科研协作（Jeng et al.，2012；Oh and Jeng，2011）
我经常在学术社交网站与其他学者互动	
我通过学术社交网站来寻找其他学科领域的学者	
学术社交网站有助于我与其他学者进行科研协作	
学术社交网站有助于吸引潜在合作者	

续表

选项内容	研究基础
学术社交网站有助于提高我在学界的知名度	职业发展与项目资助（Almousa，2011；Menendez，Angeli and Menestrina，2012）
学术社交网站有助于提高我的科研成果的关注度	
学术社交网站有助于我发现工作机会	
在学术社交网站创建账户将会提升我未来的就业前景	
学术社交网站有助于吸引未来雇主	
学术社交网站有助于吸引项目资助	

资料来源：Bukvova H. A holistic approach to the analysis of online profiles ［J］. Internet Research，2012，22（3）：340－360；Veletsianos G，Kimmons R. Scholars and faculty members' lived experiences in online social networks ［J］. The Internet and Higher Education，2013，16：43－50；Staniland M. How do researchers use social media and scholarly collaboration networks（SCNs）? ［EB/OL］. ［2018－11－29］. http：//blogs. nature. com/ofschemesandmemes/2017/06/15/how-do-researchers-use-social-media-and-scholarly-collaboration-networks-scns；Almousa O. Users' classification and usage-pattern identification in academic social networks ［C］//2011 IEEE Jordan Conference on Applied Electrical Engineering and Computing Technologies（AEECT）. IEEE，2011：1－6；Menendez M，De Angeli A，Menestrina Z. Exploring the virtual space of academia ［M］//From research to practice in the design of cooperative systems：Results and open challenges. Springer，London，2012：49－63；Jeng W，He D，Jiang J，et al. Groups in Mendeley：Owners' descriptions and group outcomes ［J］. Proceedings of the American Society for Information Science and Technology，2012，49（1）：1－4；Oh J S，Jeng W. Groups in academic social networking services—an exploration of their potential as a platform for multi-disciplinary collaboration ［C］//2011 IEEE Third International Conference on Privacy，Security，Risk and Trust and 2011 IEEE Third International Conference on Social Computing. IEEE，2011：545－548。

（3）招募志愿者参与后续的社会网络分析与访谈。

3.4.1.2　问卷数据来源

《学术社交网站用户科学交流行为调查》问卷通过问卷星平台发放，并以链接的形式投放到 Researchgate、Academia. edu、Mendeley、Zetero、LinkedIn、Slideshare、个人学术博客、科学网、小木虫、丁香园以及微信里的学术交流群，调查对象的选择依据学科类别随机发放。调查时间为 2019 年 11 月 15 日至 2019 年 1 月 15 日，本次调查一共发放约 1300 份问卷，回收 317 份问卷，问卷回收率约为 24%，根据答卷内容的有效性，剔除 22 份无效问卷，利用 Excel 和 SPSS 软件对剩余 295 份有效问卷进行统计分析。调查对象的学科与职位分布情况如表 3 – 10 和表 3 – 11 所示。

表 3 – 10　　　　　　　　学术社交网站受访用户学科统计

学科	数量（人）	比例（%）
自然科学类	77	26.10
农业科学类	16	5.42
医药科学类	35	11.86
工程与技术科学类	90	30.51
人文与社会科学类	77	26.10
总计	295	100

表 3 – 11　　　　　　　　学术社交网站受访用户身份统计

身份	数量（人）	比例（%）
本科生	51	17.29
硕士生	86	29.15
博士/博士后	96	32.55
讲师/助理讲师	22	7.46
教授/副教授	29	9.83
其他	11	3.73
总计	295	100

3.4.1.3　问卷信度效度检验

1. 信度检验。

信度（reliability）分析用于研究定量数据的回答可靠准确性。信度分析一般分为三步：第一步，Cronbach's α 系数是衡量信度的重要指标，如果此值高于 0.8，则说明信度高；若介于 0.7 ~ 0.8 之间，则说明信度较好；若介于 0.6 ~ 0.7 之间，则说明信度可接受；如果小于 0.6，说明信度不佳；第二步，如果校正项总计相关性（CITC）值低于 0.3，可考虑将该项进行删除；第三步，如果"项已删除的 α 系数"值明显高于 α 系数，此时可考虑对将该项进行删除后重新分析。[①] 本书最终答卷的 Cronbach's α 系数为 0.893，因而说明研究数据信度质量高。针对"项已删除的 α 系数"，分析项被删除后的信度系数值并没有明显的提升，因而说明题项全部均应该保留，进一步说明研究数据信度水平高。

2. 效度检验。

效度（validity）研究用于分析研究项是否合理，有意义，效度分析使用因子分析这种数据分析方法进行研究，分别通过 KMO 值、共同度、方差解释率值、因子载荷系数值等指标进行综合分析，以验证出数据的效度水平情况。KMO 值用于判断是否有效度，如果此值高于 0.8，则说明效度高；共同度值用于排除不合理研究项，通常以 0.4 为标准；方差解释率值用于说明信息提取水平，因子载荷系数用于衡量因子和题项对应关系。[②] 问卷回收结果显示所有研究项对应的共同度值均高于 0.4，说明研究项信息可以被有效提取。另外，KMO 值为 0.912，大于 0.6，意味着数据具有效度。另外，6 个因子旋转后累积方差解释率为 73.817% >50%，意味着研究项的信息量可以被有效提取出来。最后，结合因子载荷系数确认因子和研究项对应关系，基本与预期相符，问卷结果达到了理想水平。

3.4.2 用户科学交流行为调查结果分析

本书将结合问卷调查结果，对受访用户的平台选择偏好、个体网络构建和科学交流行为进行分析，并将各项结果与学术身份和学科领域两种特征进行相关性分析，探索不同用户的科学交流行为差异。结合当下主流学术社交

---

① 周俊. 问卷数据分析：破解 SPSS 的六类分析思路 [M]. 北京：电子工业出版社，2017.

② Chung R H, Kim B S, Abreu J M. Asian American multidimensional acculturation scale：Development, factor analysis, reliability, and validity [J]. Cultur Divers Ethnic Minor Psychol, 2004, 10 (1): 66 – 80.

网站的功能与服务，以及其他学者的实证调查结果进行比较分析，弥补样本量的不足，试图对学术社交网站用户的科学交流行为进行客观性且全面性的分析。

3.4.2.1 平台选择偏好

问卷首先对学术社交网站用户的使用频率进行调查，结果如表 3－12 所示。小木虫、科学网和 ResearchGate 是受访用户中最常用的学术社交网站，这与调查对象多为国内学者有很大关系。若不考虑国内网站，国外主流学术社交网站 ResearchGate、LinkedIn、Academia. edu、Mendeley 也具有较多的用户群体，该结果与 2017 年《自然》（*Nature*）① 的调查结果一致。在针对特定国家或机构的调研中，学术社交网站的使用频次也存在趋同性。戴哈尼等（Daihani）②、阿斯米（Asmi）和马尔加姆（Margam）③、阿卜杜拉提夫（Abdullatif）等④、辛格森（Singson）和阿米斯（Amees）⑤、埃尔塞德（Elsayed）⑥ 分别对科威特大学、印度德里中心大学、沙特大学、本地治里大学和阿拉伯地区的科研人员对于学术社交网站使用情况进行调查，均发现 ResearchGate

---

① Staniland M. How do researchers use social media and scholarly collaboration networks（SCNs）？［EB/OL］.［2018 － 11 － 29］. http：//blogs. nature. com/ofschemesandmemes/2017/06/15/how-do-researchers-use-social-media-and-scholarly-collaboration-networks-scns.

② Al-Daihani S M, Al-Qallaf J S, AlSaheeb S A. Use of social media by social science academics for scholarly communication［J］. Global Knowledge, Memory and Communication, 2018, 67（6/7）：412 – 424.

③ Asmi N A, Margam M. Academic social networking sites for researchers in Central Universities of Delhi：A study of ResearchGate and Academia［J］. Global Knowledge, Memory and Communication, 2018, 67（1/2）：91 – 108.

④ Abdullatif A M, Shahzad B, Hussain A. Evolution of social media in scientific research：A case of technology and healthcare professionals in saudi universities［J］. Journal of Medical Imaging and Health Informatics, 2017, 7（6）：1461 – 1468.

⑤ Singson M, Amees M. Use of ResearchGate by the research scholars of Pondicherry University：A study［J］. DESIDOC Journal of Library & Information Technology, 2017, 37（5）：366 – 371.

⑥ Elsayed A M. The use of academic social networks among Arab researchers：A survey［J］. Social Science Computer Review, 2016, 34（3）：378 – 391.

的使用率高于 Academia. edu。奥尔特加（Ortega）[①] 针对西班牙国家研究委员会的科研人员的调查结果显示，谷歌学术、Academia. edu、ResearchGate 和 Mendeley 为科学家常用的学术社交网站。除了学术社交网站外，研究人员也频繁使用 Facebook、Twitter、LinkedIn 等大众社交网站，此类平台在科学交流议程中具备较大潜力。此外，科研人员可能会同时在多个平台注册使用[②③]，一方面是由于学术社交网站在功能上各有侧重，另一方面也显示出作者并不满足单个平台的科学交流功能。

表 3 – 12　　　　　　　学术社交网站受访用户平台使用频率统计　　　　单位：%

平台	每日	每周	每月	很少 （一个月以上）	注册创建账户 后久未访问	从未 使用
Researchgate（76. 27）	9. 49	20. 00	19. 66	16. 61	10. 51	23. 73
Academia. edu（63. 73）	5. 76	12. 88	14. 24	19. 66	11. 19	36. 27
Mendeley（62. 37）	7. 46	7. 46	16. 61	18. 98	11. 86	37. 63
Zetero（55. 25）	3. 39	11. 53	13. 22	14. 92	12. 20	44. 75
LinkedIn（74. 92）	7. 46	15. 25	24. 07	15. 93	12. 20	25. 08
Slideshare（56. 61）	2. 71	12. 54	10. 17	17. 63	13. 56	43. 39
个人学术博客（73. 9）	13. 90	18. 98	17. 97	11. 86	11. 19	26. 10
科学网（83. 39）	17. 63	30. 51	16. 27	12. 88	6. 10	16. 61
小木虫（85. 42）	15. 25	28. 47	19. 32	14. 92	7. 46	14. 58
丁香园（47. 47）	3. 03	10. 10	9. 09	13. 13	12. 12	52. 53
其他（26. 26）	10. 10	3. 03	5. 05	7. 07	1. 01	73. 74

注：表中及括号内数值为选择该选项用户数量的百分比。

① Ortega J L. Disciplinary differences in the use of academic social networking sites ［J］. Online Information Review，2015，39（4）：520 – 536.

② Mas Bleda A，Thelwall M，Kousha K，et al. European highly cited scientists' presence in the social web ［C］//14th International Society of Scientometrics and Informetrics Conference（ISSI 2013）. Vienna，Austria：Austrian Institute of Technology，2013：98 – 109.

③ Mas-Bleda A，Thelwall M，Kousha K，et al. Do highly cited researchers successfully use the social web? ［J］. Scientometrics，2014，101（1）：337 – 356.

非参数检验用于研究定类数据与定量数据之间的关系情况。例如，研究人员想知道不同性别学生的购买意愿是否有显著差异。如果购买意愿呈现出正态性，则建议使用方差分析，如果购买意愿没有呈现出正态性特质，此时可使用非参数检验。已有研究显示身份/职位差异以不同程度反映在科研人员的学术社交网站使用偏好上，本书使用 Kruskal-Wallis 进行非参数秩和检验，分析身份与学术社交网站使用频率之间是否呈现出显著性（p 值 < 0.05 或 0.01）。身份样本的检验分析结果如表 3 – 13 所示，除了"LinkedIn""丁香园"与"其他"平台，身份样本对于 Researchgate、Academia. edu、Mendeley、Zetero、Slideshare、个人学术博客、科学网、小木虫共 8 项呈现出显著性。从整体上看，教授/副教授、讲师/助理讲师对于国外学术社交平台的接受度更高，博士生/博士后更经常使用国内学术社交网站，本科生与硕士生对于国内外学术社交网站的接受度比较均等。

表 3 – 13   学术社交网站受访用户平台使用频率与学术身份非参数检验

平台	学术身份（中位数）						Kruskal-Wallis 检验统计量	p 值
	本科生	硕士生	博士生/博士后	讲师/助理讲师	教授/副教授	其他		
Researchgate	4	3	2.5	4	4	4	20.349	0.001 **
Academia. edu	4	6	4	4	5	6	12.335	0.030 *
Mendeley	4	6	4	4	5	6	12.095	0.034 *
Zetero	4	6	6	5	6	6	26.565	0.000 **
LinkedIn	3	4	4	3	4	6	8.032	0.154
Slideshare	4	6	6	5	5	6	31.554	0.000 **
个人学术博客	3	6	5.5	3	3	5	55.844	0.000 **
科学网	2	6	4	2	2	4	48.603	0.000 **
小木虫	2	4	4	2	3	4	29.01	0.000 **
丁香园	4.5	5.5	5	5	6	6	7.43	0.191
其他	3.5	6	6	6	6	6	2.942	0.709

注：* p < 0.05；** p < 0.01。

已有的研究更关注学术资历较高的学者在学术社交网站的活跃度。马斯（Mas）等①调查发现欧洲高被引量的科研人员在社交网站上的显示度普遍不高。张耀坤等②调查了 2013 年、2014 年长江学者在 ResearchGate、Mendeley、Academia. edu 和学术圈这四个学术社交网站上的基本数据，调查结果显示出学术社交网站的使用情况并不理想，长江学者的总体注册率均未超过 50%，同时长江学者对学术社交网站持续使用仍有待提高，但相比其他学术社交网站，ResearchGate 能为长江学者提供更高的显示度。总体而言，研究结果倾向于资历较高的学者在学术社交网站的活跃度较低，但由于调查数量和范围的限制，这一结论仍有待商榷。由于学科样本的非参数检验结果表现出一致性（p > 0.05），本书选取常用的学术社交网站（科学网、小木虫、ResearchGate、Academia. edu）的用户使用频率进行学科分布。如图 3－4 所示，自然科学、农业科学、人文与社会科学领域的受访用户学科分布较为一致，而在医药科学的受访用户更偏爱小木虫平台，工程与技术科学受访用户除科学网外，更常使用 ResearchGate。奥尔特加（Ortega）③ 发现人文社会科学家最青睐 Academia. edu，生物学家更喜欢 ResearchGate。赛义德（Elsayed）④ 发现阿拉伯科研人员使用 ResearchGate 的大多数为理论和应用科学领域的研究人员。德沃（Thelwall）和寇莎（Kousha）⑤ 的研究表明，用户在 ResearchGate 分享自然科学和物理科学领域的文章覆盖面大于社会科学、艺术和人文学科。可见不同学科用户对平台的选择存在一定的差异，但由于调查对象不同，尚未得出普适性的结论。

---

① Mas B A, Thelwall M, Kousha K, et al. European highly cited scientists' presence in the social web ［C］//14th International society of scientometrics and informetrics conference（ISSI 2013）. Vienna, Austria: Austrian Institute of Technology, 2013: 98 – 109.

② 张耀坤, 张维嘉, 胡方丹. 中国高影响力学者对学术社交网站的使用行为调查: 以教育部长江学者为例［J］. 情报资料工作, 2017（3）: 98 – 103.

③ Ortega J L. Disciplinary differences in the use of academic social networking sites［J］. Online Information Review, 2015, 39（4）: 520 – 536.

④ Elsayed A M. The use of academic social networks among Arab researchers: A survey［J］. Social Science Computer Review, 2016, 34（3）: 378 – 391.

⑤ Thelwall M, Kousha K. ResearchGate: Disseminating, communicating, and measuring Scholarship? ［J］. Journal of the Association for Information Science and Technology, 2015, 66（5）: 876 – 889.

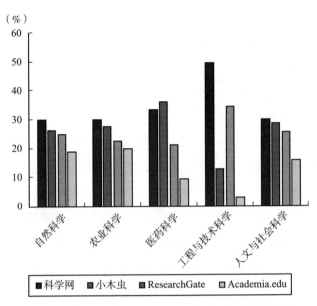

图 3 - 4　常用的学术社交网站用户使用频率学科分布

3.4.2.2　学术身份创建

社交媒体为自我展示、印象管理、自我推销和身份构建提供了新的机会。学者们公开展示自己的方式也发生了转变：他们越来越多地转向在线社交平台，通过创建在线身份以便在学术界乃至学术界之外获得自己的地位。[1][2] 在学术社交网站中，学者在个人主页展示自我描述，并以此构建在线学术身份，同时通过发表博文、参与论坛问答、更新动态等活动，将学术身份与个人线上及线下身份进行多方面融合。[3][4] 例如，ResearchGate、Academia.edu 和

① Davies J, Merchant G. Looking from the inside out: Academic blogging as new literacy [J]. A New Literacies Sampler, 2007: 167 - 197.

② Hess M. A Nomad faculty: English professors negotiate self-representation in university Web space [J]. Computers and Composition, 2002, 19 (2): 171 - 189.

③ Dennen V P. Constructing academic alter-egos: identity issues in a blog-based community [J]. Identity in the Information Society, 2009, 2 (1): 23 - 38.

④ Hurley M G. Blogging a scholarly identity [J/OL]. http://cconlinejournal.org/graupner2010/Graupner_Blogging.pdf.

Mendeley 都为用户提供个人主页服务，用户可以在个人主页上传自己的科研成果，并支持研究人员完善个人信息，起到"学术名片"的作用，助力科研人员个人学术成果管理与推广。从表 3 – 14 可以看出，身份与学术身份创建的 5 个选项存在显著差异（共 7 个），而学科均未表现出显著性（$p > 0.05$）以下将逐一分析。

表 3 – 14　　　　　　　　　在线身份创建与学术身份非参数检验

选项内容	学术身份（中位数）						Kruskal-Wallis 检验统计量	p 值
	本科生	硕士生	博士生/博士后	讲师/助理讲师	教授/副教授	其他		
作为一个学者，创建在线学术账户对我而言很重要	4	4	4	4.5	4	4	13.004	0.023 *
我把个人账户简介当作一张在线名片	4	4	3.5	4	4	4	19.091	0.002 **
我把个人账户主页当作学术日志	4	3	3	4	4	3	16.703	0.005 **
我在网络中的学术身份和个人身份是区分开的	4	3	4	4	4	3	8.239	0.144
我在不同的学术社交网站上以不同的方式展示我的学术形象	4	3	3	4	3	4	16.781	0.005 **
我通过学术社交网站来支持我的教学活动	4	3	3	4	4	3	27.176	0.000 **
我不认为创建在线学术账户是很重要的	2	3	2	2	2	3	9.429	0.093

注：* $p < 0.05$；** $p < 0.01$。

调查中发现（见图3-5），多数受访者认为"作为一个学者，构建在线学术身份对我而言很重要"（77.29%），并且与学者职位高度相关（Kruskal-Wallis检验，p=0.006<0.01），其中讲师/助理讲师、教授/副教授、博士生/博士后对学术身份构建的重要性认同度最高，同意与非常同意比例之和分别为81.81%、72.22%、75.67%。相应地，受访用户对"我不认为创建在线学术账户是很重要的"表现出一致不同意。

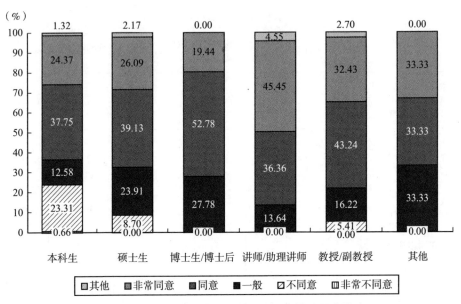

图3-5 职位高度对学术身份构建重要性认同度影响

在个人身份呈现方式中（见图3-6），学者更倾向于将作为学术身份的以个人简介的形式进行静态的呈现，而不是动态的学术信息更新。"我把个人账户简介当作一张在线名片"（69.83%）选项在"同意"与"非常同意"程度中显示出更高的一致性，而"我把个人账户主页当作学术日志"的认同度更低（55.93%），这两项均与职位呈现显著的相关性（Kruskal-Wallis检验，p=0.004<0.01；p=0.008<0.01）。其中讲师/助理讲师、本科生、教

授/副教授更常把学术社交网站的在线身份当作学术名片（分别为 86.36%、77.48%、70.27%）。

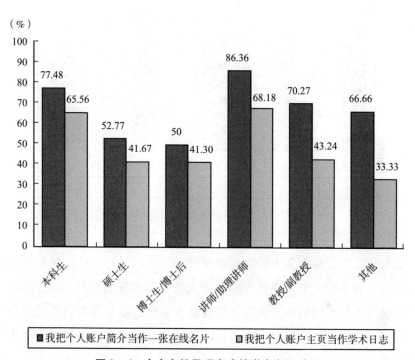

图 3－6 个人身份呈现方式的学术身份对比

虽然结果显示与学科领域不相关（Kruskal-Wallis 检验，p = 0.452 > 0.05；p = 0.533 > 0.05），但从静态与动态呈现方式的同学科比较上看，工程与技术科学（76.66%）、自然科学（70.13%）、人文与社会科学（66.24%）、医药科学（65.72%）用户偏向静态的学术名片展示，而农业科学（62.50%）更常把个人账户主页当作学术日志（见图 3－7）。

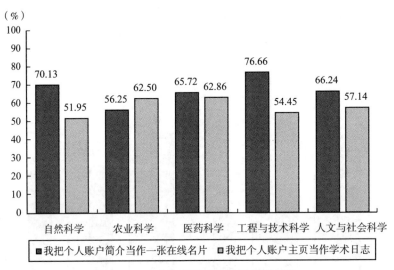

图 3 - 7　个人身份呈现方式的学科对比

通常情况下，我们会为特定的对象展示不同的自己，试图树立可信的形象：通过不同表演，个人会努力构建与观众期望相符的身份。而在线互动的参与者彼此连接不同的社区成员，又各自在不同的场景为不同的受众呈现自我。因此，他们在公开和展示的信息以及形象管理策略的选择时取决于互动场景和受众，这可能导致个人身份的社会性和多面性。[1][2][3] 调查中有 2 个选项是关于学术身份多样性的调查："我在网络中的学术身份和个人身份是区分开的"（56.27%）与"我在不同的学术社交网站上以不同的方式展示我的学术身份"（50.85%）的认同度较高。由表 3 - 6 可知身份对后者呈现出显著性差异（p = 0.005 < 0.01），其中讲师/讲师助理（63.63%）和本科生（61.59%）的学术身份呈现方式更加多样性（见图 3 - 8）。

① Barton D, Lee C. Language Online：Investigating Digital Texts and Practices ［M］. Routledge, 2013.

② Lee C K M, Barton D. Constructing glocal identities through multilingual writing practices on Flickr. com® ［J］. International Multilingual Research Journal, 2011, 5（1）：39 - 59.

③ Zhao S, Grasmuck S, Martin J. Identity construction on Facebook：Digital empowerment in anchored relationships ［J］. Computers in Human Behavior, 2008, 24（5）：1816 - 1836.

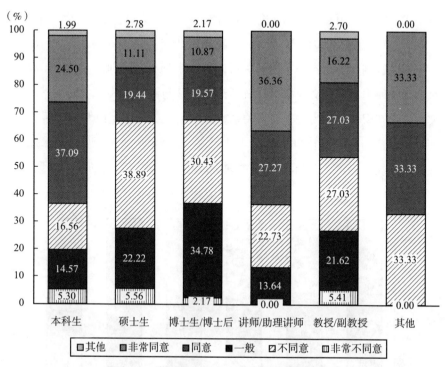

图 3-8 学术身份与个人身份呈现方式交叉图

　　在线身份是动态的，同时随着在线活动的时长增加会越来越与离线身份交织在一起，在线社区中的身份呈现受到其离线社交网络的影响，并用以支持离线的学术活动。①②③ 调查显示 58.99% 的受访用户通过学术社交网站来支持我的教学活动。表 3-6 显示身份对用户采用学术社交网站进行教学活动有显著差异。而学科的 p 值均大于 0.05，意味着学科对用户教学活动采用行为没有

　　① Boyd D M, Ellison N B. Social network sites: Definition, history, and scholarship [J]. Journal of Computer-mediated Communication, 2007, 13 (1): 210-230.

　　② Chen H I. Identity practices of multilingual writers in social networking spaces [J]. Language Learning & Technology, 2013, 17 (2): 143-170.

　　③ Luzón M J. Constructing academic identities online: Identity performance in research group blogs written by multilingual scholars [J]. Journal of English for Academic Purposes, 2018, 33: 24-39.

影响。但查克拉博蒂（Chakraborty）① 的调查发现社会科学领域的研究人员主要将学术社交网站用于教学和研究，而自然科学研究人员主要用于娱乐目的。

图 3-9 是根据职位的不同，对"我使用社交网站来支持我的教学活动"这一项的在线调查的回答分布情况，可以发现讲师/助理讲师、副教授/教授与本科生经常使用学术社交网站进行教学活动，这与该群体线下主要以学习和掌握文化科学知识和技能为主有很大关系。而硕士生、博士生以及博士后相对较少使用平台进行教学，该群体的线下生活主要以科研为主。说明学术社交网站在线身份构建与线下实际身份的关联程度很高，这与前人的研究一致。

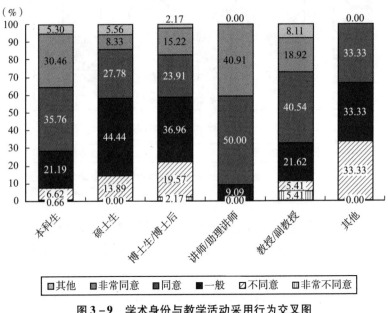

图 3-9　学术身份与教学活动采用行为交叉图

3.4.2.3　个体网络构建

学术社交平台最大功能特点之一就是社交，为兴趣和学科背景相似的科

---

① Chakraborty N. Activities and reasons for using social networking sites by research scholars in NEHU: A study on Facebook and ResearchGate [J]. INFLIBNET Centre, 2012, 8 (3): 19-27.

研人员提供学术交流与共享服务，帮助其建立并扩大学术社交圈，从而增加他们跨学科、跨机构、跨地区的学术合作机会，共同产出高质量的研究成果，推动学术界交流方式的变革。[①] 在学术社交网站中，用户通过关注行为建立个体网络展开社交互动，以满足各自的学术需求，包括被其他学者发现[②]、与其他学者保持联系[③][④]、关注其他学者、查找其他学者、响应他人或合著者的邀请[⑤]。平台也为用户提供专业的个体网络管理服务，帮助用户对在线关系的维护。例如，邀请功能激励用户邀请线下的好友加入关系网络，科学网与小木虫提供移除好友和分组功能，Academia. edu 和 ResearchGate 还为学者提供专门的合著者列表。

个体网络构建调查旨在了解用户关注的学者类型与态度，分为 4 个问题。其中 2 个选项表现出积极的反应，"我关注别人是为了与合作过的人保持联系"与"我关注的是我未来想合作的学者"认同度分别为 66.44% 与 70.51%。从表 3 – 15 可以看到，这 2 个选项与学术身份特征有关：学术社交用户基于线下的关系网络形成在线联系，并寻找机会构建未来的工作关系。而另外 2 个选项则显示出较低的认同度："如果有人关注我，我也会关注他们"（53.90%），"我只关注我认识的人"（20.34%）。可见学者们更有可能关注那些已经有合作关系的人，或者在未来希望有合作关系的人，具体原因分析将在后续章节展开详细讨论。学科在该题项中没有显著性。

---

① 严玲艳，王一鸣，肖钠. 基于学术社交平台的学术出版价值链延伸［J］. 情报资料工作，2019，40（6）：44 – 50.

② Chakraborty N. Activities and reasons for using social networking sites by research scholars in NEHU：A study on Facebook and ResearchGate［J］. INFLIBNET Centre，2012，8（3）：19 – 27.

③ Nández G，Borrego Á. Use of social networks for academic purposes：A case study［J］. The Electronic Library，2013，31（6）：781 – 791.

④ Salahshour M，Dahlan H M，Iahad N A. A Case of academic social networking sites usage in Malaysia：drivers，benefits，and barriers［J］. International Journal of Information Technologies and Systems Approach（IJITSA），2016，9（2）：88 – 99.

⑤ Al-Daihani S M，Al-Qallaf J S，AlSaheeb S A. Use of social media by social science academics for scholarly communication［J］. Global Knowledge，Memory and Communication，2018，67（6/7）：412 – 424.

表 3 – 15　　　　　　　　学术身份与个体网络构建非参数检验

选项内容	学术身份（中位数）						Kruskal-Wallis 检验统计量	p 值
	本科生	硕士生	博士生/博士后	讲师/助理讲师	教授/副教授	其他		
我关注别人是为了与合作过的人保持联系	4	4	4	4	4	3	14.067	0.015 *
我关注的是我未来想合作的学者	4	4	4	4	4	3	19.894	0.001 **
如果有人关注我，我也会关注他们	4	4	4	4	4	3	4.777	0.444
我只关注我认识的人	2	2	3	2	2	3	1.779	0.879

注：* p < 0.05；** p < 0.01。

从认同程度上看（"同意"与"非常同意"），如图 3 – 10 所示，不论是关注合作过的人还是未来想合作的学者，受访用户从本科生到博士生/博士后对于关注对象的选择的认同程度不断降低，随后讲师/助理讲师身份的用户认同度再次上升，然后随着职位递增同意程度逐渐降低。可以理解为讲师/助理讲师通过平台寻求科研合作的需求高于教授/副教授。此外，本科生、博士生/博士后、讲师/助理讲师关注未来想合作的学者意愿比关注合作过的人的意愿更高。可能是由于年轻学者合作过的学者数量不多，因此热衷于寻求潜在的合作者。格鲁兹德（Gruzd）等[1]也发现科研人员对学术社交媒体的采纳动机主要在于缔结新的人际连接并加强原有的同事关系。萨拉什胡尔（Salahshour）等[2]对

---

[1]　Gruzd A, Staves K, Wilk A. Connected scholars: Examining the role of social media in research practices of faculty using the UTAUT model [J]. Computers in Human Behavior, 2012, 28 (6): 2340 – 2350.

[2]　Salahshour M, Dahlan H M, Iahad N A. A Case of academic social networking sites usage in Malaysia: drivers, benefits, and barriers [J]. International Journal of Information Technologies and Systems Approach (IJITSA), 2016, 9 (2): 88 – 99.

马来西亚理工大学学者的调查也发现使用学术社交网站的驱动因素主要是寻找同行（74.41%）。学科分析发现（见图 3-11），只有农业科学领域的受访者选择关注合作过的人（75.00%）比例高于关注未来的合作者（68.75%）。

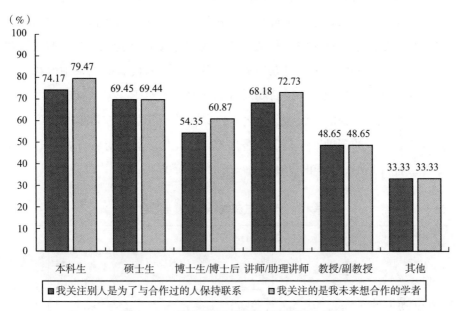

图 3-10 学术身份与关注对象的选择对比

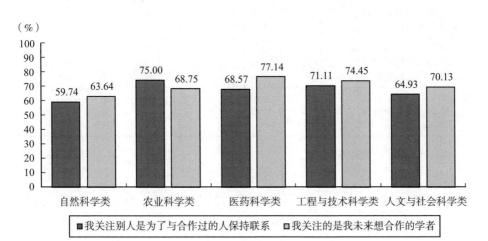

图 3-11 学科与关注对象的选择对比

3.4.2.4 信息获取

学术社交平台融合大量的学术资源，包括学者信息、用户自己创作并共享的学术成果、科研数据、科研团队、问答信息、招聘资源、科研项目资助信息等，平台通过大数据技术进行资源建设，为科研人员提供个性化的信息服务。用户使用学术社交网站是基于获取免费论文和资料、为新研究获取观点、发现感兴趣的研究等信息获取需求。从表 3－16 的答卷结果中位数可以看出本项调查结果呈现出一致高度认可，学术身份对于"学术社交网站有助于我及时发现感兴趣的出版物""学术社交网站使我可以在需要时得到庞大的专业知识社区的帮助"呈现出显著性差异，此外学科也对后者表现出 0.05水平显著性（Kruskal-Wallis 检验；$p = 0.011 < 0.05$）。

表 3－16 　　　　　　　学术身份与信息获取行为非参数检验

选项内容	学术身份（中位数）						Kruskal-Wallis 检验统计量	p 值
	本科生	硕士生	博士生/博士后	讲师/助理讲师	教授/副教授	其他		
学术社交网站有助于我及时发现感兴趣的出版物	4	4	4	4	4	3	15.021	0.010*
学术社交网站使我可以在需要时得到庞大的专业知识社区的帮助	5	4	4	4	4	3	19.308	0.002**
我认为能够在学术社区进行提问/解答是很重要的	4	4	4	4	4	3	11.016	0.051
通过浏览其他学者的学术资料能够为我的阅读内容提供参考	4	4	4	4.5	4	3	9.205	0.101

注：* $p < 0.05$；** $p < 0.01$。

在感兴趣出版物发现方面（见图 3－12），本科生、硕士生和博士生/博士后的学生均表现出一致的高度认同，"同意"与"非常同意"合计比例为89.4%、83.3%、89.1%。讲师/助理讲师和教授/副教授的认可度相对低一些。穆罕默德（Mohammadi）等①的研究也发现 Mendeley 中的论文大多数读者都是研究生、博士生和博士后。可见学生群体更擅长在学术社交网站中发现所需要的学术资源，也可能是讲师/助理讲师和教授/副教授习惯于通过数据库等途径检索文献。Springer Nature 的学术社交活动调查显示②，在社交媒体或学术合作网络上查找或阅读学术内容的比重从 2014 年的 33% 上升至 2017 年的 80%，可见学术社交网站的学术内容对用户的吸引力越来越大。从平台的角度而言，提供强大的检索功能能够有效提高用户访问资源的便捷性与资源利用率，从而在很大程度上提升用户体验，反之也有助于科研信息与成果的广泛传播。因此可以结合用户需求并参考学术数据库通用的检索方式优化平台的检索功能，给用户提供满意的检索结果。还可以根据用户的历史阅读记录向用户推送其所关注的、浏览过或下载过的内容更新，提高用户体验。

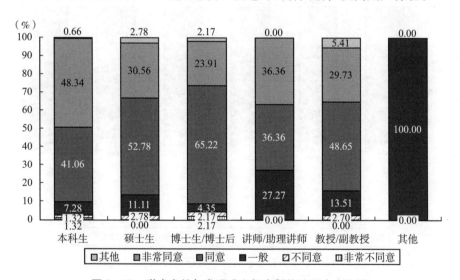

图 3 − 12　学术身份与发现感兴趣出版物认可度交叉图

　　①　Mohammadi E，Thelwall M，Haustein S，et al. Who reads research articles? An altmetrics analysis of Mendeley user categories ［J］. Journal of the Association for Information Science and Technology，2015，66（9）：1832 − 1846.

　　②　Staniland M. How do researchers use social media and scholarly collaboration networks（SCNs）？［EB/OL］. ［2018 − 11 − 29］. http：//blogs. nature. com/ofschemesandmemes/2017/06/15/how-do-research-ers-use-social-media-and-scholarly-collaboration-networks-scns.

进一步分析发现，专业知识社区对本科生（87.41%）、博士生（78.26%）与讲师/助理讲师（77.27%）的贡献更大（见图3-13），同时在学科分布中（见图3-14），医药科学（88.57%）、工程与技术科学（87.78%）和农业科学（81.25%）在专业知识社区中获得更多的帮助，自然科学（76.62%）比人文与社会科学（72.72%）的认可度更高些。有趣的是，"学术"与"社交"均是学术社交网站的重要功能，但从当前的调查结果显示研究人员更多地使用网站的"学术"功能，如获取信息、共享论文、跟踪同行最新的研究进展、维持在线显示度等，而社交功能发挥有限，如用户参与社区问答、学术小组讨论的动力不足。[1][2][3]

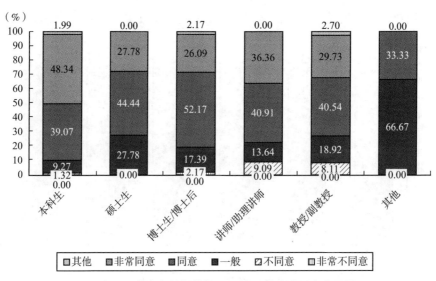

图3-13 学术身份与获得知识社区帮助认可度交叉图

① Thelwall M, Kousha K. A cademia. edu: Social network or a cademic network? [J]. Journal of the Association for Information Science and Technology, 2014, 65 (4): 721 – 731.

② Nicholas D, Herman E, Jamali H, et al. New ways of building, showcasing, and measuring scholarly reputation [J]. Learned Publishing, 2015, 28 (3): 169 – 183.

③ Jeng W, He D, Jiang J. User participation in an academic social networking service: A survey of open group users on mendeley [J]. Journal of the Association for Information Science and Technology, 2015, 66 (5): 890 – 904.

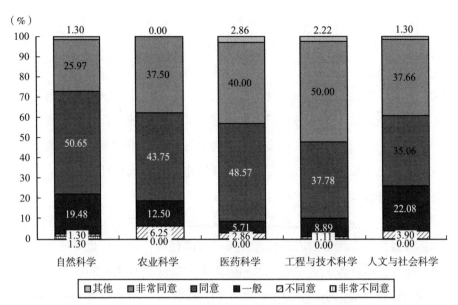

图 3 – 14　学科与获得知识社区帮助认可度交叉图

3.4.2.5　学术传播

学术社交平台虽然与传统学术期刊在资源创建者、研究内容以及受众等多个方面有相同之处，但其在知识传播理念、方式和效用等方面比传统学术期刊更有优势。传统的学术成果传播渠道较为单一，主要依靠纸质期刊或图书进行"一对多"中心化传播，而学术社交平台充分应用实时动态更新、网络交互、超文本链接等网络功能，不仅是个人思想、成果的虚拟分享场所，还是大量学术知识广泛传播和免费获取的平台，从而形成"多对多"的开放式传播体系，这与开放科学背景下学术出版"开放、共享、自由"的理念相符合。① 因此，对于科研人员学术社交网站使用动机的研究发现，传播研究

---

① 严玲艳，王一鸣，肖钠. 基于学术社交平台的学术出版价值链延伸 [J]. 情报资料工作，2019，40（6）：44 – 50.

成果与扩散学术观点①②是用户的平台使用主要驱动力。

追踪科研影响力相关指标也成为用户使用学术社交平台的主要动机之一。③ 学术成果发布和广泛传播后，就涉及成果的计量评估问题。在科研人员申请科研基金、寻求新职位或努力获取晋升时需要进行科研评估，科研影响力是其中至关重要的一条衡量标准，当前，采用传统文献计量指标对科研工作人员进行定量评价已得到学术界的普遍认可，但随着在线学术交流与传播模式的兴起，科研成果在社交网络的传播过程中的下载量、引用次数、评论次数、浏览次数、转发次数等数据都开始作为学术成果社会影响力的评价指标，用以弥补传统引文指标的不足。社交平台的优势在于它涵盖了更广泛的用户类型，例如，本科生和研究生以及在职人员，而引用数据仅来自作者群体。并且由于传统出版周期长，社交平台的替代计量指标也可能比引用数据更早出现，因此各大学术平台也相应提出了发展相对成熟的各项社交化学术计量指标，例如，ResearchGate 建立了一套自己的评价体系 RG Score，即基于同行评价来计量用户的学术声望（scientific reputation），RG 得分来自上传出版物、回答别人的提问、提出问题以及获得的关注者四个方面。社交影响力的相关指标的产生促进了替代计量的发展，为科研人员自身及其科研成果的学术与社会影响力提供补充，促进科研成果的传播。穆罕默德（Moham-madi）和塞尔沃尔（Thelwall）④ 发现一篇文章在 Mendeley 的读者数量和在 Web of Science 中的引用率呈显著相关，并且整体上社会科学领域的相关性比人文科学更高，这些结果在一定程度上表明替代计量指标和文献计量学之间

---

① Nández G, Borrego Á. Use of social networks for academic purposes：A case study ［J］. The Electronic Library, 2013, 31（6）：781 – 791.

② Salahshour M, Dahlan H M, Iahad N A. A Case of academic social networking sites usage in Malaysia：Drivers, benefits, and barriers ［J］. International Journal of Information Technologies and Systems Approach（IJITSA）, 2016, 9（2）：88 – 99.

③ Li N, Gillet D. Identifying Influential Scholars in Academic Social Media Platforms ［C］//International Conference on Advances in Social Networks Analysis & Mining. IEEE Computer Society, 2013.

④ Mohammadi E, Thelwall M. Mendeley readership altmetrics for the social sciences and humanities：Research evaluation and knowledge flows 1 ［J］. Journal of the Association for Information Science & Technology, 2014, 65（8）：1627 – 1638.

存在相关性，因此替代计量指标可用于研究绩效的测量与评估。

关于学术传播的行为调查共有 4 个选项，各学术身份类别均呈现较高的认同情况，其中"学术社交网站有助于学术资源共享"和"学术社交网站有助于我的科研成果推广"与学术身份显著相关，学科领域也对后者呈显著相关（见表 3 - 17）。

表 3 - 17　　　　　学术身份与学术传播行为非参数检验

| 选项内容 | 学术身份（中位数） | | | | | | Kruskal-Wallis 检验统计量 | p 值 |
	本科生	硕士生	博士生/博士后	讲师/助理讲师	教授/副教授	其他		
学术社交网站有助于学术资源共享（如论文、数据集、协议）	5	4	4	5	4	3	12. 644	0. 027 *
学术社交网站有助于我的科研成果推广	4	4	4	5	4	3	12. 264	0. 031 *
我通过学术社交网站追踪我的研究相关指标	4	4	4	4. 5	4	3	8. 175	0. 147
我认为我应该提高学术社交网站的使用频率来推广我的研究	4	4	4	4	4	3	10. 758	0. 056

注：* $p < 0.05$；** $p < 0.01$。

在学术社交平台上传播的科研成果内容也比正式的出版平台更加多样化，一方面是预出版或已见刊的学术文章，例如，科研用户在平台上更新维护的个人成果信息。另一方面是未在期刊发表的原生成果的首次传播，例如，探索性的、阶段性的研究发现，或者一些不太成熟的实验结果和数据、新的选题思路、科研经验等，学术社交平台为这些有科研价值但不宜在学术期刊上发表的学术信息提供共享和传播的渠道。所以调查结果显示，用户对于"学术社交网站有助于学术资源共享"显示出很高的认同度，尤其是讲师/助理讲师（95.5%）、博士生/博士后（93.5%）。而在个人成果推广效果方面，各类学术身份受访者也表示不同程度的认可，没有用户对该项表示"非常不同意"，但认可度普遍低于学术资源共享（见图3-15），其中还是讲师/助理讲师（86.37%）、博士生/博士后（84.78%）的认可度更高。学者们利用社会认知理论、社会资本理论、社会交换理论和技术接受模型对学术社交网站用户的资源共享动机进行分析，发现自我效能对资源共享意愿和行为具有显著正向影响。[1][2][3] 此外，关注度、声誉、社会支持和互惠等外部利益也对资源共享行为有不同程度的促进作用。[4][5][6] 而用户对技术的主观接受程度也是关键的影响因素，其中，感知易用性和感知有用性均显著影响学术社交网站用户的资源共享意愿。[7][8][9][10] 由此可见，受访的讲师/助理讲师、博士/博士后用户的自我效能、感知的共享利益及对技术的接受程度更高一些，因此资源共享意愿和对平台资源共享效果的认同度更高。

① 王子喜，杜荣. 人际信任和自我效能对虚拟社区知识共享和参与水平的影响研究 [J]. 情报理论与实践，2011，34（10）：71-74.

② 尚永辉，艾时钟，王凤艳. 基于社会认知理论的虚拟社区成员知识共享行为实证研究 [J]. 科技进步与对策，2012，29（7）：127-132.

③ Papadopoulos T, Stamati T, Nopparuch P. Exploring the determinants of knowledge sharing via employee weblogs [J]. International Journal of Information Management, 2013, 33 (1): 133-146.

④ Kankanhalli A, Tan B C Y, Wei K K. Contributing knowledge to electronic knowledge repositories: An empirical investigation [J]. MIS Quarterly, 2005, 29 (1): 113-143.

⑤ 李金阳. 社会交换理论视角下虚拟社区知识共享行为研究 [J]. 情报科学，2013，31（4）：119-123.

⑥ Yan Z, Wang T, Chen Y, et al. Knowledge sharing in online health communities: A social exchange theory perspective [J]. Information & Management, 2016, 53 (5): 643-653.

⑦ Yu T K, Lu L C, Liu T F. Exploring factors that influence knowledge sharing behavior via weblogs [J]. Computers in Human Behavior, 2010, 26 (1): 32-41.

⑧ Hsu C L, Lin J C C. Acceptance of blog usage: The roles of technology acceptance, social influence and knowledge sharing motivation [J]. Information & Management, 2008, 45 (1): 65-74.

⑨ Hung S W, Cheng M J. Are you ready for knowledge sharing? An empirical study of virtual communities [J]. Computers & Education, 2013, 62: 8-17.

⑩ Phang C W, Kankanhalli A, Sabherwal R. Usability and sociability in online communities: A comparative study of knowledge seeking and contribution [J]. Journal of the Association for Information Systems, 2009, 10 (10): 2.

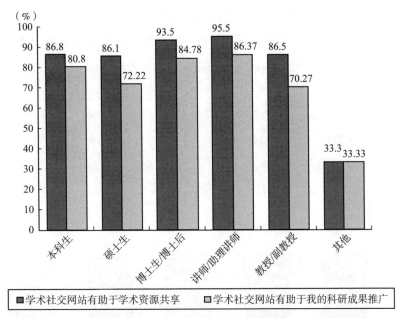

图 3 - 15 "学术资源共享"与"个人科研成果推广"学术身份比较

学科方面,人文与社会科学（83.11%）、医药科学（82.85%）与自然科学（79.22%）更认同学术社交网站推广其科研成果的效果（见图 3 - 16）。

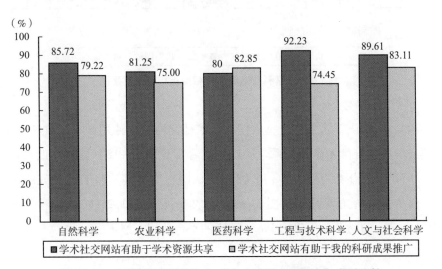

图 3 - 16 "学术资源共享"与"个人科研成果推广"学科比较

替代计量（altmetrics）与学术社交网站的结合，为科研人员追踪研究成果的传播途径、完善学术成果影响力评价体系提供了有效方法。调查发现78.64%的受访者会通过学术社交网站追踪自己的研究相关指标。从学科分布上看（见图3-17），农业（93.75%）、医药（85.71）与工程技术（78.88%）学科用户更关注自己在学术社交网络的影响力。此外，讲师/助理讲师（90.91%）比教授/副教授（64.86%）更关注自己的研究相关指标，这可能与讲师/助理讲师处于职业初期，相比于教授/副教授，对科研成果的传播效果和个人学术影响力更加关注。

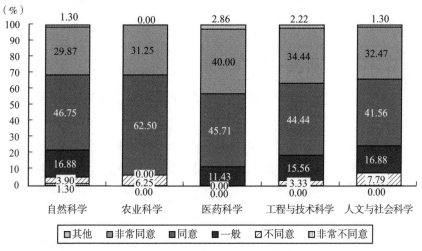

图 3 – 17　学科与追踪研究相关指标行为交叉图

70.51%受访者认为自己应该提高学术社交网站的使用频率来推广研究。该项与学科和身份无显著联系。从比重上看（见图3-18），讲师/助理讲师（86.36%）、博士生/博士后（76.08%）认同程度更高，与上述研究结果一致。而从学科的角度看（见图3-19），农业科学（81.25%）、工程与技术（71.11%）、自然科学（70.13%）用户的平台使用意愿更强一些。

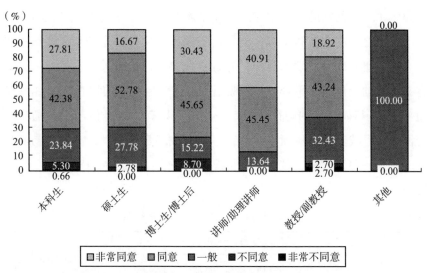

图 3-18　学术身份与提高平台使用频率的意愿交叉图

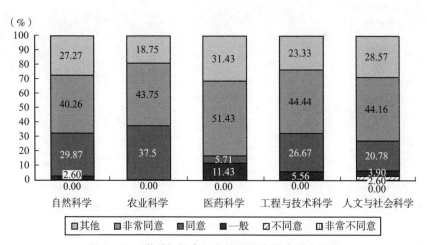

图 3-19　学科与提高平台使用频率的意愿交叉图

3.4.2.6　科研协作

科学研究是一项复杂的群体劳动，其中人与人之间的相互作用直接影响着科研协作效果和科研计划的完成情况。① 为用户提供专业的在线科研协作服务是学术社交网站的基本功能之一，学术社交平台促进了不同地域和学科的科研人员之间的合作和交流，例如，各领域顶尖科学家和科研团队在平台上发布最新研究成果、学术著作，并且在线参与讨论有关研究话题。同时也有越来越多的用户通过平台寻找或吸引同行或其他领域的学者②③、组建学术群组④。关于科研协作的调查分为 5 个题项，只有学术身份与"我通过学术社交网站来寻找其他学科领域的学者"和"我经常在学术社交网站与其他学者互动"出现显著差异，其余答题情况取向一致（见表3-18）。

表3-18 　　　　　　　　　学术身份与科研协作行为非参数检验

选项内容	学术身份（中位数）						Kruskal-Wallis 检验统计量	p 值
	本科生	硕士生	博士生/博士后	讲师/助理讲师	教授/副教授	其他		
我通过学术社交网站来寻找同行	4	4	4	4	4	4	7.432	0.19
我通过学术社交网站来寻找其他学科领域的学者	4	4	4	4	4	4	11.173	0.048 *
我经常在学术社交网站与其他学者互动	4	3	3	4	4	4	22.787	0.000 **
学术社交网站有助于我与其他学者进行科研协作	4	4	4	4.5	4	4	6.926	0.226

① 方美顺，刘吉祥. 科研协作中人际关系探讨 [J]. 医学与社会，1989（1）：79-81.

② Salahshour M, Dahlan H M, Iahad N A. A Case of academic social networking sites usage in Malaysia: Drivers, benefits, and barriers [J]. International Journal of Information Technologies and Systems Approach（IJITSA），2016，9（2）：88-99.

③④ Chakraborty N. Activities and reasons for using social networking sites by research scholars in NEHU: A study on Facebook and ResearchGate [J]. INFLIBNET Centre. , 2012, 8（3）：19-27.

续表

选项内容	学术身份（中位数）						Kruskal-Wallis 检验统计量	p 值
	本科生	硕士生	博士生/博士后	讲师/助理讲师	教授/副教授	其他		
学术社交网站有助于吸引潜在合作者	4	4	4	4	4	4	8.181	0.147

注：* p < 0.05； ** p < 0.01。

在本次调查中，受访者通过学术社交网站来寻找同行与其他领域学者的整体比例接近，分别为 79.33% 与 76.27%。基于身份分析发现（见图 3－20），教授/副教授与博士/博士后群体进行跨学科用户查找的比重高于同学科查找，讲师/助理讲师在两个选项中均占最高比重。教授身份的用户在多年的学术生涯中已形成较为稳定的科研合作网，因此不太需要在学术社交网站上寻找同行进行科研协作，反倒是其他学者想要合作的对象。各学科内部比较分析发现（见图 3－21），农业科学和医药科学进行同行寻找的比例明显高于跨学科学者寻找。此外，只有人文与社会科学的受访者更偏向跨学科用户寻找。

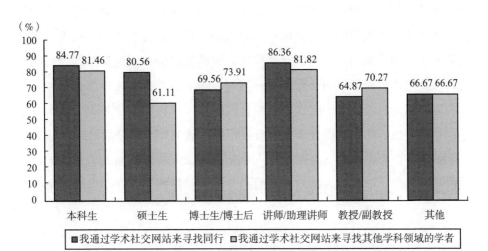

图 3－20 "寻找同行"与"寻找跨学科学者"学术身份对比

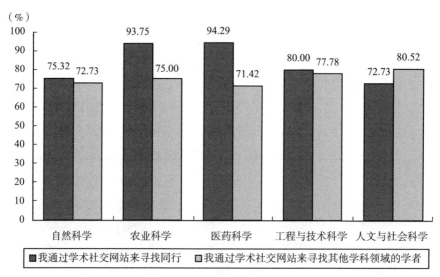

图3-21 "寻找同行"与"寻找跨学科学者"学科对比

ResearchGate、Academia. edu 和 Mendeley 等学术社交平台鼓励学者们主动寻找科研合作伙伴，创建研究小组，共享学术资源，协作开展学术交流和课题研究，通过交流沟通解答困惑、弥补知识遗漏、碰撞出新思路。学术社交互动主要有三种途径：第一，通过追随（follow）平台内的其他学术用户来建立个体之间"一对一"的关系，并进行直接交流；第二，通过搜索机构名称来查找并加入机构的分支社区（sub-communities），除了主动查找外，平台还能基于对用户使用行为和研究兴趣等方面的数据分析，为其推荐合适的分支社区，增加科研学习与合作机会；第三，基于需求自建或好友邀请加入学术专题小组。科学研究中时常需要综合应用多个学科的专业知识，学术专题小组为跨领域的临时科研合作提供有效帮助，欧（Oh）等[①]通过对 Mendeley 上 21679 个合作小组进行实证分析，发现有 36.2% 的用户加入了不同学科领域的研究小组，借以汲取研究所需的相关知识和技能，并在小组成员帮助下

---

① Oh J S，Jeng W. Groups in academic social networking services：An exploration of their potential as a platform for multi-disciplinary collaboration ［EB/OL］. ［2018－11－29］. https：//www. computer. org/csdl/proceedings/passat-socialcom/2011/1931/00/06113165. pdf.

解决遇到的难题，在与成员的交流过程中拓宽研究思路、完善研究内容，最终提高科研产出，促进知识创新。除了作者群体外，学术社交平台还能为出版团队、期刊编辑、图书馆员、研究主任等科研管理员提供灵活便捷的在线协作机会，提高其科研管理效率，并扩大学术出版物的影响范围。例如，Mendeley 交流工具的高级版本——Mendeley Researcher Edition（MRE），专注于帮助编辑等人员交流共享期刊的研究成果与活动信息，并进行期刊推广以识别潜在的作者和审稿人。

在本次社交互动调查中，62.37% 的受访者表示经常在学术社交网站与其他学者进行互动，身份对此呈现出 0.01 水平显著性（Kruskal-Wallis 检验；p = 0.000 < 0.01），讲师/助理讲师（72.73%）、本科生（70.19%）与教授/副教授（62.16%）群体的互动频率较高（见图 3-22）。学科则没有明显差异。

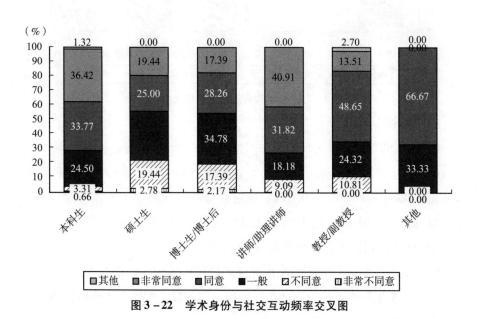

图 3-22　学术身份与社交互动频率交叉图

76.27% 的受访用户认同学术社交网站有助于吸引潜在合作者，其中讲师/助理讲师的认同度最高（90.91%）。交叉（卡方）分析结果显示学科领域对

"吸引潜在合作者"呈现出 0.05 水平显著性（chi = 31.984，p = 0.043 < 0.05），从各学科的内部比重上看，医药科学（88.57%）、人文与社会科学（79.22%）、工程与技术科学（77.78%）受访用户的认可度较高（见图 3 - 23）。

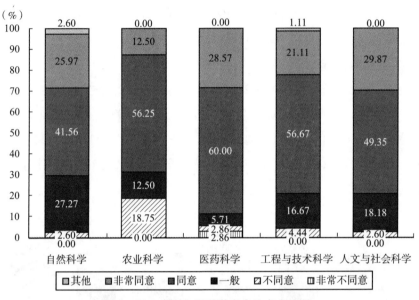

图 3 - 23　学科与吸引潜在合作者交叉图

75.93%的受访者认为学术社交网站有助于与其他学者进行科研协作。交叉（卡方）分析结果显示学者身份与该选项有显著性关系 0.05 水平显著性（chi = 31.438，p = 0.050 < 0.05），通过百分比对比差异可知，讲师/助理讲师（81.81%）、博士生/博士后（80.43%）与本科生（79.47%）对学术社交网站的科研协作功能认可度高于本科生（66.67%）与教授（62.16%）（见图 3 - 24）。主要是年轻学者具有更多的科研、学位、晋升与职称评定压力，但由于学术资本不足，因此更积极通过学术社交网站开展科研协作活动，认可度也就更高。

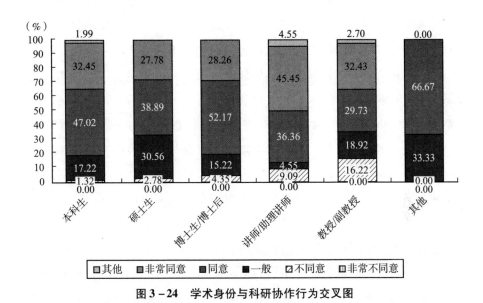

图 3-24　学术身份与科研协作行为交叉图

3.4.2.7　寻求职业发展与项目资助

虽然科研领域的各行业发展前景很大，但由于专业限制，科研人员面临就业面狭窄、竞争压力大等就业危机，而各科研机构却常常遇到高薪难觅人才的问题，就业招聘信息不畅是其中主要原因之一。为了给求职者与招聘单位提供就业交流机会，ResearchGate、Academia. edu 和 Mendeley 都会通过与搜索引擎、联盟、社交网络等合作，多渠道收集机构招聘信息，并与用户的简历进行匹配，各平台还为用户提供就业咨询和职业发展建议。例如，Mendeley Careers 广泛覆盖农业、艺术、医学等 12 个学科的就业机会，同时也按职位类型或地区进行划分。

另外，科研项目信息反映了一个学科领域研究重点的变化和科技创新的轨迹，但如何全面快速发现全球科研项目信息一直是科研人员信息获取的瓶颈问题，与此同时许多科研资助项目却苦于找不到合适的团队实施。学术社交平台聚合了各领域的科研人才、科研技术和科研内容，是投资者与实施者有效的开放式沟通渠道，投资者可以通过平台发布项目需求与资助信息，同时搜索、考察并组建项目实施所需要的人才团队，把有限资金发挥出最大效用。还能帮助科研人员系统了解全球主要国家科技部署和科研项目信息，并为自己的研究寻找融资机会，同时也为科研项目申报、领域科研热点态势分析、国家与机构科研布局分析和科研评价等项目分析提供支撑。例如，Mendeley 于 2017 年启动的科学基金项目数据库"Mendeley Funding"，网站汇总并整理全球 3500 多个机构的 22000 多个资助信息，包括欧盟、美国政府部门、美国国立卫生研究院、英国研究理事会以及基金会等机构，每个组织都有自己的 Mendeley Funding 页面，包括项目发布时间、申请截止日期、资金类型和金额以及申请资格条件，用户可以浏览和收藏以供参考。Mendeley 也在不断更新项目资助数据，以确保用户能及时把握机会。

通过学术社交网站推广自己，提高学术声誉与成果的关注度，从而寻找职业发展与项目资助机会成为用户的平台使用动机与行为之一。本书调查共分为 6 个小题，根据非参数分析结果发现（见表 3 – 19），身份样本对于"学术社交网站有助于提高我的科研成果的关注度""学术社交网站有助于吸引未来雇主""学术社交网站有助于吸引项目资助"共 3 项呈现出显著性差异，卡方分析还发现身份对于"学术社交网站有助于我发现工作机会"呈现出 0.05 水平显著性（chi = 40.885，p = 0.024 < 0.05），其余选项结果呈现一致性。可见大部分与职业相关的项目根据工作岗位而存在显著差异。

表 3 – 19 学术身份与寻求职业发展与项目资助行为非参数检验

选项内容	学术身份（中位数）						Kruskal-Wallis 检验统计量	p 值
	本科生	硕士生	博士生/博士后	讲师/助理讲师	教授/副教授	其他		
学术社交网站有助于提高我在学界的声誉	4	4	4	4	4	3	8.934	0.112
学术社交网站有助于提高我的科研成果的关注度	4	4	4	4	4	3	14.275	0.014 *

续表

选项内容	学术身份（中位数）						Kruskal-Wallis 检验统计量	p 值
	本科生	硕士生	博士生/博士后	讲师/助理讲师	教授/副教授	其他		
学术社交网站有助于我发现工作机会	4	4	4	4	4	3	10.371	0.065
在学术社交网站创建账户将会提升我未来的就业前景	4	4	4	4	4	3	9.607	0.087
学术社交网站有助于吸引未来雇主	4	4	4	4	4	3	14.75	0.011*
学术社交网站有助于吸引项目资助	4	4	3.5	4	3	3	11.99	0.035*

注：*p<0.05；**p<0.01。

　　分别有 63.05% 和 77.28% 的受访者认同学术社交网站有助于提高其在学界的知名度或科研成果的关注度，这两项讲师/助理讲师的认可度最高。如图 3-25 所示，科研成果的关注度认同情况从本科生到讲师/助理讲师逐渐递增，这也与相应群体的科研成果数量呈正相关。也可以看出讲师对职业发展的需求和期望。用户一般会在个人主页上介绍自己擅长的技能与专业，以期便于被其他学者发现。ResearchGate 在每项技能之后提供赞同/认可（endorse）选项，当用户的好友点击该选项时，代表他/她认可该用户的技能，当某项技能获得的认可人数越多，代表其技能的含金量就越高，此类选项能够为用户开展有效的形象推广，从而提高学术声誉。此外，替代计量指标与学术社交平台的结合，为学者的科研成果推广提供新路径，还有助于完善学术成果影响力的评价体系，还能有效鼓励用户积极参与知识交流，因此学术社交网站提高成果关注度的效果也受到广泛认可。PLoS One 的研究

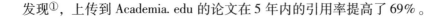
发现①，上传到 Academia. edu 的论文在 5 年内的引用率提高了 69% 。

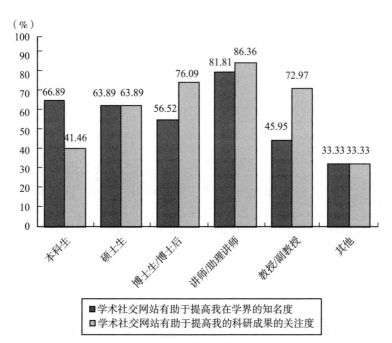

图 3 - 25 "提高个人知名度"与"提高成果关注度"学术身份对比

受访者对于学术社交网站有助于我发现工作机会与吸引未来雇主的认可度相近，分别为 67.12% 和 69.05% ，交叉（卡方）分析结果这两个选项与身份呈现出 0.05 水平显著性（ chi = 40.885 ， p = 0.024 < 0.05 ）。除教授/副教授外，其他身份的用户对"发现工作机会"的认可度高于"吸引未来雇主"（见图 3 - 26 ），但从整体上看，讲师/助理讲师对发现工作机会的认可度最高，可能是他们刚步入职场，对学术社交网站在就业方面的帮助深有体会。而教授/副教授对这两项的认可度均最低，这与他们步入职业稳定期有很大关

① Niyazov Y, Vogel C, Price R, et al. Open Access Meets Discoverability：Citations to Articles Posted to Academia. edu ［EB/OL］. ［2018 - 11 - 29］. http：//www. academia. edu/12297791/Open_Access_Meets_Discoverability_Citations_to_Articles_Posted_to_Academia. edu.

系。萨拉什胡尔（Salahshour）等①发现马来西亚理工大学学者较少通过学术社交网站寻找工作岗位（2.44%）。

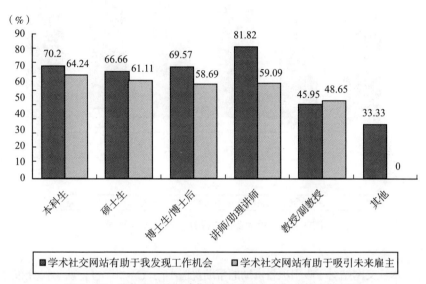

图 3 – 26　"发现工作机会"与"吸引雇主"学术身份对比

66.78%的受访者认同"在学术社交网站有助于提升我未来的就业前景"。从图 3 – 27 可以发现，学术社交平台对于"提升就业前景"的有用性随着受访用户身份/职位的发展呈现下降趋势，但讲师/助理讲师是个例外，其认可度最高（81.8%），具体原因将在后文的访谈中进行探析。该项认同度在学科分布上依次是工程与技术科学（74.45%）、农业科学（68.75%）、医药科学（65.72%）、人文与社会科学（64.94%）、自然科学（59.74%）。

① Salahshour M, Dahlan H M, Iahad N A. A Case of academic social networking sites usage in Malaysia: Drivers, benefits, and barriers [J]. International Journal of Information Technologies and Systems Approach (IJITSA), 2016, 9 (2): 88 – 99.

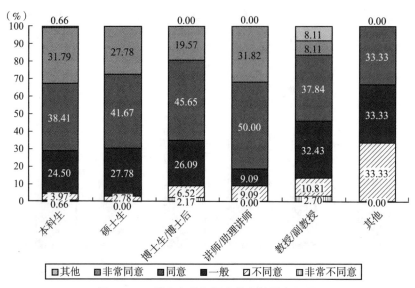

图 3 – 27　学术身份与提升就业前景交叉图

学术社交网站对于吸引项目资助的帮助普遍不高（58.51%），从学科分布上看（见图 3 – 28），由高到低依次是农业科学（81.25%）、工程与技术科学（64.44%）、医药科学（62.86%）、人文与社会科学（55.84%）、自然科学（50.65%）。

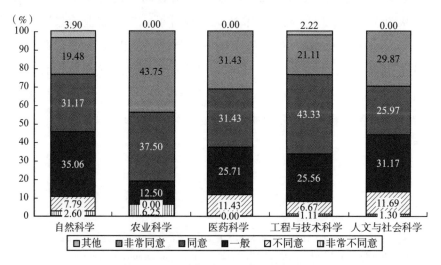

图 3 – 28　学科与吸引项目资助效果交叉图

3.5 本 章 小 结

本章对学术社交网站个体网络的发展现状、成员类型、关系类型及关系强度四个方面进行概述,为第 4 章的实证研究提供计量标准和分析依据。个体类型的特征、需求与行为差异是成员间关系类型和强度多样性的基础,而不同的关系构建出各不相同的个体网络结构,最终对个体网络的科学交流功能产生不同的影响。此外,本章通过对调查数据的分析,我们发现用户在学术社交网站的个体网络构建需求与科学交流行为存在不同程度的差异。

首先,本章将网络成员分为中心个体与直接联系人,其中根据中心个体的追随量与关注量比例将其划分为信息源个体(追随量/关注量≥3)、社交型个体(1/3 < 追随量/关注量 < 3)和搜索型个体(追随量/关注量≤1/3)。另外,依据结构洞理论,把直接联系人分为中间人与边缘用户,而中间人又参照古尔德(Gould)和费尔南德兹(Fernandez)的划分标准,将其分为协调者、守门人、代理人、顾问、联络人 5 种类型。并对不同成员类型特征及其在网络中发挥的作用进行阐释。

其次,依据节点之间的有向连接情况,将成员的关系划分为单向式追随关系、双向式互惠关系以及同质与异质的间接关系。并结合格兰诺维特的强弱关系理论,将学术社交中心个体与直接联系人的关系强度由强至弱依次为:同质性双向关系—异质性双向关系—同质性单向追随关系—异质性单向追随关系,并对不同关系强度的作用进行分析。

最后,对学术社交网站用户展开调查,由于调研对象、问卷设计尤其是对学术社交网站的判别等因素的限制,与已有的相似调研结果存在部分差异。

尽管如此,仍然可以从上述调查结果中归纳出一些共性结论,这些发现将为后续的个体网络结构分析提供重要参考。主要结论如下:

(1)用户科学交流行为与学术身份显著相关,但学科差异不明显。数据分析发现，学术身份与平台选择偏好、学术身份创建、个体网络构建、信息获取、学术传播与科研协作的多个选项存在显著差异；而学科领域部分选项存在显著差异：科研成果推广、吸引潜在合作者、获得知识社区帮助的认可度。可能是学术社交网站没有推出针对性的学科服务，导致不同学科用户在学术社交网站的使用行为存在趋同性。而身份特征差异明显，则与不同学术层次学者的科研需求、社交活跃度、知识水平、成果数量等影响因素有关，因为学术社交网站会针对用户的科研产出和社交数据进行计量，激励用户参与科学交流活动。

（2）教师群体比学生群体更重视在线科学交流。平台选择偏好的结果显示，小木虫、科学网和 ResearchGate 是受访用户中最常用的学术社交网站。以教授/副教授、讲师/助理讲师为主的教师群体对国外学术社交网站的使用偏好更高。此外，教师群体以及博士生/博士后更加认同创建在线学术身份的重要性，但主要是以静态的个人简介形式呈现，动态的学术日志更新较少。

（3）讲师/助理讲师在个体网络中寻求科研合作的意愿更高。学术社交网站用户关注行为中，学者更有可能关注已经有合作关系的人，或者在未来希望有合作关系的人。其中，讲师/助理讲师寻求潜在科研合作者中表现出较高的需求，在平台促进吸引潜在合作者的效果方面，讲师/助理讲师的认同度也是最高。在科研协作方面，讲师/助理讲师通过学术社交网站来寻找同行与其他领域学者两个选项中均占最高比重，而且与其他学者的互动最为频繁，也更加认同学术社交网站的促进科研协作和提升就业前景的功能。可能是讲师/助理讲师作为初入职场的年轻教师，需要拓宽人脉，积累更多学术资本，以促进职业发展，因而积极活跃于学术社交网站寻求科学交流与合作机会。但具体原因将在第 6 章的访谈中进行探讨。

（4）学生群体比教师群体更容易发现感兴趣的出版物。在感兴趣出版物发现方面，本硕博的学生均表现出一致的高度认同，讲师/助理讲师和教授/副教授的认可度相对低一些。已有研究发现用户对技术的主观接受程度是基于技术的知识共享的关键影响因素①，其中，感知易用性②和感知有用性③均显著影响学术社交网站用户的知识共享意愿，且对知识获取的影响更显著④。年轻学者可能比教师的技术接受程度更高，因此在信息获取和寻求专业知识社区帮助方面更加熟练。另外，可能与学生的科研经验不足，对信息的需求和判断信息质量的能力较低与教师群体有关。但具体原因将在第 5 章的访谈中进一步探讨。

（5）讲师/助理讲师对平台促进学术传播作用的认同度最高。用户对于学术社交网站促进学术传播的作用呈现出较高的认同度。在学术身份类别中，讲师/助理讲师对于"学术社交网站有助于学术资源共享""学术社交网站有助于我的科研成果推广""学术社交网站有助于提高我在学界的知名度和科研成果的关注度"认同度均最高。可能由于讲师/助理讲师处于职业发展初期、需要推广自己的科研成果、提高学术影响力与知名度等学术需求有关，我们也将在后续的访谈中对此现象进行讨论。

（6）教授/副教授存在社交不足现象。在对整个调查结果进行分析发现，虽然教授/副教授认同构建在线学术身份的重要性，但学术身份的呈现方式比较单一，并且对于关注已有或潜在合作者、通过平台获取信息和学术帮助的需求较低。通过平台进行科研协作的意愿和认可度也不高，但更重视跨学科用户查找。这可能与教授/副教授已经在线下维持较为稳定的学术关系，并且拥有较高的学术声誉，能够吸引大量的追随者，不需要通过在线学术社交寻找新的合作关系。此外，高职称的学者具备更宽的学术视野和能力，更重视跨学科交流与合作，以促进本学科发展。第 5 章访谈也会对此现象进行讨论。

---

① Hung S W, Cheng M J. Are you ready for knowledge sharing? An empirical study of virtual communities [J]. Computers & Education, 2013, 62: 8 – 17.

② Hsu C L, Lin J C C. Acceptance of blog usage: The roles of technology acceptance, social influence and knowledge sharing motivation [J]. Information & Management, 2008, 45 (1): 65 – 74.

③ Yu T K, Lu L C, Liu T F. Exploring factors that influence knowledge sharing behavior via weblogs [J]. Computers in Human Behavior, 2010, 26 (1): 32 – 41.

④ Phang C W, Kankanhalli A, Sabherwal R. Usability and sociability in online communities: A comparative study of knowledge seeking and contribution [J]. Journal of the Association for Information Systems, 2009, 10 (10): 2.

（7）平台在发现工作机会和项目资助方面的作用有限。用户对于学术社交网站有助于"发现工作机会""吸引未来雇主""吸引项目资助"的认可度不高。一方面，平台的服务定位主要是在促进学术社交，对于就业和项目资助信息集成还不够完善；另一方面，用户习惯通过其他途径寻找就业机会和项目资助。

学术社交网站个体网络结构

本章以第 3 章的个体网络成员类型和关系类型为分析基础，结合用户行为的调查结果，将学术身份、个体类型和学科领域作为社会网络分析对象的筛选依据。依据已有的研究选取个体网络结构分析指标，对选取样本的个体网络结构进行运算和分析，以期发现不同学术身份、个体类型和学科领域的个体网络结构差异。

4.1 学术社交网站个体网络结构特征分析

学术社交个体网络中不同类型特征的成员建立多样复杂的社交关系，这些关系又交织构成不同的网络结构。20 世纪 30 年代，英国著名的人类学家布朗（Brown）在对社会结构的关注中，以相对来说非技术的形式提出了"社会网络"的思想。20 世纪 30 ~ 70 年代，越来越多的社会人类学家和社会学家开始构建布朗的"社会结构"概念。70 年代以来，社会网络专家利用形式化方法表征网络结构的各种概念，社会网络分析方法也开始得到广泛的应用。①

---

① 赵蓉英，王静. 社会网络分析（SNA）研究热点与前沿的可视化分析 [J]. 图书情报知识，2011（1）：88 – 94.

伊巴拉（Ibarra）和安德鲁斯（Andrews）[①] 将个体网络结构特征分为网络构成特征（network composition）和关系特征（relationship characteristics），前者包括表征成员相似性程度的同质性（homophily）和个体网络包含多样性的规模（range），后者包括联结强度（tie strength）、密度（density）。马费成与王晓光（2006）[②] 将社会网络结构特征分为五个指标：网络规模、网络范围、网络密度、联系强度和网络位置，并结合知识转移的相关理论，指出企业之间所形成的社会网络可以有效地促进隐性知识在企业之间的转移。汪丹（2009）[③] 选择联结强度、网络密度和规模、中心性等结构特征指标对碳纳米领域的学者的个体网络进行分析。乔丹（Jordan）[④] 将学术社交个体网络分析划分为规模（size）、结构（structure）和构成（composition），规模包括度数和社区数分析，结构包括结构洞、中间人、密度和互惠性分析，构成则是同质性分析。但是该研究在研究过程中又将其统称为个体网络结构分析。

综合前人对于个体网络结构特征的划分标准和指标选取，本书将从三个维度对学术社交个体网络结构特征进行分析：第一，个体网络规模，包括节点数量、出度、入度、社区数；第二，网络连接程度，包含网络密度、互惠程度和中心度；第三，网络位置分析，主要是结构洞和中间人角色分析。

4.1.1　个体网络规模

个体网络的规模（size）包含节点数（nodes）、边数（ties）、度数（degree）、网络直径以及社区数量（communities）。节点数指个体网络中成员的

---

① Ibarra H, Andrews S B. Power, social influence, and sense making: Effects of network centrality and proximity on employee perceptions [J]. Administrative Science Quarterly, 1993: 277 – 303.

② 马费成，王晓光. 知识转移的社会网络模型研究 [J]. 江西社会科学，2006（7）：39 – 45.

③ 汪丹. 个体网络结构分析在科学交流活动中的应用研究：以碳纳米管领域的科学合作为例 [J]. 科学学研究，2009，27（4）：523 – 528.

④ Jordan K. Separating and Merging Professional and Personal Selves Online: The Structure and Processes That Shape Academics' Ego-Networks on Academic Social Networking Sites and Twitter [J]. Journal of the Association for Information Science and Technology, 2019, 70（8）: 830 – 842.

数量（包含中心个体）。度数则是指个体网络中与中心个体建立的连接数量，在有向网络中还分为出度（out-degree）和入度（in-degree），出度指的是从中心个体（ego）出去的边的数量，即中心个体关注的用户数量，入度指向 ego 的边的数量，即中心个体的追随者数量。如图 4 – 1 所示的个体网络节点数为 8 个（A、B、C、D、E、F、G、H），边数为 25 条。从 A 出发有 7 条边，对应有 7 个节点（B、C、D、E、F、G），因此出度为 7。共有 5 条边连入 A，对应有 5 个节点（C、D、E、F、G），入度则为 5。总度数则是出度与入度之和，即 12。

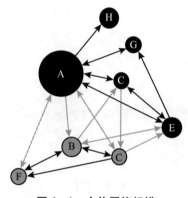

图 4 – 1　个体网络规模

网络直径是最长的任何两个节点之间的距离，即是两个最遥远的节点相距多远。在个体网络图中，互相连接的节点的图距离为 1，图 4 – 1 中的网络直径为 3。

当网络中某些行动者之间的关系特别紧密以至于结合成一个次级团体时，这样的团体在社会网络分析中被称为凝聚子群或群组。对群组聚类的分析与探究是社会网络的重要功能之一，在 Ucinet 6 中，该功能被称为凝聚子群分析，而 Gephi v0.9.2 中被称作团体发现分析，二者内涵是基本一致的。凝聚子群的探测条件是集合中的节点之间具有相对较强、直接、紧密、经常的或者积极的关系。团体发现是指探测网络中的群组数量、群组关系，及群组内部与群组间的成员关系特点。

为比较两种软件算法的精准性，本书先使用 Ucinet 6 中进行派系（cliques）分析，派系指在子图中任何两点之间都存在一条直接相连的线，并且该派系不能被网络中的其他派系所包含，即派系是网络中的最大完备子图（maximal complete sub-graph），完备子图是指至少包含 3 点，且任何 2 个点之间都直接相关。[1][2] 派系的要求非常严格，在一个派系中任何两点之间的距离不能超过 1，即派系中的 2 点间处于直接的互惠关系中。[3]

在 Ucinet 6 中，沿着网络（network）→子群（subgroups）→派系（cliques）路径，输入原始的个体网络邻接矩阵（图 4 - 1 的矩阵数据），得到的派系结果见表 4 - 1。从派系结果可以看出，8 位成员组成的个体网络中存在 3 个派系，每一组派系中的成员都直接相连。这 3 个派系是相互关联的，即派系 1 与派系 2 之间交叉了成员 A、B、D 成员，派系 1 与派系 3 的成员 A、E 重叠，说明派系之间存在相互联系；但派系 2 与派系 3 除了中心个体 A 外，没有重叠的成员，说明出现派系林立的状况。但从整体上看，成员 A 的个体网络的关联度是比较强的。

表 4 - 1　　　　　　　　　　　　派系及成员

派系	成员
1	A B C D E
2	A B D F
3	A E G

而在 Gephi v0.9.2 中，通过软件的随机算法（randomize），进行"模块化"（modularity）分析，以达到更高的模块分数。结果显示，以成员 A 为中

---

① Harary F. Graph Theory [M]. Reading M A：Addison-Wesley, 1969.
② Luce R D, Perry A D. A method of matrix analysis of group structure [J]. Psychometrika, 1949, 14 (2)：95 - 116.
③ Doreian P. Mathematics and the study of social relations [M]. Weidenfeld & Nicolson, 1979：51 - 52.

心的个体网络存在 2 个社区，社区 1（A、B、C、D、E）和社区 2（A、B、D、F）。此结果与 Ucinet 6 的结果较为一致。

虽然二者都存在不同的聚类方法与算法，但 Ucinet 6 中需要不断实验测算群组数找到更为优化的方案，而 Gephi v0.9.2 中随机算法的自动调试则大大简化了这个过程，不仅节约时间与人力，又可直接产生更为优化的分解结果。[①] 因此本书最终采用 Gephi v0.9.2 进行群组探测。

4.1.2　个体网络连接程度

个体网络连接程度体现了网络成员关系的紧密性，包括密度、互惠程度和中心度，是科学交流与知识创造的关键因素[②③④⑤]，其所发挥的作用备受学者的关注。

4.1.2.1　密度

密度（density）用来度量网络完整性，指节点之间实际存在的边的数量（l）与它们之间可能存在的最大的边数的比值，计算方法如公式（4-1）所示（n 为节点数）。仍以 A 的个体网络为例，网络的节点数 $n=8$，密度为 $25/8 \times (8-1) = 0.446$。

$$\begin{cases} \text{无向图密度:} \dfrac{l}{n(n-1)/2} \\[2ex] \text{有向图密度:} \dfrac{l}{n(n-1)} \end{cases} \qquad (4-1)$$

① 邓君，马晓君，毕强. 社会网络分析工具 Ucinet 和 Gephi 的比较研究 [J]. 情报理论与实践，2014，37（8）：133-138.

② Sosa M E. Where do creative interactions come from? The role of tie content and social networks [J]. Organization Science，2011，22（1）：1-21.

③ Burt R S. Structural Holes：The social structure of competition [M]//Dobbin F. The New Economic Sociology：A Reader. Princeton：Princeton University，2004：325-348.

④ Coleman J S. Social capital in the creation of human capital [J]. American Journal of Sociology，1988，94：S95-S120.

⑤ Lin N. Social capital Cambridge [D]. UK：Cambridge University，2001：13.

　　密度的取值为0~1之间，网络密度为1表示网络是完整的，每个节点之间存在所有可能的边的组合，密度为0表示没有边，节点是完全不连接的。使用Gephi生成的50个节点无向随机图，如图4-2所示。可以看出密度值在0~1的递增中，网络的联结密度越大，连通性就越好，网络中知识和信息的传播与渗透速度就越快。

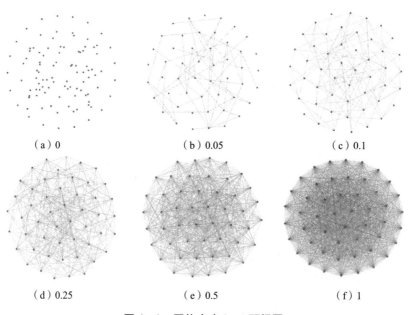

（a）0　　　　　　　　（b）0.05　　　　　　　（c）0.1

（d）0.25　　　　　　　（e）0.5　　　　　　　　（f）1

图4-2　网络密度0~1可视图

4.1.2.2　互惠程度

　　互惠程度（reciprocity），通过互惠对数与总对数之比。两个行动者之间的关系，即"二方组"（dyad）是一个图中最小的"社会结构"。对于对称的二方数据来说，两个行动者要么有关联，要么无关联。密度已经为我们提供了大量信息。如果考察有向关系，就有三类二方组（无关系、单向关系和双向关系）。可以用"互惠"关系来刻画总体，刻画的程度会告诉我们总体的凝聚程度。在用指标刻画总体中的互惠程度时，如图4-1所示，个体网中的互惠对为 A-C、A-D、A-E、A-F、A-G、B-E、B-D、B-F、C-E，共计 9 对，总对数为 16 对，则互惠程度为 9/16 = 0.5625。与那些不对称关系占多数的网络相比，无关系或互惠关系占多数的网络可能更"平等"或"稳定"。

4.1.2.3　个体网络中心性

网络分析者经常把行动者嵌入关系网的方式描述为"给行动者施加限制和提供机会"[①]。中心性高的网络成员往往比其他成员受到的限制少，拥有的机会更多，在信息交换中会更有影响力，也可能得到位于不利位置者的尊重和关注。要理解个体位于网络中优势或劣势的结构性来源，最广为使用的测量方法是中心性（centrality），即中心个体（ego）在网络中处于中心的程度。中心性根据测量方法的不同可以分为度中心性（degree centrality），接近中心性/紧密中心性（closeness centrality），中间中心性/间距中心性（betweenness centrality）等，其概念和测量公式如表 4 – 2 所示。总体而言，度中心性衡量节点自身的交流能力，接近中心性则衡量一个节点在交流中不受其他节点控制的能力，而中间中心度衡量节点在交流上控制其他节点的能力。

表 4 – 2　　　　　　　　　　　　中心性计量标准

中心性	度中心性 $C_D(N_i)$	接近中心性 C_C	中介中心性 C_B
概念	中心个体与其他节点之间的联结数量	中心个体与其他各节点之间的短程线距离之和的倒数	经过中心个体的最短路径数目
公式	$C_D(N_i) = \sum_{j=1}^{g} x_{ij}(i \neq j)$	$C(x) = \dfrac{1}{\sum_{y} d(y, x)}$	$C_B(v) = \sum_{s \neq v \neq t \in V} \dfrac{\sigma_{st}(v)}{\sigma_{st}}$
含义	衡量节点自身的交流能力	衡量一个节点在交流中不受其他节点控制的能力	衡量节点在交流上控制其他节点的能力

① Granovetter M. The Strength of Weak Ties [M]. Academic Press，1977：347 – 367.

度中心性测量的是一个节点与所有其他节点相联系的数量，反映的是个体在社会网络结构中的位置或优势差异。度中心度高的个体居于中心地位，在网络中拥有较大的"权力"，表明其知识交流的能力。如果个体接收到许多关系，一般就会认为它们是杰出的，或者威望高。也就是说，许多成员希求与他们建立直接关系，这可能表明了他们的重要性。有些个体的点出度非常高，他们能够与许多人进行交换，或者是使许多成员意识到他们的观点。一般认为，点出度高的个体是有影响力的。[①]

接近中心性计算个体与其他各节点之间的短程线距离之和的倒数，表明个体与其他成员之间联系密切度，即对于一个节点，它距离其他节点越近，那么它的接近性中心性越大。

中介中心性是以经过某个节点的最短路径数目来刻画节点重要性的指标，表明中心个体在多大程度上是网络中其他节点的"中介"，位于中介位置上的行动者处于有利位置。也就是说，人们越是依赖我去建立与他人的关系，我就越有权利。

在个体网络研究中，我们将关注中心个体在其网络中的中心地位。度量中心性的主要目标是需要确定整体网络中最重要的参与者，而个体网络重要的参与者显然是个体本身，且个体网的度中心性与其在整体网的度中心性一样，因此不适用于中心地位比较。接近中心性测量行动者与网络中所有其他行动者之间的联系，个体网络的中心个体本身就与所有成员保持联系，因此接近中心性也不适用于个体网络分析。[②]

而中间中心性可以体现出其他节点对中心个体的依赖程度。巴特（Burt）的结构洞理论也充分证明了中间中心性的重要性——占据结构洞位置的人拥有更多信息优势。中间中心性能够分辨出位于"结构洞"位置的节点，信息可以在两个连接到同一中心个体但是彼此并不相连接的节点间传播，那么这个中心个体就处在结构洞的位置。表4-3给出较高和较低的中间中心性的网

---

① Scott J. 社会网络分析手册［M］. 刘军，刘辉，译. 重庆：重庆大学出版社，2018：363.
② Everett M，Borgatti S P. Ego network betweenness［J］. Social Networks，2005，27（1）：31-38.

络情况，以及去除中心个体后网络情况。可以发现，在中间中心性为 0 时，网络中有无中心个体，对其他成员的紧密程度不会产生太大的影响，而在高中间中心性的网络中，去除中心个体后，整个网络变得分散。由此可见，中间中心性最适用于个体网络中个体凝聚其他节点的程度。

表 4 – 3 中间中心性的作用

中间中心性	ego 网络	去除中心个体后网络
0		
0.72		

4.1.3 个体网络位置

从本书第 3.2 节"学术社交网站网络成员类型"中，我们可以知道不同的成员在个体网络中的表现各异，中间型的成员较为活跃，与其他成员联系紧密，以此积极地与其他成员进行交流、沟通，边缘型成员凝聚程度不高，但也可能是连接其他个体网的关键节点。因此，不同成员的位置和角色差异，导致成员在个体网络中发挥不同的作用。社会网络分析中常用结构洞指数和中间人角色来分析个体网络中的成员位置和中心个体的主要角色。

4.1.3.1　结构洞

结构洞有两种测量体系：一类是 Burt 的结构洞指数，适用于测量个体网的结构洞；另一类是弗里曼（Freeman）的中间中心度指数，适用于整体网。由于我们这里主要考察个体在网络中的位置，所以采用伯特（Burt）的测量指标。Ucinet 6 中的结构洞指标包括有效规模（effective size）、效率（efficiency）、限制度（constraints）、等级度（hierarchy）四个方面。[1][2][3] 具体含义为：

（1）有效规模可以测算节点的整体影响力，指一个行动者的有效规模等于该行动者的个体网规模减去网络的冗余度，即有效规模等于网络中的非冗余因素，行动者有效规模越大，则拥有结构洞的可能性越大。计算节点 i 的有效规模计算公式为：

$$ES_i = \sum_j \left(1 - \sum_q P_{iq}P_{jq}\right) = n - \frac{1}{n}\sum_j\sum_q P_{jq} \qquad (4-2)$$

其中，n 表示节点 i 的度，j 表示节点 i 的邻接节点，而 q 表示节点 i 和节点 j 的共同邻接节点；P_{iq} 和 P_{jq} 分别表示节点 q 在节点 i 和节点 j 的邻接节点中所占的权重比例。

（2）效率是用来描述节点对网络中其他相关节点的影响程度。也就是说，处于结构洞中的节点的效率一般比较大。一个节点的效率等于该点的有效规模与实际规模之比设节点数量为 n，则计算节点 i 效率如下：

$$EF_i = \frac{ES_i}{n} \qquad (4-3)$$

（3）网络限制度，又称网络约束系数，指的是行动者在自己的网络中拥

①　Burt R S. The social structure of competition [J]. Networks in the Knowledge Economy, 2003: 13 - 56.

②　Burt R S. Social capital, structural holes and the entrepreneur [J]. Revue Francaise de Sociologie, 1995, 36 (4): 599.

③　Burt R S. Structural holes and good ideas [J]. American Journal of Sociology, 2004, 110 (2): 349 - 399.

有运用结构洞的能力的限制程度，以节点对其他节点的依赖程度作为评价标准，依赖性越强，数值越大，则能力越小，跨越结构洞的可能性就越小。约束度计算公式为：

$$C_{ij} = (P_{ij} + \sum_q P_{iq} P_{qj})^2 \qquad (4-4)$$

其中，节点 q 是节点 i 和节点 j 的共同邻接点；P_{ij} 表示在节点 i 的所有邻接点中节点 j 所占的权重比例。则节点 i 的网络限制度为：

$$C_i = \sum_j C_{ij} \qquad (4-5)$$

（4）等级度可以刻画结构洞节点的部分特征，指的限制性在多大程度上集中在一个行动者身上。一个点的等级度越大，则表明在某个节点的邻域内，约束性集中在某个节点上，点越受到限制。计算节点的等级度指数公式为：

$$HI_i = \frac{\sum_j \left(C_{ij} \Big/ \frac{C}{N} \right) \ln \left(C_{ij} \Big/ \frac{C}{N} \right)}{N \ln(N)} \qquad (4-6)$$

在同一网络中，有效规模指标可以在一定程度上定量地衡量结构洞节点的重要性，一般以限制度为依据并结合有效规模指标的大小对成员进行结构洞分析。而本研究主要是对不同学者的个体网络进行分析和比较，网络规模本身存在较大差异，因此选取网络效率和网络限制度进行比较。

4.1.3.2 中间人

本书第 3.2.2 节 "直接联系人" 中已经对中间人的五种类型：协调者（coordinator）、守门人（gate keeper）、代理人（representation）、顾问（consultant）、联络人（liaison）位置及其具体作用进行解释，此部分不再赘述。

在对中间人进行分析前，需要对个体网络进行分区，才能进一步探析中间人在不同社区中扮演的角色。本书首先利用 Gephi v0.9.2 软件的随机社区探测，确定个体网络中的社区数量，然后利用 Ucinet 6 构建分区向量，最后根据分区结果执行中间人角色运算。在图 4-1 的个体网络示例中，中心个体 A 共有 3 个派系，中间人角色运算结果如表 4-4 所示。A 在其个体网络中同时承担协调者、守门人、代理人和顾问 4 种角色，其中承担协调者角色的次数最多（8 次），因此 A 的主要角色为协调者，即更多地参与本团体内的信息交流活动。而直接联系人中，B、C、D、F 均为协调者，E 兼任协调者与代理人，G、H 则未担任中间人角色，从派系分类也可以看出，H 未加入任何派系，属于典型的边缘型直接联系人。

表 4-4　　　　　　　　　　中间人角色运算结果示例　　　　　　　　单位：次

中间人用户	协调者	守门人	代理人	顾问	联络人	总计
A	8	5	7	1	0	21
B	6	0	0	0	0	6
C	2	0	0	0	0	2
D	3	0	0	0	0	3
E	3	0	3	0	0	6
F	1	0	0	0	0	1
G	0	0	0	0	0	0
H	0	0	0	0	0	0

4.2　样本选择与数据收集

4.2.1　样本选择

本书第 3 章问卷调查获取的样本量为 295 份，本节在此基础上进行有目的的抽样，在第 3.4 节中的关于学术社交网站个体网络构建的功能与服务调查中，本书综合考虑平台的受欢迎程度、用户数量、管理功能与平台影响力计量的全面性，并结合数据的可获得性和完整性，选择用户最常用的学术社交网站 ResearchGate 作为个体网络数据来源。虽然在第 3 章的实证调查结果显示，受访学者最常用的学术社交网站是科学网和小木虫，但是在参与社会网络分析的志愿者群体中，ResearchGate 的受欢迎程度明显提高至 82.33%。本书将根据以下的抽样标准选择用户进行社会网络分析。

（1）在问卷调查中表示愿意参加个体网络分析的用户。

（2）用户在 ResearchGate 上具有完整的个体网络，关注者与追随者数量均不少于 10 位。

（3）各学科领域和不同身份的用户数量分布应均等。

（4）信息源型、社交型和搜索型用户数量分布应均等。

由于在前期调查中，发现本科生与硕士生阶段的受访用户在 Research-Gate 未形成完整的学术社交网络结构，可能是这类用户群体还未完全进入科研阶段，并且常常活跃在国内的科学网与小木虫网站，对于国外学术社交网站需求不高。因此，在用户身份分布部分没有将本科生与硕士生纳入分析范围。此外，在志愿者群体的学术身份与用户类型分析中发现，用户类型与学术身份高度相关，卡方分析显示用户类型对于身份呈现出 0.01 水平显著性（chi = 43.503，p = 0.000 < 0.01），从搜索型用户、社交型用户到信息源用户，用户的身份也从博士生向教授递进。因此考虑到样本搜集的时间成本与调查能力，本书选取用户类型和学科这两个因素进行样本量评估。根据抽样标准获取到的用户数量分布如表 4 - 5 所示。

表 4 - 5　　　　　　　根据抽样标准获取到的样本类型与学科分布　　　　　　单位：个

类别	用户类型	学科领域				
		自然科学	农业科学	医药科学	工程与技术科学	人文与社会科学
个体类型	信息源	3	3	3	4	6
	社交型	4	3	4	5	7
	搜索型	7	6	5	5	7

在进行用户个体网络分析之前，本书需要明确每个类别的有效样本量，以便能够根据网络结构分析的指标对用户进行有效分析。根据标准抽样获取

到的用户数量分布，每个类别的潜在参与者的数量在 3 ~ 7 之间。在统计学的假设检验中，由于样本信息的局限性，研究的结论与实际情况会产生两种类型的错误：Ⅰ类错误和Ⅱ类错误（如表 4 - 6 所示）。

表 4 - 6 假设检验的错误类型

项目	假设	实际情况	
		H0 正确	H0 错误
研究结论	拒绝 H0	Ⅰ 类错误	正确
	接受 H0	正确	Ⅱ 类错误

Ⅰ类错误是指当虚无假设（H0）正确时，而拒绝 H0 所犯的错误。这意味着研究者的结论并不正确，即观察到了实际上并不存在的处理效应，因此现象而衍生出的后续研究、应用的危害将是不可估量的。Ⅱ类错误是指虚无假设错误时，反而接受虚无假设的情况，即没有观察到存在的处理效应。在研究中增加实验重复次数，可以减少Ⅱ类错误的发生率，但随着重复次数的增加，其产生的功效会逐渐减少。本书通过 Minitab 中的全因子设计（general full factorial）对样本量的有效性进行分析，即功效分析（power analysis）。功效曲线表示对于每个仿行数（reps）、功效（power）和最大差值之间的关系。仿行数指实验重复的次数，功效指检测出差值的能力，最大差值是指具有最高水平的因子的最大均值与最小均值之间的差值。功效曲线则描绘了检验的功效与最大差值之间的关系。本书中的行数（levels）为 5 和 3，表示有 5 种学科因子和 3 种用户类型，样本标准偏差设置为 0.8[①]，仿行数（reps）为 3、4、5、6、7，表示各类用户重复次数为 3 ~ 7 次，显著水平 $a = 0.05$。通过 Minitab 的一般全因子设计功效曲线如图 4 - 3 所示。

---

① Field A. Discovering Statistics Using SPSS [M]. Sage, 2000 (2)：539 - 583.

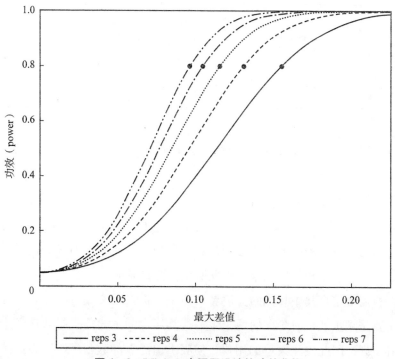

图 4 – 3　Minitab 全因子设计的功效曲线

从图 4 – 3 中可以看出，对于不同样本数的曲线，功效随着最大差值的增加而增加，在相同功效值中，实验重复次数越多，最大差值越小。功率曲线表明，基于 4 次重复试验能够检测出大于 0.13 的显著差异，基于 5 次重复试验能够检测出大于 0.12 的显著差异，将重复次数增加到 7 次，可以把差异减少到 0.09。考虑到增加样本量会加大调查的成本与难度，并且 0.13 属于合理的最大差异值。[①] 因此，平均每类用户的合理样本为 4，合理的总样本量为 70。经过二次分配和补充，各学科类型用户分布如表 4 – 7 所示。

① Field A. Discovering Statistics Using SPSS ［M］. Sage，2000（2）：539 – 583.

表4-7　　　　　　　　　　　　调整后样本类型与学科分布　　　　　　　　　　单位：个

类别	用户类型	学科领域					
		自然科学	农业科学	医药科学	工程与技术科学	人文与社会科学	总计
个体类型	信息源	4	4	4	4	5	21
	社交型	5	4	5	5	6	25
	搜索型	4	5	7	4	4	24

在不同个体类型的身份分布如图4-4所示，95.24%的信息源用户为教授（12位）或副教授（8位），另一位为讲师。社交型用户的构成更为多样，包括副教授（32%，8位）、教授（20%，5位）、讲师（28%，7位）、博士后（16%，4位），而搜索型用户主要是博士生群体（75%，18位）。可见个体类型与用户身份的高度相关性。信息源用户多为职称相对较高的学者，具有一定的学术权威和科研成果，因此吸引大量的追随者。社交型用户存在多种可能，需要结合其中具体的关注者与追随者数量及类型进行分析。搜索型用户主要是刚步入科研阶段的博士生，这类用户的主要需求是获取学术信息与学者发现，因此关注大量的用户，但吸引追随者的数量较少。在后续的网络结构分析中，将结合用户类型、身份和学科类别进行相关性研究。

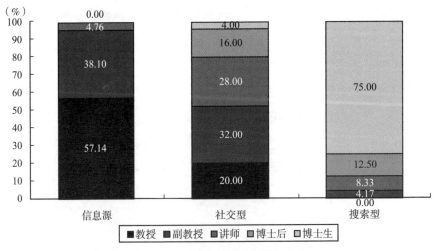

图4-4　用户类型与学术身份分布

4.2.2 数据收集

如前所述,70 位样本来自常用 ResearchGate 的志愿者群体,本书通过爬虫程序抓取用户数据,具体包括三个步骤(如图 4 – 5 所示):首先,抓取用户甲的基本情况,包括研究领域、机构、职位、关注者(数据集 U1)和追随者(数据集 U2),以及网站提供的其他用户科研数据和影响力指标;其次,抓取关注者的关注者与追随者,过滤出其中与数据集 U1、U2 重叠部分;最后,抓取追随者的关注者与追随者,同样地,过滤出其中与数据集 U1、U2 重叠部分。

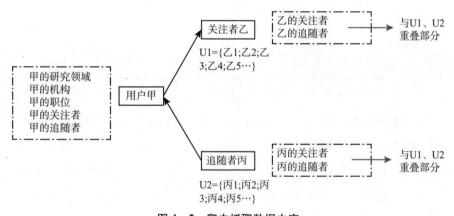

图 4 – 5 爬虫抓取数据内容

数据收集完毕后,需要对各个样本进行完整性检验,并手动补充遗漏的数据。70 个样本依据用户类型划分,基本的科研指标均值如表 4 – 8 所示。显然,从信息源、社交型到搜索型用户,各项科研基本指标(研究成果数量、项目数、被引用量、阅读量、转发量、RG Score 与 RI Score)的平均值逐渐降低,且信息源个体的科研成果与影响力明显高于整体均值,相反,搜索型用户的情况低于总均值。值得注意的是,问答的次数普遍较低,已有的研究也发现学术社交网站虽然用户数量众多却活跃度偏低①②，因为他们的学术需求远远高于社交需求，如推广成果与浏览文献③。本书样本中社交型用户平均参与的问答次数最多。

表4-8　　　　　　　　　　　样本基本科研指标（平均值）

基本指标	信息源	社交型	搜索型	总均值
研究成果数（篇）	201.571	47.84	14.125	82.4
项目数（个）	1.857	1.28	0.667	1.243
被引用量（次）	3908.75	792.24	110.167	1458.333
阅读量（次）	19634.286	5613.84	851.75	8187.257
转发量（次）	62.19	20.88	4.083	27.514
RG Score（分）	32.725	22.42	13.905	22.592
RI Score（分）	2227.667	491.724	69.758	867.833
问答次数（次）	0.952	3.04	0.208	1.443

由于本书同时利用 Gephi v0.9.2 和 Ucinet 6 两种社会网络分析软件，因此需要将数据进行两种格式处理。其中使用 Gephi v0.9.2 的节点数据与边数据分析网络规模、密度与归一化中心度，使用 Ucinet 6 的矩阵关系数据分析个体网络互惠程度、结构洞与中间人角色。最终将结构指标数据导入 SPSS 数据分析软件，对样本类型、身份、学科领域与个体网络结构特征进行相关性分析。

---

① Jeng W, He D, Jiang J. User participation in an academic social networking service: A survey of open group users on mendeley [J]. Journal of the Association for Information Science and Technology, 2015, 66 (5): 890 – 904.

② Jordan K. Academics and their online networks: Exploring the role of academic social networking sites [J]. First Monday, 2014, 19 (11): 1 – 9.

③ Gruzd A, Goertzen M. Wired academia: Why social science scholars are using social media [C]// 2013 46th Hawaii International Conference on System Sciences. IEEE, 2013: 3332 – 3341.

4.3　个体网络规模分析

　　规模主要包括个体网络中节点数、边数、度数和社区数量。样本的个体网络规模基本情况如表 4 - 9 所示。节点数，即网络成员数量的增加，网络中的连边数量以及与中心个体相连的度数也随之增加，社交网站的节点数与度数分布极度不均匀，存在长尾分布（heavy-tailed distribution）现象，即大部分节点的度数较低，但存在少量拥有高度数的节点。[①] 乔丹（Jordan）[②] 的研究也发现用户节点数和度数呈现"重尾分布"。本书中的样本也遵循此类规律。此外，个体网络的节点数与度数多集中在 150 以内（如图 4 - 6 所示），节点中位数为 127.5 个，度数中位数为 142，该结果支持邓巴的社交大脑假说理论，即一个人的个体网络规模上限是 150 个左右。[③④] 但也存在少数个体节点数高达 577 个，度数最高为 713。从整体上看，网络中的边数最小值与最大值差异最大，介于 50 ~ 1799 条之间，入度均值与中位数均高于出度。此外，样本中的网络直径介于 2 ~ 8 之间，社区数量在 2 ~ 26 个之间。从数值差可见学术社交网站的个体网络的多样性。但具体情况还需进一步分析。

表 4 - 9　　　　　　　　　　　个体网络规模基本情况

名称	最小值	最大值	平均值	标准差	中位数
节点数（个）	30	577	172.343	129.246	127.5
边数（条）	50	1799	445.2	375.304	290.5

　　① Barabási A L. Introduction and keynote to a networked self [M]//A networked self. Routledge, 2010: 9 - 22.
　　② Jordan K. Academics and their online networks: Exploring the role of academic social networking sites [J]. First Monday, 2014, 19 (11): 1 - 9.
　　③ Dunbar R I M. Neocortex size as a constraint on group size in primates [J]. Journal of Human Evolution, 1992, 22 (6): 469 - 493.
　　④ Dunbar R I M. The social brain hypothesis [J]. Evolutionary Anthropology: Issues, News, and Reviews: Issues, News, and Reviews, 1998, 6 (5): 178 - 190.

续表

名称	最小值	最大值	平均值	标准差	中位数
度数	26	713	197.586	150.066	142
入度	6	559	121.143	132.885	73.5
出度	11	284	77.5	61.383	61.5
网络直径	2	8	4.514	1.604	4
社区数量（个）	2	26	6.657	3.841	6

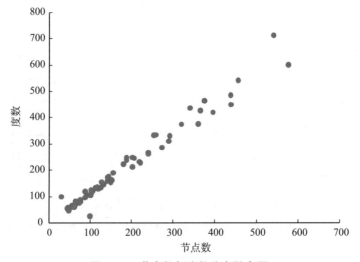

图 4-6　节点数与度数分布散点图

4.3.1　节点与边

网络大小的最基本度量指标是网络中节点的数量，即网络中存在的成员数量。网络的规模可以表明它具备的影响力程度，能否广泛地传播信息，或者能否获取更多的专业知识。通过非参数检验发现用户类型、学术身份与节点数和边数呈现出 0.01 水平显著性。其中平均节点数与平均边数（如图 4-7 所示）从信息源、社交型和搜索型用户均呈递减趋势，其中信息源用户与社交型用户平均节点数（270.81 个，160.160 个）和平均边数（649.095 条，466.92 条）都位于总样本的平均水平（172.343 个，445.2 条）之上。可见信息源个体网络中拥有大量的成员与关系，其中拥有更多的科学交流与合作机会，并得以在其中传播。

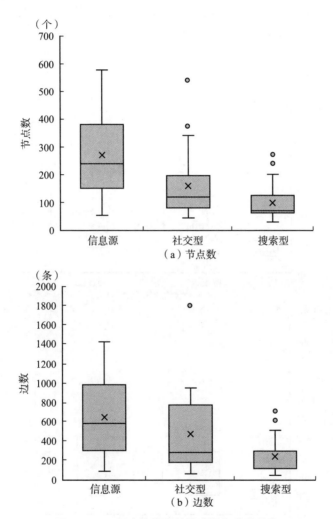

图4-7　不同个体类型的节点数与边数分布

在身份分布中（见图4-8），节点数与边数均值也从博士至教授呈上升趋势，从节点数上看，博士生（92.720个）与博士后（127.143个）在平均节点数（172.343个）之下，而边数上，只有博士生（212.800条）在平均水平之下（445.200 条）。已有研究发现科研人员个体合作网络规模与科研人员的产出、影响力正相关。① 可见这种现象也同样出现在学术社交个体网络中，年轻学者的科研成果与影响力低于资历高的学者，因而网络规模更小，拥有的成员数量明显少于教授与副教授。

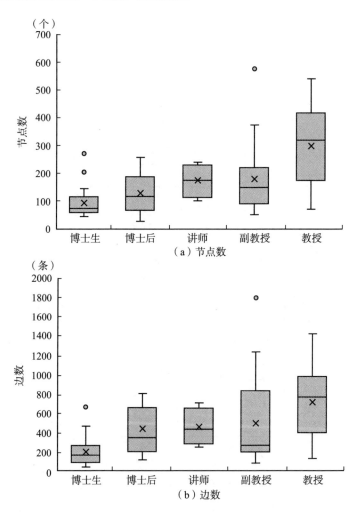

图 4 - 8　不同学术身份的节点数与边数分布

---

① 曹玲. 科研合作"个体中心网"特征与科研绩效关系研究：基于大气科学领域论文合作的实证分析 [C]. 第七届中国科技政策与管理学术年会论文集，2011：11.

　　虽然学科类型与节点数和边数未发现明显差异。但从数量分布上看，农业科学和医药科学的节点数与边数低于其他学科，自然科学的规模最大（见图 4 - 9）。

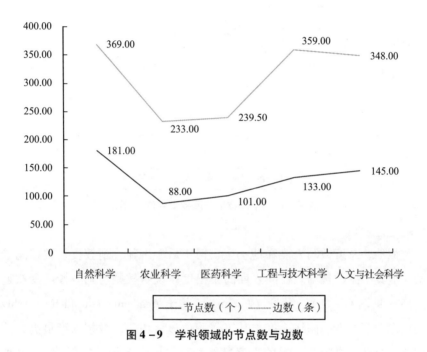

图 4 - 9　学科领域的节点数与边数

4.3.2　度数

　　度数考察的是中心个体与直接联系人之间的关系数量。度数的相关性分析结果与节点数一致，均与用户类型和身份显著性相关。总度数与出度中位数在信息源、社交型和搜索型用户中不断减少（见图 4 - 10），相反，入度不断增加，这与用户类型划分依据有关。

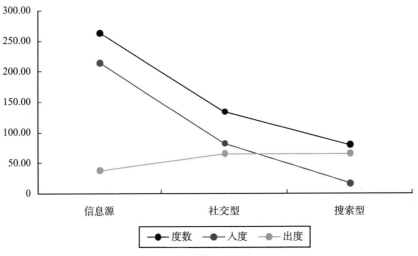

图 4 - 10　个体类型与度数项中位数分析

　　类似地，总度数与入度在博士生、博士后、讲师、副教授、教授间依次递增，但其中副教授与教授的入度高于出度，说明教授与副教授的受欢迎程度更高（见图 4 - 11）。乔丹（Jordan）① 基于 Academia. edu 和 ResearchGate 的调查也发现学者的网络入度与其工作职位显著相关，教授入度最高，博士生最低。此外，讲师和教授的入度虽然最高，出度却相对较低。② 可见副教授与教授在学术社交网站上更多的是被搜索与被关注的状态，若提高此类用户群体的社交活跃度，将在很大程度上扩大学术社交网站的科学交流范围和信息质量。而博士生、博士后、与讲师在平台中更经常搜索学者并关注，以获取更多的信息来源和交流机会。

————————

　　① Jordan K. Academics' online connections：Characterising the structure of personal networks on academic social networking sites and Twitter ［C］//Proceedings of the 10th International Conference on Networked Learning 2016，2016：414 - 421.

　　② Jordan K. Academics and their online networks：Exploring the role of academic social networking sites ［J］. First Monday，2014，19（11）：1 - 9.

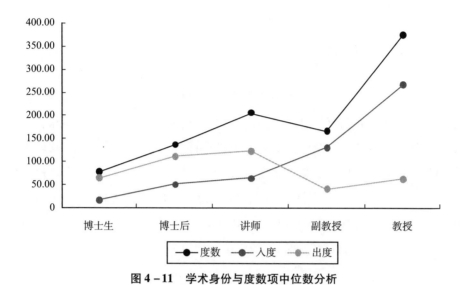

图 4 – 11 学术身份与度数项中位数分析

从学科领域分布来看（见图 4 – 12），自然科学用户的中心个体不论是在总度数还是出入度数量均最高，与其次是人文与社会科学、工程与技术科学、医药科学和农业科学。医药科学领域的出入度中位数最接近。

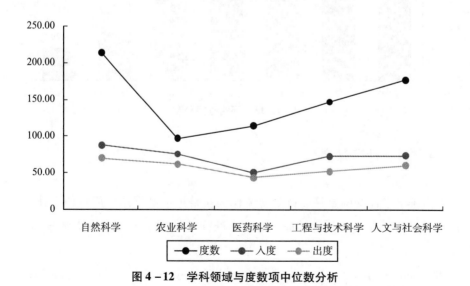

图 4 – 12 学科领域与度数项中位数分析

4.3.3 网络直径

网络直径反映了整个网络中两个节点的最远距离。在社会网络中，当节点之间进行联络并回复信息时，图的距离可以告诉我们信息的传播路径，并有助于测量信息的覆盖范围并对其影响进行评估。用户类型、学科领域与网络直径没有明显差异。从整体上看（见图 4-13），44.29% 的网络直径集中在 4~5 之间。职位对于网络直径呈现出 0.01 水平显著性（p = 0.000 < 0.01），教授的网络直径中位数最高（6），其次是博士后（5）与讲师（4.5），博士生与副教授的网络直径中位数均为 4。

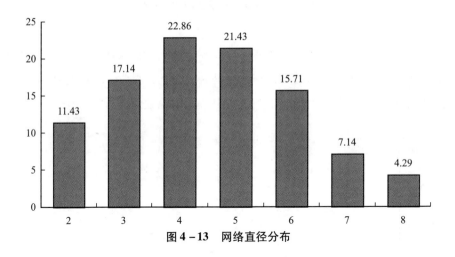

图 4-13　网络直径分布

4.3.4 社区数量

由于学术社交网站是以科学交流作为纽带形成的网络，用户的个体网络拥有天然的机构或专业化特征，网络中的社区结构比宏观网络更清晰。[①] 社

---

① Hu Z, Yao J, Cui B, et al. Community Level Diffusion Extraction ［C］//Acm Sigmod International Conference on Management of Data, 2015.

区探测有助于分析个体网络中的组织划分状态，判断网络是否凝聚不同领域的科研人员，同时，识别网络中不同社区的关键人物及其对其他成员产生的影响，能够为跨学科、跨机构、跨地区的在线科学交流提供更多机会，并提高交流效率。为探测个体网络的社区数量，本书同时用 Gephi v0.9.2 和 Ucinet 6 进行社区数量探测和派系分析。社区数量和派系之间的相关系数值为 0.549，并且呈现出 0.01 水平的显著性，因而说明社区数量和派系之间有着显著的正相关关系。可见两种软件的社区探测有较高的一致性。使用 Kruskal-Wallis 检验进行非参数检验，分析显示：个体类型对于社区数量呈现出 0.05 水平显著性（p = 0.014 < 0.05）；个体类型对于派系呈现出 0.01 水平显著性（p = 0.002 < 0.01）；不同学术身份样本对于社区数量，派系均呈现出 0.01 水平显著性。但是没有发现明显的学科差异。其中，信息源用户的社区数量最多，社交型与搜索型用户情况相似。但在派系分析中，社交型用户的派系数量明显大于搜索型用户（见图 4 - 14）。

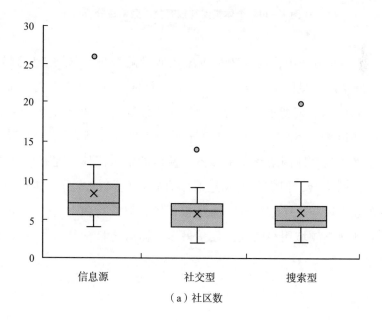

（a）社区数

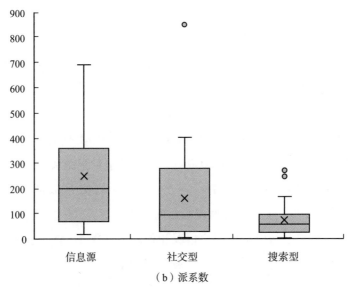

（b）派系数

图 4 – 14　个体类型与社区数、派系数分析

　　在学术身份分布中，社区数量或派系数量随着身份从博士生到教授的递进也不断增加（见图 4 – 15），只有教授的社区数量（9.294 个）高于平均水平（6.657 个），而博士生与博士后的社区数量（5.440 个，5.714 个）和派系（69.040 个，157.571 个）皆低于平均水平（6.657 个，161.514 个）。这反映了教授的个体网络存在更多不同性质的学术团体，拥有更多跨学科交流与合作的机会，但实际情况还需结合社区的具体成员分布进行探讨。另外，虽然学科与社区数量没有明显相关性，但从均值上看，工程与技术科学和农业科学领域用户的社区数量最多，而医药科学与人文社会科学的派系最多。

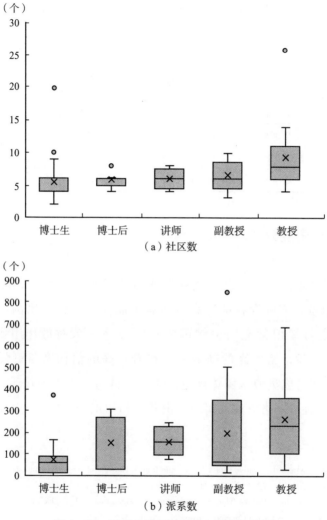

图 4 – 15　学术身份与社区数、派系数分析

4.4　个体网络连接程度分析

个体网络的连接紧密程度是网络结构分析的重要指标，本节选取密度、互惠程度与中介中心性来分析个体网络的凝聚情况。从整体上看（见表 4 – 10），

学术社交个体网络整体密度低，互惠程度与中介中心性存在较大差异，因此有必要结合用户的类型、身份与学科领域进行深入分析。

表 4 – 10 个体网络连接程度基本情况

名称	最小值	最大值	平均值	标准差	中位数
密度	0.003	0.057	0.021	0.013	0.019
互惠程度	0.028	0.415	0.19	0.098	0.187
中介中心性	0.044	0.671	0.276	0.124	0.265

4.4.1　密度分析

网络密度根据节点之间的连接数来分析整个网络结构，即给定网络中节点的数量，实际存在的边数占所有可能存在的边的比例。网络密度是科学交流与知识创造的关键因素[1][2][3][4]，其所发挥的作用备受学者的关注。一般来说，密度高的网络中存在着更高的信任度与更强的道德约束，有助于网络成员遵从团体规范，使得成员间交流更加畅通，提高信息传播速度[5]，促进网络成员之间的知识共享和知识创造[6][7][8]，从而增加科研

① Sosa M E. Where do creative interactions come from? The role of tie content and social networks [J]. Organization Science, 2011, 22 (1): 1 – 21.

② Burt R S. Structural Holes: The social structure of competition [M]//Dobbin F. The New Economic Sociology: A Reader. Princeton: Princeton University, 2004: 325 – 348.

③ Coleman J S. Social capital in the creation of human capital [J]. American Journal of Sociology, 1988, 94: S95 – S120.

④ Lin N. Social capital Cambridge [J]. UK: Cambridge University, 2001: 13.

⑤ Godin B, Gingras Y. Impact of collaborative research on academic science [J]. Science and Public Policy, 2000, 27 (1): 65 – 73.

⑥ Morrison E W. Newcomers' relationships: The role of social network ties during socialization [J]. The Academy of Management Journal, 2002, 45 (6): 1149 – 1160.

⑦ Reagans R, Mcevily B. Network structure and knowledge transfer: The effects of cohesion and range [J]. Administrative Science Quarterly, 2003, 48 (2): 240 – 267.

⑧ Gamst F C. Foundations of social theory [J]. Anthropology of Work Review, 1991, 12 (3): 19 – 25.

产出①②。但密度较高的网络中信息的冗余度也较高，网络中的资源相对比较有限。

　　从整体上看，网络密度较低，不同个体类型与学术身份对于密度均呈现出 0.01 水平显著性（p = 0.000 < 0.01）。平均密度从信息源（0.011）、社交型（0.024）至搜索型用户（0.028）不断增加，但最大值与最小值的差异程度则相反（见图 4 - 16）。对于不同身份（见图 4 - 17），平均密度整体上由博士生至教授不断降低，但讲师的密度稍微高于博士后，且讲师（0.017）、副教授（0.019）与教授（0.010）的网络密度高于平均水平（0.021）。由此可以判断，科研资历越高，个体网络的成员更加分散，例如，教授与副教授的网络中存在更加多样化的信息。伯特的结构洞理论认为低密度的网络灵活性更强，信息冗余度低，占据结构洞的成员具有信息竞争优势。③ 因为在某种程度上，低密度的个体网络中的直接交流伙伴彼此不认识，他们更有可能以不同的方式思考，并拥有不同的见解和观点，就会有更大的潜力来贡献新的、有价值的想法④⑤⑥，学者能够从更广阔的角度分析问题⑦。而博士生、博士后的网络中可能更多的是来自相同领域、机构背景的成员，因此形成的高密度网络有助于提高成员间的科学交流速度。并且由于高密度网络成员对群体规范的依赖，成员违反规则的行为发生率减少，网络的协调成本也随之

　　① Obstfeld D. Social networks, the tertius iungens orientation, and involvement in innovation [J]. Administrative Science Quarterly, 2005, 50 (1): 100 - 130.

　　② Phelps C, Heidl R, Wadhwa A. Knowledge, networks, and knowledge networks: A review and research agenda [J]. Journal of Management, 2012, 38 (4): 1115 - 1166.

　　③ Lazega E, Burt R S. Structural holes: The social structure of competition [J]. Revue Française de Sociologie, 1995, 36 (4): 779.

　　④ Bras D J. Creativity its all in your social network in ford [J]. Creative Action in Organizations, 1995: 94 - 99.

　　⑤ Fleming L, Mingo S, Chen D. Collaborative brokerage, generative creativity, and creative success [J]. Administrative Science Quarterly, 2007, 52 (3): 443 - 475.

　　⑥ Hargadon A, Sutton R I. Technology brokering and innovation in a product development firm [J]. Administrative Science Quarterly, 1997: 716 - 749.

　　⑦ Rotolo D, Messeni Petruzzelli A. When does centrality matter? Scientific productivity and the moderating role of research specialization and cross-community ties [J]. MPRA Paper, 2013, 34 (5): 648 - 670.

降低。① 而各学科领域的个体网络密度介于 0.25 ~ 0.18 之间，没有明显差异。

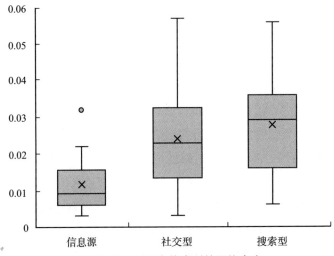

图 4 - 16　不同个体类型的网络密度

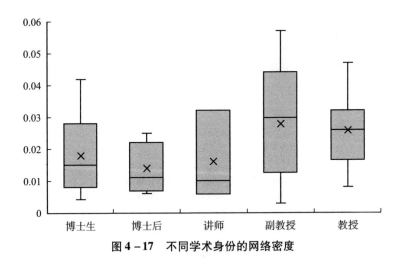

图 4 - 17　不同学术身份的网络密度

① Bell Z G G. Benefiting from network position：Firm capabilities，structural holes，and performance [J]. Strategic Management Journal，2005，26（9）：809 - 825.

4.4.2 互惠程度分析

由于学术社交个体网络图中节点之间的关系是有向的，互惠性是度量节点相互追随的程度。互惠程度也有助于发现网络成员之间关系强度，但互惠程度对科学交流的影响效果也各不相同，有研究表明互惠会负向影响知识共享数量[1]，也有正向影响知识共享数量[2]，又或者都显著正向影响知识共享的质量和数量[3][4]。

Ucinet 6 通过计算网络中互惠对数占总连接数的比例来衡量互惠程度，因此，取值介于 0 和 1 之间，越接近于 1 的互惠程度表明网络内的高水平互惠关系。在相关性分析中发现，个体类型对于互惠程度呈现出 0.01 水平显著性（$p = 0.000 < 0.01$），其中社交型用户因为关注与追随比例在 1/3 与 3 之间，因此其互惠程度最高。而用户身份与学科领域对于互惠性没有明显的差异（见图 4-18）。但是从均值上看，博士后的互惠程度最高（0.238），教授最低（0.159），可能是教授的个体网络中成员数量众多，而其没有足够的精力与每位成员建立互惠关系。而博士后作为年轻学者，更愿意通过互相关注建立强关系，因为可以在交流与反馈的过程中增加好感、信任，使科学交流与合作的过程更加轻松、有效。[5] 此外，医药科学领域的互惠程度最高（0.22），人文与社会科学领域最低（0.159），可能与用户的社交习惯和

---

① Wasko M M L, Faraj S. Why should I share? Examining social capital and knowledge contribution in electronic networks of practice [J]. MIS Quarterly, 2005, 29 (1): 35 – 57.

② Chiu C M, Hsu M H, Wang E T G. Understanding knowledge sharing in virtual communities: An integration of social capital and social cognitive theories [J]. Decision Support Systems, 2006, 42 (3): 1872 – 1888.

③ Chang H H, Chuang S S. Social capital and individual motivations on knowledge sharing: Participant involvement as a moderator [J]. Information & Management, 2011, 48 (1): 9 – 18.

④ 陈明红，漆贤军. 社会资本视角下的学术虚拟社区知识共享研究 [J]. 情报理论与实践，2014, 37 (9): 101 – 105.

⑤ Nonaka I. A dynamic theory of organizational knowledge creation [J]. Organization Science, 1994, 5 (1): 14 – 37.

交流需求有关。

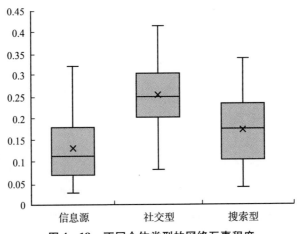

图 4 - 18　不同个体类型的网络互惠程度

4.4.3　中介中心性分析

中介中心性是一种基于最短路径数的测量方法，最短路径数是网络中任意两个节点之间最有效的交流路径。在个体网络中，中介中心性衡量的是中心个体凝聚其他成员的能力，中心个体的中介中心性越高，说明中心个体在更大程度上扮演着中介的角色，网络其他成员对其依赖程度就越高，即成员需要通过中心个体才能与他人建立联系，中心个体对网络中的信息交流价值就更高。

为了便于比较，本研究选择归一化的中介中心性。分析发现，用户类型对于中介中心性呈现出 0.01 水平显著性（p = 0.000 < 0.01），从均值上看，社交型用户中介中心性最高，即控制其他节点的能力最强，信息源与搜索型用户中介中心性差别不大（见图 4 - 19）。可能是因为社交型个体相互关注的成员多，成员间学术交流更加频繁，因此中心个体更加处于中心的位置。

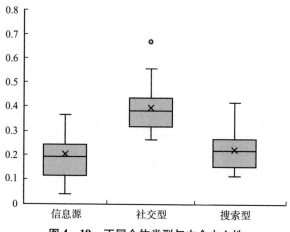

图 4 – 19　不同个体类型与中介中心性

学术身份与学科对于中介中心性没有明显差异。在身份分布中，博士后（0.413）、讲师（0.302）与副教授（0.28）的中介中心性最高位于平均水平之上（0.276），博士生（0.248）与教授（0.250）位于平均水平之下。此外，工程与技术科学（0.305）和自然科学（0.315）用户的中介中心性位于平均水平之上（0.276），农业科学（0.263）、医药科学（0.255）及人文与社会科学领域（0.249）在平均水平之下。

4.5　个体网络位置分析

除了规模与连接程度，个体网络结构分析还可以从个体与其他成员之间的关系来认识个体在网络中的位置，从而分析不同成员在信息传播中所占有的资源优势与发挥的作用。本节选用结构洞分析个体网络的关键位置情况，并通过中间人角色分析中心个体在网络中的作用。由于样本的节点数与度数差异，因此有效规模也存在较大差值。但整体网络效率很高，因为在个体网络中，中心个体显然对成员的影响很大。而限制度低，表示中心个体对结构洞的运用能力强。但是在等级度中存在较多差异，即限制性集中在中心个体的情况不同，需要结合具体规模进一步分析（见表 4 – 11）。

表 4 – 11　　　　　　　　　　结构洞分析基本情况

名称	最小值	最大值	平均值	标准差	中位数
有效规模	42.147	573.921	170.05	128.356	124.904
效率	0.945	0.999	0.982	0.014	0.986
限制度	0.004	0.07	0.026	0.015	0.022
等级度	0.024	0.555	0.174	0.094	0.145

4.5.1　结构洞分析

占据结构洞位置的个体拥有更多信息利益和控制利益，即掌握更多非冗余信息，并且通过控制信息的传播方向来满足自己的需求[①]。本研究使用 Kruskal-Wallis 检验统计量进行分析显示：不同用户类型和身份对于有效规模、效率、限制度、等级度全部均呈现出显著性差异；学科领域对于等级度呈现出 0.05 水平显著性（$p = 0.015 < 0.05$）。其中，信息源用户的有效规模、效率、等级度均高于平均水平，而限制度则低于平均水平，表明信息源用户掌握更多结构洞，其次是社交型用户、搜索型用户（见表 4 – 12）。

表 4 – 12　　　　　用户类型与结构洞基础指标（平均值）

名称	信息源	社交型	搜索型	均值
有效规模	267.616	156.961	98.313	170.05
效率	0.99	0.98	0.977	0.982
限制度	0.017	0.028	0.033	0.026
等级度	0.226	0.165	0.137	0.174

学术身份分布中（见表 4 – 13），教授的有效规模最高（298.179），限制度最低（0.014），表明其拥有多个的结构洞，比其他成员更具有信息优势和

[①]　Burt R S. Structural Holes：The Social Structure of Competition ［M］. Cambridge, MA：Harvard University Press, 1992.

控制能力，其次是副教授（175.946）与讲师（170.426）。博士生与博士后的有效规模、效率和等级度均低于平均水平，而限制度高于平均水平，说明这两类用户的个体网络结构洞数量相对更少。

表 4 – 13　　　　　　　　用户身份与结构洞基础指标（平均值）

名称	博士生	博士后	讲师	副教授	教授	均值
有效规模	89.85	130.77	170.426	175.946	298.179	170.05
效率	0.977	0.971	0.984	0.985	0.991	0.982
限制度	0.034	0.029	0.021	0.026	0.014	0.026
等级度	0.14	0.12	0.173	0.223	0.196	0.174

在学科分布中（见表 4 – 14），医药科学的有效规模和效率低于平均水平，而限制度与等级度高于平均水平，拥有较少的结构洞和较低的控制能力。自然科学、人文与社会科学领域的有效规模均接近于平均水平，但自然科学的限制度是所有学科中最低（0.019），人文与社会科学高于平均水平（0.028），相比之下，自然科学用户对成员的控制能力更高。农业科学、工程与技术科学的有效规模和限制度都比较接近，两类学科领域的结构洞情况较为一致。

表 4 – 14　　　　　　学科领域与结构洞基础指标（平均值）

名称	自然科学	农业科学	医药科学	工程与技术科学	人文与社会科学	均值
有效规模	176.736	196.887	117.34	190.113	179.832	170.05
效率	0.983	0.981	0.979	0.984	0.984	0.982
限制度	0.019	0.028	0.032	0.021	0.028	0.026
等级度	0.153	0.167	0.186	0.127	0.225	0.174

4.5.2　中间人角色分析

中间人因其位置的特殊性，连接不同群体成员或另一个关系网络，比其他成员掌握更多跨群体的关键信息，因此形成信息控制优势和社交资本，在个体网络科学交流的过程中更具竞争力。但中间人在个体网络中所扮演的角色因其所属的群体和信息传递对象的差异而有所不同。古尔德（Gould）和费尔南德兹（Fernandez）根据中间人所处的网络位置将其分为五类：协调者、守门人、代理人、顾问、联络人。本书利用 Ucinet 6 样本进行中间人角色分析。从整体上看（见图 4-20），63%的个体扮演联络人角色，联络人接收来自其他团体成员的信息，传递给第三个团体成员，作为两个不同团体的中介者。其次是代理人（21%），代理人接收来自本团体成员的信息，并将其传递给其他团体成员，发挥信息输出作用。14%的个体作为守门人接收来自其他团体成员的信息，传递给本团体成员，发挥信息输入作用。较少个体成为协调者（2%），顾问的比例为 0。

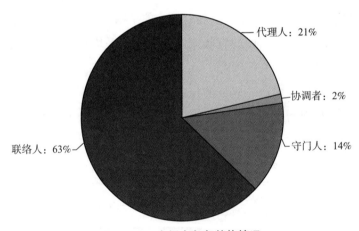

图 4-20 中间人角色整体情况

卡方分析结果显示不同用户类型对于中间人角色呈现出显著性（chi = 18.528，p = 0.005 < 0.01），通过百分比对比差异可知（见图 4-21）：信息源用户成为守门人的比例 28.57%，明显高于平均水平 14.29%；搜索型用户成为代理人的比例 45.80%，会明显高于平均水平 21.43%；社交型成为联络人的比例 80.00%，明显高于平均水平 62.86%。

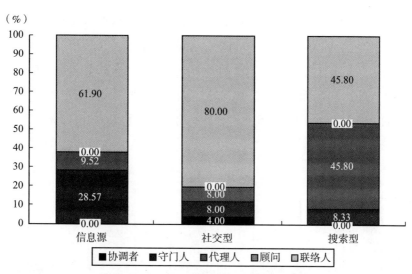

图 4 - 21　用户类型的中间人角色分布

学术身份对于中间人角色未表现出显著性差异。但是从比重上看（见图 4 - 22），博士生相比于其他成员，更有可能成为代理人（44%）。副教授成为守门人的可能性最高（29.41%）。而博士后与教授最常扮演联络人角色。

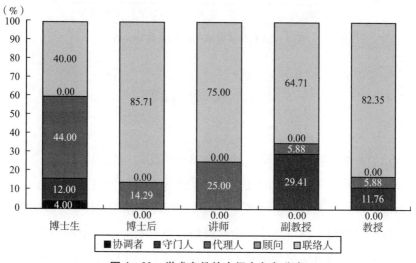

图 4 - 22　学术身份的中间人角色分布

不同学科领域对于中间人角色也没有表现出显著性差异。从整体上看（见图 4 - 23），自然科学（84.62%）、农业科学（76.92%）、医药科学（56.25%）、工程与技术科学（53.85%）、人文与社会科学（46.67%）用户成为联络人的比例逐渐降低，其中，人文与社会科学领域的用户成为协调者和守门人的可能性更高（均为 26.67%），其次是医药科学（18.75%，25%）。

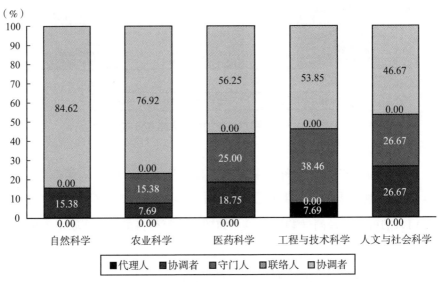

图 4 - 23　学科领域的中间人角色分布

4.6　本章小结

本章的分析主要是了解学术社交个体的网络结构情况与差异。网络结构的差异可能反映了不同个体的社交状态，并对社交行为模式和信息传播路径产生影响。本章首先对社会网络分析的常用指标、作用和计量方式进行解释，包括个体网络规模、网络连接程度和网络位置分析。并对不同的个体网络结构特征在个体网络科学交流的过程中可能产生的作用进行初步分析。与第 3 章的调查结果一致，身份在个体网络结构特征中也存在显著差异，与身份高度相关的中心个体类型也导致网络结构呈现出不同的状态，但学科并未发现明显的差异（见表 4 – 15）。

表 4 – 15　　　　　　网络结构非参数检验分析结果

网络结构	度量指标	个体类型差异性	身份差异性	学科领域差异性
网络规模	节点数	0. 000 **	0. 000 **	0. 442
	边数	0. 000 **	0. 000 **	0. 238
	度数	0. 000 **	0. 000 **	0. 236
	入度	0. 000 **	0. 000 **	0. 763
	出度	0. 004 **	0. 098	0. 503
	网络直径	0. 069	0. 000 **	0. 325
	社区数量	0. 014 *	0. 006 **	0. 293
	派系	0. 002 **	0. 001 **	0. 222
连接程度	密度	0. 000 **	0. 000 **	0. 523
	互惠程度	0. 000 **	0. 423	0. 384
	中介中心性	0. 000 **	0. 133	0. 712
网络位置	有效规模	0. 000 **	0. 000 **	0. 308
	效率	0. 005 **	0. 010 **	0. 57
	限制度	0. 001 **	0. 001 **	0. 161
	等级度	0. 008 **	0. 025 *	0. 015 *
	中间人角色	0. 005 **	0. 067	0. 199

注：* p < 0. 05，** p < 0. 01。

以下根据中心个体类型与学术身份对个体网络结构进行总结：

（1）学术社交个体网络支持社交大脑假说理论。个体网络成员数量中位数与均值分别为 127. 5 和 172. 343，该结果支持邓巴的社交大脑假说理论（social brain hypothesis，SBH），即一个人的个体网络规模上限是 150 左右[①]。

———————

① Dunbar R I M. Neocortex size as a constraint on group size in primates [J]. Journal of Human Evolution, 1992, 22（6）：469 – 493.

但也存在长尾分布（heavy-tailed distribution）现象，即大部分节点的度数较低，但存在少量拥有高度数的节点，样本中最高的网络节点数达577。

（2）教师群体为主的信息源个体网络规模大，密度低，异质性高。信息源个体的网络规模最大，由于信息源个体多为教授与副教授，因此相应地，教授与副教授的平均规模也比其他学术身份的用户大。并且由于这类群体主要由大量的追随者组成，中心个体无法控制追随者的学科与身份，因此其网络形成多种社区与派系，导致整体的凝聚程度更低。但这样的个体网络存在更多的结构洞，且信息源型中心个体控制结构洞的能力更强，尤其是教授的有效规模最高，控制其他节点的能力最强。信息源个体在其网络中扮演的中间人角色除联络人外，还是扮演守门人比例最高的类型，尤其是副教授。

（3）社交型个体网络的网络连接最紧密。样本中的社交型个体身份分布比较多样，副教授（32%）、教授（20%）、博士生（28%）和博士后（16%）都有。该类个体网络的规模处于中等水平，但社交型个体的最大特点是追随者与关注者的数量接近，因此社交型个体网络的互惠性最高。其中介中心性也比另外两种个体高，表明社交型中心个体凝聚其他节点的能力最强，在网络中主要承担联络人角色。

（4）学生群体为主的搜索型个体同质性高、结构洞少。而搜索型个体主要是博士生群体（75%），其次是博士后（12.5%）。虽然搜索型个体的关注者与追随者比例大于3，但整体规模仍小于信息源与社交型个体，平均出度与入度分别为89.917和23.125。表明搜索型个体虽然会关注很多用户，但是关注的数量比较理智，不是一般大众社交网站上的"典型的垃圾邮件制造者"（stereotypical spammer）。并且中心个体可以控制关注对象的学科与身份，因此整个网络密度和互惠程度都高于信息源个体，但网络的同质性较高，因此形成的社区和派系不多。此外，搜索型个体拥有的结构洞较少，控制网络成员的能力不高。特别的是，搜索型用户成为代理人的比例最高（45.8%），从身份上看，博士生也是最有可能为代理人的群体（44%）。

虽然学科领域与网络结构指标没有明显的相关性，但是从均值上看，农业科学与工程技术科学用户的个体网络规模相对更高，自然科学与人文社会科学用户接近平均水平，只有医药科学的各项规模指标低于整体平均值。在网络连接程度中，医药科学的网络密度与互惠程度最高，而自然科学的网络密度最低，人文社会科学的互惠程度最低，其余学科领域接近。但工程技术与自然科学领域中心个体的中介中心性最高，最低的是人文与社会科学。从网络位置上看，农业科学与工程技术科学领域的用户在个体网络中存在更多的结构洞，并且拥有较强的控制能力。自然科学的网络有效规模虽然不是最高，但是其最不容易受到邻近节点的控制，该群体在扮演中间人角色时，最有可能成为联络人（84.62%）。在代理人角色中，工程与技术学科的比例最高（38.46%），守门人角色则是人文与社会科学领域用户更多（26.67%）。

第 5 章

学术社交网站个体网络结构的影响

第 3 章与第 4 章调查并分析了学术社交个体网络的发展及构成概况，并调查了用户在学术社交网站个体网络的科学交流行为与网络结构基本情况。本章将从参与者自身的角度对学术社交网站个体网络结构进行解释性探讨，主要是通过对中心个体的访谈来进一步了解其网络结构成因及其影响。本章尽可能选取不同用户类型、身份与学科领域的受访者，希望在最大限度上反映学术社交个体网络结构的总体趋势和影响。

5.1　学术社交个体网络结构影响概述

用户的交互关系是新一代互联网网络的重要价值来源之一①，交互关系的质量决定了信息传播的多寡②。学术社交网站个体网络就是由成员之间的每个独立关系汇集而成，用户之间的社交互动主要是建立在个体网络的基础之上。因此个体网络对其中的成员，尤其是中心个体在平台的科学交流效果

---

① 桑杰特·保罗·乔达利. 社交网络用户并非越多越好［EB/OL］.［2019 - 06 - 16］. https：// blog. csdn. net/weixin_34250434/article/details/85207270.

② Watzlawick P, Bavelas J B, Jackson D D. Pragmatics of human communication［M］. New York：W. W. Norton & Company, 1967：11.

发挥重要的作用。本书在第 4 章的个体网络结构分析中，将网络结构划分为个体网络规模、个体网络连接程度和个体网络位置三个部分，并通过社会网络分析方法了解了不同学术身份和类型的中心个体的网络结构差异。本节将以强弱连带优势理论和结构洞理论为依据，结合前人的研究成果，对学术社交个体网络可能对科学交流产生的影响进行探讨。

从已有的研究成果来看，学术社交个体网络带来的影响主要体现在三个方面（见表 5-1）：第一，学术社交个体网络规模主要影响中心个体科学交流的广度，大规模的个体网络可能带来更多的学术合作机会，并有助于寻找、获取和分配到更多的稀缺资源，提高科研产出与学者影响力。但网络规模太大会导致中心个体投入更多的成本维持与成员的关系，而且网络规模中的出度、入度、社区数量对科学交流产生的影响还需进一步分析讨论。第二，学术社交个体网络连接程度主要影响中心个体的科学交流深度，但其影响有两面性：一方面，联系紧密的同质性网络能够增强信任感和群体规范，来自相同或相似背景的成员之间交流更加便利，信息也更容易理解和吸收，因此能提高成员的交流频率和效率，可能存在信息冗余；另一方面，连接松散的异质性网络存在更多

表 5-1　　　　　　　　　　学术社交个体网络潜在影响相关研究

学术社交 个体网络结构	潜在影响	主要理论	研究成果
网络规模	大规模能够带来更多的合作机会，并有助于寻找、获取和分配到更多的稀缺资源，提高科研产出与学者影响力	结构洞理论 （有效规模） 认知心理学 理论	乌齐（Uzzi）[1]；韦尔奇（Welch），梅尔克斯（Melkers）[2]；戈丁（Godin），金格拉斯（Gingras）[3]；曹玲[4]；麦卡蒂（Mccarty）等[5]
网络连接程度	联系紧密的同质性网络能够增强信任感和群体规范，提高交流频率，可能存在信息冗余；连接松散的异质性网络加快隐性知识的传播，提高信息交流的多样性，促进知识创造与创新，可能带来更高的时间成本与认知成本	强连带优势 理论 弱连带优势 理论 社会资本理论	科尔曼（Coleman）[6]；奥布斯菲尔德（Obstfeld）[7]；里根斯（Reagans），麦克埃维利（McEvily）[8]；边燕杰、李煜[9]；克拉克哈特（Krackhardt）等[10]；洛皮斯（Llopis）等[11]；谢丽斌等[12]；李纲，刘先红[13]

学术社交 个体网络结构	潜在影响	主要理论	研究成果
网络位置	提供信息获取和控制优势，提供更多关键信息，增加网络的信息多样性，提高异质性知识传播效果	结构洞理论 弱连带优势理论 社会资本理论	塞科夫斯基（Sekowski）[14]；张赟[15]；洛皮斯（Llopis）等[16]；张（Zhang）等[17]；王（Wang）等[18]

资料来源：①Uzzi B. Social structure and competition in interfirm networks：The paradox of embeddedness ［J］. Administrative Science Quarterly，1997：35 - 67.

②Welch E，Melkers J. Effects of network size and gender on PI grant awards to scientists and engineers：An analysis from a national survey of five fields ［J］. Yale University Library Gazette. yale University. library，2008，77（1）：85 - 85.

③Godin B，Gingras Y. Impact of collaborative research on academic science ［J］. Science and Public Policy，2000，27（1）：65 - 73.

④曹玲. 科研合作"个体中心网"特征与科研绩效关系研究：基于大气科学领域论文合作的实证分析 ［C］. 第七届中国科技政策与管理学术年会论文集，2011：11.

⑤Mccarty C，Jawitz J W，Hopkins A，et al. Predicting author h-index using characteristics of the co-author network ［J］. Scientometrics，2013，96（2）：467 - 483.

⑥Coleman J S. Social capital in the creation of human capital ［J］. American Journal of Sociology，1988，94：S95 - S120.

⑦Obstfeld D. Social networks，the tertius iungens orientation，and involvement in innovation ［J］. Administrative Science Quarterly，2005，50（1）：100 - 130.

⑧Reagans R，McEvily B. Network structure and knowledge transfer：The effects of cohesion and range ［J］. Administrative Science Quarterly，2003，48（2）：240 - 267.

⑨边燕杰，李煜. 中国城市家庭的社会网络资本 ［J］. 清华社会学评论，2000（2）：1 - 18.

⑩Krackhardt D. Organizational viscosity and the diffusion of controversial innovations ［J］. Academy of Management Review，2002（1）：17 - 40.

⑪Llopis O，D'Este P. Connections matter：how personal network structure influences biomedical scientists' engagement in medical innovation ［J］. INGENIO（CSIC-UPV）Working Paper Series，2014，2（3）：117 - 119.

⑫谢丽斌，董颖，吴德志. 基于 Pajek 的科研领域合作关系网络特征分析 ［J］. 图书馆，2016（7）：62 - 65.

⑬李纲，刘先红. 科研团队中学术带头人的合作特征及其对科研产出的影响 ［J］. 情报理论与实践，2016，39（6）：70 - 75.

⑭Sekowski A. Creativity in context：Update to the social psychology of creativity ［J］. High Ability Studies，1999，10（2）：233.

⑮张赟. 基于结构洞的科研团队隐性知识共享效果测度研究 ［J］. 图书情报工作，2012，56（6）：111 - 116.

⑯Llopis O，D'Este，Pablo. Connections matter：how personal network structure influences biomedical scientists' engagement in medical innovation ［J］. INGENIO（CSIC-UPV）Working Paper Series，2014，2（3）：117 - 119.

⑰Zhang Y，Chen K，Zhu G，et al. Inter-organizational scientific collaborations and policy effects：an ego-network evolutionary perspective of the Chinese Academy of Sciences ［J］. Scientometrics，2016，108（3）：1383 - 1415.

⑱Wang W，Yu S，Bekele T M，et al. Scientific Collaboration Patterns Vary with Scholars' Academic Ages ［J］. Scientometrics，2017，112（1）：329 - 343.

跨学科、跨研究领域的信息，能够加快隐性知识的传播，提高信息交流的多样性，从而促进知识创造与创新，但可能带来更高的时间成本与认知成本。第三，学术社交个体网络位置能够为中心个体带来信息获取与信息控制优势。结构洞越多，提供关键信息也就更多，增加网络的信息多样性，提高异质性知识传播效果，促进跨学科合作，有助于提高网络的知识创新能力。

关于学术社交个体网络结构对科学交流贡献效果的讨论，虽然没有明确的答案，但可以让我们了解不同网络结构为信息交流和知识创造提供了何种机会。社会资本理论认为，嵌入网络的个体既需要拥有结构带来的优势，还要有参与社会行动的意愿和能力，通过社会关系网络可以获得的资源才能得到有效调动。①②③ 可以理解为，网络的结构特征不会立即转化为收益，而是为这些收益的产生提供了机会。而将这些潜在机会转化为现实利益的关键，取决于个人在社会结构中的地位、嵌入网络中的其他行为者的态度和协作行为之间的契合度，并且合作的强度差异会直接体现在成员在网络中获取到的知识数量。④ 因此，学术社交网站个体网络结构的影响研究应更仔细地辨别网络中的社会结构（即将网络成员连接起来的社会因素）和该结构所调动的内容（即行动者之间的实质性联系和调动的资源），从而更好地把握个体网络带来的信息优势，提高科学交流效果。这也是本章开展解释性访谈调查的主要原因。

---

① Adler P S, Kwon S W. Social capital: Prospects for a new concept [J]. Academy of Management Review, 2002, 27 (1): 17-40.

② Kang S C, Morris S S, Snell S A. Relational archetypes, organizational learning, and value creation: Extending the human resource architecture [J]. Academy of Management Review, 2007, 32 (1): 236-256.

③ Kwon S W, Adler P S. Social capital: Maturation of a field of research [J]. Academy of Management Review, 2014, 39 (4): 412-422.

④ Soda G, Stea D, Pedersen T. Network structure, collaborative context, and individual creativity [J]. Journal of Management, 2019, 45 (4): 1739-1765.

5.2 样本选择与访谈内容

5.2.1 样本选择

通过前期问卷调查中的邀请，本章访谈部分共邀请了 17 位参与者，其中信息源用户 4 位、社交型用户 6 位、搜索型用户 7 位，教授 3 位、副教授 2 位、讲师 1 位、博士后 4 位、博士生 7 位。由于两次调查结果都显示学科领域对用户行为和网络结构没有显著差异，并且考虑到调研成本与调研能力，因此在选取访谈对象时，无法完全兼顾学科分布。但受访用户均具备一定程度的科研能力，在网站上公开的科研成果数量在 3 ~ 53 篇之间，学术社交网站的使用经验在 2 ~ 10 年内，已经形成不同规模的个体网络，并在其中进行过科学交流行为，获得不同程度的学术社交影响力。具体的身份与学科分布及科研情况如表 5 - 2 所示。

表 5 - 2　　　　　　　　　　　访谈对象科研概况

项目	个体类型	学术身份	学科领域	成果数（篇）	项目数（个）	引用量（次）	阅读量（次）	转发量（次）	RI 得分（分）	RG 得分（分）	问答次数（次）
样本均值	—	—	—	82.4	1.243	1458.333	8187.257	27.514	867.833	22.592	1.443
1	信息源	教授	自科	53	0	899	2566	3	473.7	26.49	0
2	信息源	教授	社科	21	1	140	1358	0	91.4	17.67	0
3	信息源	教授	社科	48	2	178	15041	28	345.8	21.99	0
4	信息源	副教授	社科	48	4	222	8541	87	352.4	19.13	1
5	社交型	副教授	社科	5	2	5	159	0	4.8	1.31	0

续表

项目	个体类型	学术身份	学科领域	成果数（篇）	项目数（个）	引用量（次）	阅读量（次）	转发量（次）	RI 得分（分）	RG 得分（分）	问答次数（次）
6	社交型	博士后	社科	10	1	13	1653	6	36.9	5.88	0
7	社交型	博士生	社科	11	1	9	767	0	23.2	5.27	0
8	社交型	讲师	社科	10	3	61	733	0	43.3	13.41	0
9	社交型	博士后	工程	16	1	105	7739	19	134.8	14.43	12
10	社交型	博士生	社科	3	1	1	0	0	0	0	0
11	搜索型	博士生	社科	3	0	3	132	1	4.8	2.82	0
12	搜索型	博士生	自科	12	0	84	2235	1	52	14.35	4
13	搜索型	博士后	医科	2	0	38	352	6	8.98	30	1
14	搜索型	博士后	自科	33	2	61	1143	4	67.2	16.01	0
15	搜索型	博士生	工程	9	1	7	339	3	11.5	9.96	0
16	搜索型	博士生	农业	9	0	119	1452	0	68.4	10.48	0
17	搜索型	博士生	医科	8	2	38	491	9	33.3	14.97	0

5.2.2 访谈目的与内容

本次访谈旨在了解学术社交网站用户的个体网络构建过程，通过用户对其关系网络的解释过程中了解中心个体与成员的互动方式，并获知用户对学术社交个体网络的看法，并对不同用户的学术社交行为差异进行开放式探讨，获取关于学术社交网站服务的建议。由于每位用户的网络结构都不一样，因此结合访谈目的，针对不同访谈对象分别设计了 17 份访谈提纲，主要包含以下内容：

（1）个体网络社区和成员介绍，例如，是否来自同一机构，是否处于相同研究领域，是否线下相识，同学关系还是师生关系？

（2）个体网络规模分析。首先，向访谈对象介绍其网络规模指标含义，以及其与整个样本均值的比较情况；其次，询问用户形成此类规模的原因、影响，以及其在网络中如何进行科学交流。

（3）个体网络连接程度分析。首先向访谈对象介绍其网络连接程度指标含义，及其与整个样本均值的比较情况，询问用户与成员的关系紧密程度，及网络连接程度的成因与影响。

（4）个体网络位置分析。首先向访谈对象介绍其网络位置指标含义，及其与整个样本均值的比较情况，询问用户在网络中进行信息交流的优势或障碍，及信息获取与传播的对象，用以探讨位置对信息交流的影响。

（5）关于用户行为的开放式探讨。包括不同学术身份对学术社交网站用户行为的影响、学术社交平台社交不足的原因和建议等。

访谈提纲编制完成并提前发送给受访用户后，于 2020 年 2 月 1～15 日期间完成访谈。以下结合各访谈结果，对用户个体网络结构和科学交流行为进行开放式探讨。

5.3 网络规模对科学交流广度的影响

本书第 4 章的研究结果显示，网络规模从信息源、社交型到搜索型个体呈缩小的趋势。大规模网络可能带来更多的交流机会，但规模小的网络也可能满足用户对某个专业领域的聚焦效果。表 5－3 是访谈对象的网络规模数据，网络成员数量在 47～289 位之间。通过社区解释发现，用户的线下学术社交圈是构建线上个体网络的基础。此外，出入度的探讨发现，网络出度规模与研究兴趣相关，即用户把个人科研兴趣作为网络规模扩张的方向，入度规模则与用户的学术声誉高度相关，学术声誉高的用户拥有更多的科研成果，具有更高的吸引力。以下将具体分析规模的成因与影响。

表 5 – 3   受访者网络规模基本情况

项目	个体类型	学术身份	学科领域	节点数（个）	边数（条）	度数	入度	出度	网络直径	社区数量（个）	派系（个）
样本均值	—	—	—	172.343	445.2	197.586	121.143	77.5	4.514	6.657	163.75
1	信息源	教授	自科	221	309	230	214	16	3	8	67
2	信息源	教授	社科	289	572	311	237	74	4	8	233
3	信息源	教授	社科	240	515	263	195	68	8	7	174
4	信息源	副教授	社科	218	690	233	201	22	3	5	327
5	社交型	副教授	社科	52	88	58	17	41	5	3	19
6	社交型	博士后	社科	206	348	247	110	137	4	8	206
7	社交型	博士生	社科	145	672	177	86	91	6	5	371
8	社交型	讲师	社科	143	219	174	51	123	3	4	32
9	社交型	博士后	工程	88	359	119	73	46	5	5	111
10	社交型	博士生	社科	47	77	60	30	30	2	2	70
11	搜索型	博士生	社科	76	187	81	10	71	5	4	62
12	搜索型	博士生	自科	142	278	160	33	127	3	10	93
13	搜索型	博士后	医科	47	90	55	12	43	2	4	16
14	搜索型	博士后	自科	90	326	100	18	82	5	5	123
15	搜索型	博士生	工程	133	266	147	15	132	4	6	86
16	搜索型	博士生	农业	65	233	82	18	64	4	4	74
17	搜索型	博士生	医科	127	235	135	17	18	3	7	62

5.3.1　网络出度与信息来源广度

　　用户通常会关注自己感兴趣的学者，通过平台了解学者的科研进展，因此出度在很大程度上反映了用户科研兴趣。出度的规模直接影响中心个体的信息来源广度，显然规模越大，信息来源的渠道越多。访谈中也证实了这一点，另外还发现线下的关系强度也与出度高度相关，即用户之间是否相识、是否有合作关系、是否来自同一研究团队或机构等。但关系强度对出度的影响程度从信息源、社交型到搜索型用户逐渐降低，而科研兴趣的影响力不断提升。因为在面对完全不相识的在线群体时，科研兴趣是引起用户关注的重要依据，而决定科研兴趣强度的则是用户的学术能力、知名度以及科研成果数量。学术社交网站提供的影响力计量指标则为此提供有效参考，例如，ResearchGate 的 RG 得分与 RI 得分，用户会优先关注得分高的学者。

信息源个体关注的用户数量不多，大都是线下相识且有过合作经验的学者（1 号、2 号、3 号受访者），关注的原因是跟进研究情况，但如果需要进一步交流合作，则会选择其他途径。2 号受访者表示"我比较关注基金项目动态，包括几位合作过的学者近期的项目进展，也经常通过其他途径跟他们进行交流，例如，微信或者邮箱，平台上的话还是单纯的信息浏览"。3 号受访者也表示"一般是互相关注科研情况，例如，有什么新的文章，或者会议信息，有兴趣的可能会进一步交流，但可能是通过邮件联系"。

社交型用户在关注时偏向于综合考虑自己的科研兴趣及其与成员的关系强度。例如，4 号受访者表示关注的原因"可能跟个人研究兴趣、习惯、科研环境有很大关系，我合作的很多学者，他们都很看重在线学术账户，会及时更新科研成果和项目进展，当作一种学术日志。也是在他们的影响下，我会在学术社交网站浏览他们的文章，也会在其中分享自己的文章。但是这不是我寻找同行或潜在合作者的途径，一般还是线下交流的多。"5 号受访者表示："很多加的好友是为了跟进他们最新的研究，三分之一相互认识，其他我认识，他们不认识我，可以算是学术领袖吧，有时候搜他们文章，然后就关注到个人账号了"。6 号受访者也表示网络成员中，"三分之一属于线下相识的同学、老师或合作过的学者，其他成员的有的是读过他们的文章而关注，或者是平台推送相似研究领域的学者，我在感兴趣的时候会去关注。一般认识的情况下会互相关注，如果不认识，但是他们在网站上比较活跃，研究兴趣跟我的相近，我也会关注他们"。9 号受访者表示"关注他们的主要目的是关注他们的研究进展，对于相识的学者，一般还是通过邮件交流。但是在问答社区中，还是会关注大家遇到哪些问题，包括我自己也会在论坛进行提问或者解答，这是一种有趣的交流方式。有的人会对我的文章进行评论，提供一些新的想法或者技术建议，对我的帮助很大"。

社交型用户关注的群体情况存在较多差异，主要取决于对关注对象的研究情况的熟悉程度，主要是为了方便及时而且定向地跟踪自己感兴趣的领域和学者的研究进展。规模较小的 11 号受访者表示关注的用户"基本上都相识，主要来源：一是本机构的学者，因为比较熟悉并清楚他们的研究领域和专长；二是看过文章比较感兴趣的，主要是平常在自主学习或者做科研项目时阅读文献了解到的；三是会议或者身边认识的人推介的"。问及原因，11 号受访者表示"可能是个人习惯问题，不太喜欢线上互动，登录的次数比较少，所以不经常互动，一般就是浏览文献，追踪科研进展，关注学术动态"。12 号受访者表示"关注得比较泛，取决于个人学术兴趣以及对他们的熟悉程度。线下相识的大概占 30%，其余大都是看过他们的文章，所以会关注"。网络成员最少的 13 号受访者表示关注者中"线下相识的不多，差不多都是在自己从事和感兴趣的领域中的科研工作者"，并且表示关注的内容包括近期发表的文章，项目进展和他们在论坛的提问和答疑情况。与信息源用户类似的，13 号受访者认为"具体个人之间的交流都是通过邮件联系或者线下，此外，找工作和寻找资金支持也都有其他更好的途径"。

第 4 章的分析发现，用户的关系网络结构各项指标与用户的学术身份高度相关，博士生与博士后的出度高于教授与副教授，这符合一般的科研需求。正如 1 号受访者的解释："副教授和教授平常工作忙，越高的职称要求完成的工作量越多（例如，我们学校按分数计，职称低的老师需要完成的工作量最低，教学和科研量都可以转换为分数），并且有自己的研究团队，没有太多时间参与线上学术交流平台，因此出度低。博士生要加强与学术圈同行的联系，因此关注更多的人"。另外，学生群体处于科研初期，信息获取途径没有教授/副教授多，所以需要通过学术社交网站来了解自己所在的研究领域的情况，包括前沿热点，有哪些学术领袖，他们的研究进展，通过这种学术社交关系，增加信息来源，寻求学习与合作机会。此外，也与年轻学者对技术的主观接受程度更高有关，年轻人更对学术社交媒体的功能更加熟悉，对于技术的感知易用性①②和感知有用性③越高，参与知识共享的意愿也就越高，而且对知识获取的影响更显著④，所以年轻学者经常为了获取知识关注大量的用户。

需要说明的是，学术社交个体网络的出度规模只能反映个体在该平台中的信息来源广度情况，有的个体出度低，可能与信息检索习惯有关，例如，更偏向于利用其他学术平台、机构知识库或学科数据库等渠道获取信息。

5.3.2 网络入度与信息输出广度

在一般的学术社交过程中，学者的科研成果越多、学术知名度和影响力越高，就会吸引更多的关注者与潜在合作者。此外，霍夫曼（Hofman）等⑤对瑞士某大学的用户在 ResearchGate 上的个人网络进行了分析，发现平台参与度、资历和出版物影响因子对成员的入度正相关。同样地，第4章的相关性分析中科研成果数量与个体网络入度显著相关。访谈样本的科研成果数量与网络入度也验证了这一点，信息源用户的科研成果数量明显高于均值，其中1~4号的受访者科研成果数量分别为53篇、21篇、48篇、48篇，对应的网络入度也高于其他受访者，分别为214、237、195和201。作为网络的中心个体，入度越高意味着其信息受众越多，信息输出的范围就更广。网络入度从信息源、社交型到搜索型用户呈下降趋势，对个体的信息传播效果产生不同的影响。

信息源受访用户对其拥有高入度的原因进行解释：第一，科研成果多的

① Hsu C L, Lin J C C. Acceptance of blog usage：The roles of technology acceptance, social influence and knowledge sharing motivation [J]. Information & Management, 2008, 45 (1)：65 – 74.

② Hung S W, Cheng M J. Are you ready for knowledge sharing? An empirical study of virtual communities [J]. Computers & Education, 2013, 62：8 – 17.

③ Yu T K, Lu L C, Liu T F. Exploring factors that influence knowledge sharing behavior via weblogs [J]. Computers in Human Behavior, 2010, 26 (1)：32 – 41.

④ Phang C W, Kankanhalli A, Sabherwal R. Usability and sociability in online communities：A comparative study of knowledge seeking and contribution [J]. Journal of the Association for Information Systems, 2009, 10 (10)：2.

⑤ Hoffmann C P, Lutz C, Meckel M. A relational altmetric? Network centrality on ResearchGate as an indicator of scientific impact [J]. Journal of the Association for Information Science and Technology, 2016, 67 (4)：765 – 775.

用户一般是老师，例如讲师、副教授、教授，他们在线下也有自己的学生和实验室，这些成员在线上也会关注自己的老师。在这种情况下，虽然能够提高网络入度，但信息输出还是局限于已有的社交圈，入度中如果有共同创造信息的合作者，例如文章合著者，网络可能会产生信息冗余现象。第二，在学界的知名度相对较高的学者，主动或者被动参与的学术交流频率高，被关注的机会更多。另外两个学者①的调查也显示，用户在 ResearchGate 的个体网络入度越高，其所在的科研机构活跃度就越高，为学者带来更高的显示度。这与第一点相似，由线下学术社交带来的线上关注，但入度中存在更多弱关系成员，或者不相识的用户，信息输出的范围比第一种入度更广，冗余程度低，传播效果更好。第三，科研经验丰富的学者，跨学科研究次数和多学科领域合作伙伴的数量更多，因此吸引更多跨学科用户群体的关注。这将提高网络入度的异质性，促进信息在不同学科领域的传播，反之也为中心个体提供更多跨学科交流机会。第四，学术社交网站很多用户是通过文献浏览，从而关注相关作者，所以科研成果越多，自然就会吸引更多的关注者。这点就充分体现了信息传播的效果，通过文献吸引的入度越高，说明信息输出越广，效果越好。

社交型用户的入度与其在学术社交网站的活跃度有很大关系。5 号、7 号、8 号、9 号、10 号受访者均表示自己吸引他人关注的原因可能是在学术社交网站互动频率比较高。这类用户对学术社交网站的接受度更高，在平台不仅仅是简单的文献浏览和共享，还会进一步参与学术讨论，例如，转发评论彼此的文章，提出一些不同的意见，或者咨询相关问题。在互动的过程中产生的网络入度，不但有助于信息输出，还能收到更多的反馈。

搜索型用户的入度较少，多为线下相识的同学或其他学者，在学术社交网站上的互动频率不高。主要是因为搜索型用户的科研成果数量与学术知名度低于信息源个体，而社交互动又不如社交型用户活跃，因此搜索型个体没

① Yan W, Zhang Y. Research universities on the ResearchGate social networking site: An examination of institutional differences, research activity level, and social networks formed [J]. Journal of Informetrics, 2018, 12 (1): 385 –400.

有对其他用户形成足够的吸引力，导致中心个体的信息输出范围相对而言更为局限。

此外，网络入度高对用户而言是一种社交肯定，能够激励用户参与更多的科学交流活动。社会认知理论的相关研究也证明，知识共享的自我效能对学术社交网站知识共享意愿和行为具有显著正向影响。[①②③④] 用户对知识共享的结果预期会引导他们采取那些为其带来更有价值结果的行为。[⑤] 例如，3号受访者表示"我比较愿意在学术社交网站上分享自己的研究成果，自己被关注、文章被转发甚至被引用，有一种激励作用，或者说被认可的作用"；5号受访者也认为"科研成果数量和网络规模一定是高度相关的……，另外社会网络贡献意愿也来自积极的正向反馈，反映你对别人的价值，扩大网络规模可以增加接触信息宽度和视野"。这些都表明。用户在受到关注与认可后，会更积极地在学术社交网站上分享学术资源，参与科学交流。

5.3.3　网络社区与学术社交范围

多项研究发现，学术社交网站用户的个人网络具有机构同质性，同事和熟人是网络的主要成员[⑥]，而且用户更倾向于在熟人之间开展在线交流[⑦]。李

① 王子喜，杜荣. 人际信任和自我效能对虚拟社区知识共享和参与水平的影响研究 [J]. 情报理论与实践, 2011, 34 (10)：71 - 74.

② Chen C J, Hung S W. To give or to receive? Factors influencing members' knowledge sharing and community promotion in professional virtual communities [J]. Information & Management, 2010, 47 (4)：226 - 236.

③⑤ Tseng F C, Kuo F Y. A study of social participation and knowledge sharing in the teachers' online professional community of practice [J]. Computers & Education, 2014, 72：37 - 47.

④ 胡昌平，万莉. 虚拟知识社区用户关系及其对知识共享行为的影响 [J]. 情报理论与实践, 2015, 38 (6)：71 - 76.

⑥ Hoffmann C P, Lutz C, Meckel M. A relational altmetric? Network centrality on ResearchGate as an indicator of scientific impact [J]. Journal of the Association for Information Science and Technology, 2016, 67 (4)：765 - 775.

⑦ 张素芳，张晓晓. 科研社交网络用户行为倾向的影响因素分析 [J]. 国家图书馆学刊, 2014, 23 (4)：36 - 41.

玲丽等①针对 Academia. edu 用户的调查显示同时在个体网络扮演着重要的角色，用户线下的同事人数越多，其个体网络中人数就越多。反之，用户追随者数量越高，与来自同一机构的其他用户联系也会更加更紧密。②

通过受访者对社区的解释，我们发现学术社交个体网络形成的社区大都是基于线下的学术社交圈，主要是来自相同的科研机构或者有合作关系的其他科研团体，反映了中心个体在相同或不同学科交流轨迹。网络社区的数量可以在一定程度上反映出中心个体学术社交对象的多样性，例如，合作过的学者、学习过的机构、关注的学科范围、来自不同国家的科研团队等。而社区成员的数量可以体现中心个体在学术社交网站上开展的社交范围大小，例如，实验团队的人数、合著者的数量。访谈中还发现，每个社区连接数量最多的成员一般是该领域或机构的学术领袖，如实验室主任、教授或著名学者。本书第 5 章的分析结果发现，用户类型对于社区数量呈现出 0.05 水平显著性（$p = 0.014 < 0.05$），社区数量或派系数量随着身份从博士生到教授的转变也不断增加。以下是个体网络社区的解释部分案例（1 号、3 号、6 号、11 号、12 号、13 号）。

信息源个体的社区数量与成员数量较多，且来自不同研究机构、研究领域和国家的合作团体，学术社交范围广，如 1 号与 3 号受访者。1 号访谈对象（见图 5 - 1）的个体网络社区较为分散，分别来源于受访者线下的研究团队、文章合著者以及相同研究领域的学者："社区 1 是当前的机构的实验团队，核心成员是实验室负责人，我们合作很久了；社区 2 是不同研究机构的实验团队，核心成员是实验室负责人，有科研合作关系，如邀请那边的教授会来做讲座，或者上课；社区 3 是国外的学者，与社区 2 的实验室成员有合作项目；社区 4 应该是相同研究领域的用户，来自其他机构；社区 5 是国外

① 李玲丽，吴新年. 开放型科研社交网络应用调查与分析：以 Academia. edu 为例 [J]. 情报资料工作，2013（3）：90 – 93.

② Yan W, Zhang Y. Research universities on the ResearchGate social networking site：An examination of institutional differences, research activity level, and social networks formed [J]. Journal of Informetrics, 2018，12（1）：385 – 400.

两位著名的学者，参加会议的时候相识；社区 6 是我的文章合著者"。3 号访谈对象见图 5-2 的个体网络社区也是由同机构的不同研究团队构成，还包括其他国家、机构的研究团队，团队之间也有合作："社区 1 为同机构的师生，核心成员是我们专业的资深教授，也是学科领袖；社区 2 为同机构的师生，核心成员是机构教授；社区 3 是指导的学生，也是文章的合著者；社区 4 为国外相同研究领域的实验室成员，核心成员是他们的实验室主任；社区 5 属于不同研究领域的实验室成员，核心成员是实验室主任，与社区 2 成员有合作项目；其余有一部分联系紧密的是国外相同研究领域的著名教授及其科研团队，大家都相识"。

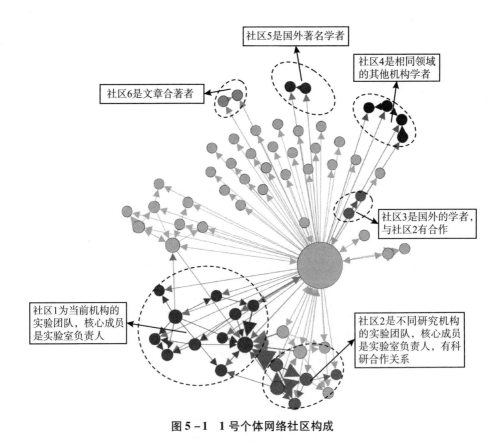

图 5-1　1 号个体网络社区构成

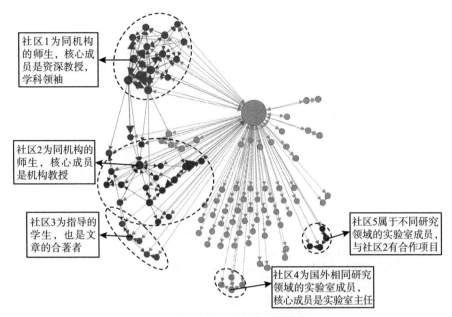

社区1为同机构的师生，核心成员是资深教授，学科领袖

社区2为同机构的师生，核心成员是机构教授

社区3为指导的学生，也是文章的合著者

社区5属于不同研究领域的实验室成员，与社区2有合作项目

社区4为国外相同研究领域的实验室成员，核心成员是实验室主任

图 5－2　3 号个体网络社区构成

社交型个体的网络社区多是来自当前或过去的研究机构以及相同研究领域的科研团队，社区与社区之间的联系更加紧密，存在重叠，即一个成员可能同时处于不同的网络社区，如 6 号与 7 号受访者的个体网络。6 号受访者（见图 5－3）的个体网络由曾经的研究团队、现在的团队和感兴趣的学者组成，形成社区的成员大部分都是线下相识："社区 1 是硕士时期研究机构的师生，核心成员为机构教师；社区 2 是硕士时期实验室成员，核心成员为导师；社区 3 是当前所在的实验室成员；社区 4 是感兴趣研究领域的学术领袖；社区 5 是感兴趣研究领域的学术领袖，二者师生关系"。7 号受访者（见图 5－4）也表示形成社区的成员大都线下认识，而且主要是同一个机构的老师，或者同一个学术圈的老师，社区与社区之间时有合作："社区 1 是同机构的师生，来自不同实验室；社区 2 是同机构不同实验室的成员，核心成员是实验室主任，教授；社区 3 是当前同班同学；社区 4 有两个团体交叉，一个是当前所在的实验室，另一个是国外联合培养的实验室"。

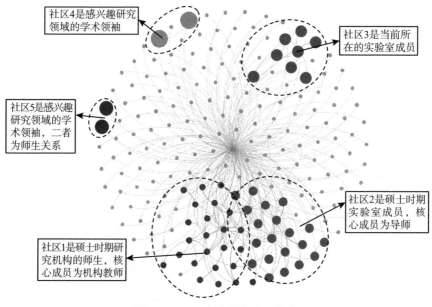

社区4是感兴趣研究领域的学术领袖

社区3是当前所在的实验室成员

社区5是感兴趣研究领域的学术领袖，二者为师生关系

社区2是硕士时期实验室成员，核心成员为导师

社区1是硕士时期研究机构的师生，核心成员为机构教师

图5-3 6号个体网络社区构成

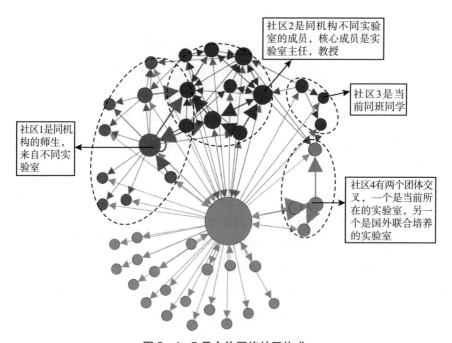

社区2是同机构不同实验室的成员，核心成员是实验室主任，教授

社区3是当前同班同学

社区1是同机构的师生，来自不同实验室

社区4有两个团体交叉，一个是当前所在的实验室，另一个是国外联合培养的实验室

图5-4 7号个体网络社区构成

搜索型个体网络的社区构成差异较大，规模较大的个体网络社区更多，但重叠或分散情况还是要结合社区来源进行分析。11 号受访者（见图 5 - 5）的社区虽然是由不同研究团队组成，但是大都处于同一机构，社区与社区之间的存在重叠，例如与同机构的师生共同关注了感兴趣的学术领袖："社区 1 认识的不多，核心成员是来自同一机构的老师，其他应该是系统随机推荐的；社区 2 是同机构的师生；社区 3 大都是同机构，但已经毕业的同学；社区 4 是看过相关文章而感兴趣的学者"。12 号受访者（见图 5 - 6）的个体网络社区较为复杂，网络社区组成体现了受访者的跨学科与跨机构研究过程："我是 16 年开始在美国求学，本身研究的内容是凝聚态物理学的一个分支，半导体器件物理，同时也研究自旋电子学，因此我很关注跨学科的学者和文章，形成的社区比较丰富。社区 1 是当前所在的美国机构，与荷兰实验室有合作项目，研究石墨烯与纳米技术；社区 2 是英特尔（Intel）公司研究员，研究纳米技术，因为实验室与英特尔公司的设备工程师有合作；社区 3 是伊朗教授的实验室，研究凝聚态物理学；社区 4 是美国另一个高校的实验室，研究凝聚态物理学；社区 5 是荷兰的研究机构，有几位是文章合著者，研究方向为固态物理学；社区 6 是同一机构的不同实验室团队；其他的部分是美国的科技公司，光学物理学实验室成员，与该公司开展合作，例如，有的实验外包，还有英国机构的研究团队，研究光学与半导体"。13 号受访者（见图 5 - 7）的个体网络社区也反映了学者的跨机构学习与合作关系："这些圈可以说是我的研究生涯的轨迹：从生殖免疫（社区 2）到肿瘤免疫（社区 3）到现在的炎症免疫（社区 1）……其他的联系不是很紧，凡是中国名字的都是现实中认识的朋友，外文名字的，差不多都是在目前研究机构里面在我比较感兴趣的研究领域，我请教过的科研工作者"。

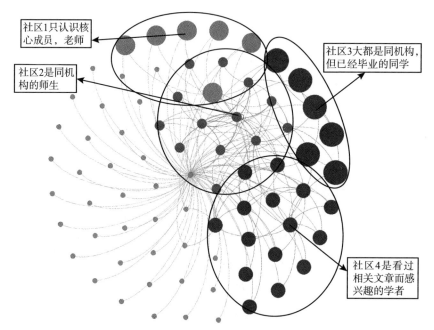

社区1只认识核心成员，老师

社区2是同机构的师生

社区3大都是同机构，但已经毕业的同学

社区4是看过相关文章而感兴趣的学者

图5-5 11号个体网络社区构成

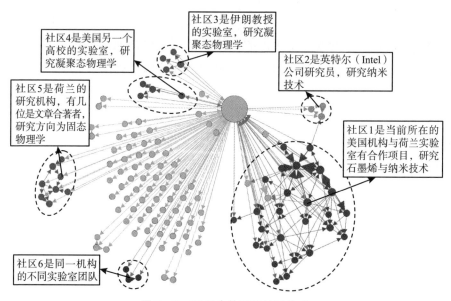

社区4是美国另一个高校的实验室，研究凝聚态物理学

社区3是伊朗教授的实验室，研究凝聚态物理学

社区2是英特尔（Intel）公司研究员，研究纳米技术

社区5是荷兰的研究机构，有几位是文章合著者，研究方向为固态物理学

社区1是当前所在的美国机构与荷兰实验室有合作项目，研究石墨烯与纳米技术

社区6是同一机构的不同实验室团队

图5-6 12号个体网络社区构成

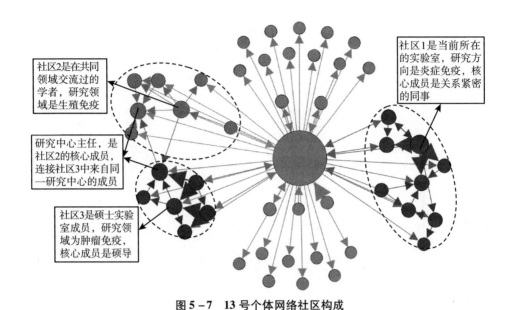

社区2是在共同领域交流过的学者，研究领域是生殖免疫

研究中心主任，是社区2的核心成员，连接社区3中来自同一研究中心的成员

社区3是硕士实验室成员，研究领域为肿瘤免疫，核心成员是硕导

社区1是当前所在的实验室，研究方向是炎症免疫，核心成员是关系紧密的同事

图 5 - 7　13 号个体网络社区构成

5.4　网络连接程度对科学交流深度的影响

从格兰诺维特的关系理论可知，强关系的成员同质性高，即可能来自同一机构或者相似的研究领域，二者的交流频率更高，当网络中强关系占多数时，网络的连接程度也随之提高，成员之间科学交流更密切、深入。弱关系的成员存在更多的异质性，网络中的信息更加多样，但同时弱关系的增加导致网络连接程度降低，成员之间交流的深度可能不如强关系网络。因此，本研究通过访谈探讨网络连接程度对中心个体科学交流的深度的影响。表 5 - 4 是受访者个体网络的连接情况。与第 4 章研究一致，社交型用户的网络密度、互惠程度与中介中心性整体更高。

表 5 - 4 受访者网络连接情况

项目	个体类型	学术身份	学科领域	密度	互惠程度	中介中心性
样本均值	—	—	—	0.021	0.19	0.276
1	信息源	教授	自科	0.006	0.097	0.082
2	信息源	教授	社科	0.007	0.088	0.217
3	信息源	教授	社科	0.009	0.119	0.265
4	信息源	副教授	社科	0.015	0.035	0.085
5	社交型	副教授	社科	0.033	0.205	0.309
6	社交型	博士后	社科	0.008	0.287	0.37
7	社交型	博士生	社科	0.032	0.137	0.382
8	社交型	讲师	社科	0.011	0.303	0.315
9	社交型	博士后	工程	0.047	0.373	0.474
10	社交型	博士生	社科	0.036	0.39	0.416
11	搜索型	博士生	社科	0.033	0.086	0.128
12	搜索型	博士生	自科	0.014	0.18	0.217
13	搜索型	博士后	医科	0.042	0.244	0.232
14	搜索型	博士后	自科	0.041	0.135	0.22
15	搜索型	博士生	工程	0.015	0.128	0.143
16	搜索型	博士生	农业	0.056	0.336	0.369
17	搜索型	博士生	医科	0.015	0.128	0.123

5.4.1 网络密度与同/异质性信息交流深度

个体网络密度是影响用户科学交流深度与效率的关键因素[1][2]。但不论是高密度还是低密度，其影响都是有限的。松散的网络结构自带信息多样性的

---

① Sosa M E. Where do creative interactions come from? The role of tie content and social networks [J]. Organization Science, 2011, 22 (1): 1 - 21.

② Burt R S. Structural Holes: The social structure of competition [M]//Dobbin F. The New Economic Sociology: A Reader. Princeton: Princeton University, 2004: 325 - 348.

优势，有助于成员参与多种形式的科学交流活动。但需要投入更多的时间和精力来培养和维持网络中的弱关系，当这种成本超过其潜在收益时，可能会阻碍信息的传播效率。网络密度太低还会产生较高的认知成本，因为当网络输入的多种异质性信息超出成员的认知范围，他们需要投入更多的精力去学习和吸收，就会降低用户参与交流的积极性，从而影响整个网络的科学交流效果。①②③ 反之，密集的个体网络成员大都位于相同或相似的科研情境，具有群体规范，成员之间的信任度更高，交流障碍少，因此维护成员关系的时间成本与吸收同质性知识的认知成本更低，交流更加便捷高效。④⑤⑥⑦ 但高密度存在信息冗余的可能，降低异质性信息的共享机会。

第 4 章的分析中，可以发现以教授、副教授为主的信息源个体网络密度明显低于以讲师、博士后、博士生为主的社交型和搜索型用户。受访用户对此的解释主要是不同身份的学者的科研阶段不同；对同质或异质成员和信息的需求存在差异。

信息源个体多数为教师群体，相对学生来说已经形成更大的学术圈，视野更宽，能够从更高的角度思考学术问题，同时也更需要整体把握学科领域的研究热点和大方向，并且需要关注其他领域的研究热点和进展。因此其网络密度低，网络成员掌握的知识也更加多样性，这种基于异质性的

① Weick K E, Sutcliffe K M, Obstfeld D. Organizing and the process of sensemaking [J]. Organization Science, 2005, 16 (4): 409 – 421.

② Zhou J, Shin S J, Brass D J, et al. Social networks, personal values, and creativity: Evidence for curvilinear and interaction effects. [J]. Journal of Applied Psychology, 2009, 94 (6): 1544 – 1552.

③ Llopis O, D'Este P. Connections Matter: How Personal Network Structure Influences Biomedical Scientists' Engagement in Medical Innovation [R]. INGENIO (CSIC-UPV) Working Paper Series, 2014, 2 (3): 117 – 119.

④ Morrison E W. Newcomers' relationships: The role of social network ties during socialization [J]. The Academy of Management Journal, 2002, 45 (6): 1149 – 1160.

⑤ Reagans R, Mcevily B. Network structure and knowledge transfer: The effects of cohesion and range [J]. Administrative Science Quarterly, 2003, 48 (2): 240 – 267.

⑥ Gamst F C. Foundations of social theory [J]. Anthropology of Work Review, 1991, 12 (3): 19 – 25.

⑦ Godin B, Gingras Y. Impact of collaborative research on academic science [J]. Science and Public Policy, 2000, 27 (1): 65 – 73.

科学信息交流更能满足学者的跨学科学习与合作需求，同时也更有利于本学科信息在不同学科间的传播。但低密度的网络要求中心个体具备跨学科交流与学习的能力，可能需要更多的时间与精力处理多样的学术信息，并与不同领域的学者沟通交流。例如，2 号受访者表示，网络成员太分散导致其与每个成员的交流频率不高，没有太多的精力维持与成员的关系，或者选择其他更习惯的方式。这可能导致用户在学术社交网站的科学交流深度不够，甚至有的成员无法与中心个体获得学习机会。此外，第 3 章的用户行为调查发现，教师对于"在学术社交网站有助于发现感兴趣出版物"的认可度比学生低，结合访谈结果，也可以发现低密度网络带来一定的知识获取困难。

社交型个体有教师和学生用户，由于出入度比例接近，网络中更多的是强弱关系并存的状态，因此密度大都高于样本均值。如前所述，社交型个体的活跃度更高，这样的高密度网络有利于成员在高度关注的学科领域进行深入的科学交流，对知识的掌握和理解就越深刻。但是高密度网络可能存在大量的社区重叠，出现信息冗余的情况，不利于学者拓宽学术视野，降低跨学科交流合作的可能性。

搜索型用户多由学生组成，整体的网络规模小、密度高。主要是因为学生处于学习阶段，首先需要掌握的是本学科的基础知识，其需要跟踪了解的学者基本上集中在其研究机构内部或者相同研究领域。此外有的博士生需要完成课题组布置的任务，需要进一步了解和掌握课题研究的领域及技术以便更好地执行。因此学生群体的网络密度高，在个体网络中交流的同质性信息更多。此外，网络密度高也与社交媒体的接受度有关。年轻的学生用户对于学术社交网媒体更加熟悉，有更多的时间和精力参与在线社交互动，有丰富的技术经验在社交网上寻求志同道合的朋友，因此能够在专注的领域中发现潜在的学习或交流对象。用户行为调查中也显示，博士与博士后对于"在学术社交网站有助于发现感兴趣出版物"的认可度更高。

5.4.2 互惠程度、中介中心性与科学交流效率

互惠程度不仅与中心个体的出入度有关，还体现了网络直接联系人直接的互相关注情况。因此能够反映出个体网络中中心个体与成员、成员与成员之间的学术社交强度与效率。一般来说，网络互惠程度越高，成员之间建立更多的信息传播与反馈渠道，而网络任意两个节点之间最有效的交流路径也就更多，因此个体的中介中心性也随之提高。所以互惠程度与中介中心性越高，成员之间信息传播路径的效率，即科学交流效果就越好，也更能满足有强烈社交需求的用户。社会资本理论的认知维度对此现象进行的解释是，互惠性的成员之间拥有共享语言、共享目标或愿景、共享文化或叙事，这将会显著正向影响知识共享的质量和数量。[1][2][3][4] 从个体类型划分标准和实际的网络分析都可以发现，社交型个体的互惠程度与中介中心性在整体上都高于信息源个体与搜索型个体。本节也通过访谈对用户的互惠关系和中介中心性成因及影响进行讨论。

受访的信息源用户互惠性和中介中心性都低于样本均值。主要是由于信息源个体网络中拥有较多的追随者，而中心个体对于追随者不熟悉，所以不愿意关注陌生用户。另外，信息源个体多为教授或副教授，他们的社交精力不足，并且在线下大都有自己的研究团队和合作伙伴，通过平台关注或者联系某个用户的需求不高，对平台的依赖性降低。对于信息源用户而言，个体

---

① Chang H H, Chuang S S. Social capital and individual motivations on knowledge sharing: Participant involvement as a moderator [J]. Information & Management, 2011, 48 (1): 9 – 18.

② 陈明红，漆贤军. 社会资本视角下的学术虚拟社区知识共享研究 [J]. 情报理论与实践，2014，37 (9): 101 – 105.

③ Chiu C M, Hsu M H, Wang E T G. Understanding knowledge sharing in virtual communities: An integration of social capital and social cognitive theories [J]. Decision Support Systems, 2006, 42 (3): 1872 – 1888.

④ Hau Y S, Kim Y G. Why would online gamers share their innovation-conducive knowledge in the online game user community? Integrating individual motivations and social capital perspectives [J]. Computers in Human Behavior, 2011, 27 (2): 956 – 970.

网络的主要作用是分享自己的成果，浏览感兴趣学者的文章和项目进展，虽然能够吸引关注者，但是不是他们所需要的合作者。如果有需要联系的对象，用户也更习惯于利用电子邮件、微信等途径。由于信息源个体网络中多为单向追随关系，网络功能以中心个体的信息扩散为主，网络成员可以获取到中心个体的科研信息，但可能无法进行有效的交流和反馈，也难以通过中心个体与其他成员建立联系。

社交型用户互惠程度高，是因为一般情况下都会关注自己的追随者。访谈中，5 号、6 号、7 号、8 号、9 号社交型受访者均表示"一般如果有人关注我，我也会回应"，他们热衷于建立在线的社交关系，弥补线下社交资本不足的问题。例如，9 号受访者参与最多次社区问答（12 次），其互惠程度也是样本中较高的（0.373，样本排名第二）。另外，由于关注的用户中很多都线下相识，彼此的信任度更高，社会交换理论从成本和利益交换的角度分析用户知识共享的影响因素。坎坎哈利（Kankanhalli）等[①]将知识共享的成本分为知识损失成本和执行成本，发现知识损失不会对用户知识贡献产生显著影响，而执行成本的影响效果取决于信任度，当用户之间高度信任时，执行成本对知识贡献的负向影响明显降低。因此，建立互惠关系的成员之间由于信任度高，二者进行知识共享的数量与质量也会更高。[②] 此外，如果是线下不熟的成员关注自己，出于"社交礼貌"，中心个体也会给予回应，以便加强联系。[③] 前期的用户行为调查发现，讲师/助理讲师在学术社交网站的互动频率最高，也更愿意关注未来想合作的学者，同时对于平台吸引潜在合作者的潜力更加认同。而社会网络分析中，讲师也多为社交型个体，例如，访谈中的 8 号受访者，其互惠程度（0.303）就属于较高的水平。8 号受访者对

① Kankanhalli A, Tan B C Y, Wei K K. Contributing knowledge to electronic knowledge repositories: An empirical investigation [J]. MIS Quarterly, 2005, 29 (1): 113 – 143.

② Chiu C M, Hsu M H, Wang E T G. Understanding knowledge sharing in virtual communities: An integration of social capital and social cognitive theories [J]. Decision Support Systems, 2006, 42 (3): 1872 – 1888.

③ Tseng F C, Kuo F Y. A study of social participation and knowledge sharing in the teachers' online professional community of practice [J]. Computers & Education, 2014, 72: 37 – 47.

此的解释是："从频率看,讲师时间稍微充裕,社交或者行政事务少,而教授/副教授却不一定。愿意关注合作的学者,因为它们有非常强烈的合作需求,合作不仅能拓展自身的学术视野,还能够走捷径成功,所谓捷径,就是事半功倍。从技术采纳看,讲师思维活跃,更具有好奇心,对新技术或者新平台更加熟悉,可更快上手,当从中获得成功经验之后,会形成路径依赖。教授和副教授对新技术或者新平台的敏感度要差一些,再加上自身的地位和知识储备足够丰富,因此,对于这种新的事物或者说不熟悉的事务多抱着嗤之以鼻的态度"。1 号受访者认为"讲师要想在学术圈内有影响力,除了在重要刊物上发表论文和参加学术会议外,还要在学术交流平台刷存在感,他们想晋升高职称的愿望强烈,只有到副高职称,才有可能保住岗位(特别是对长聘制的青年学者来说)。在学术交流平台,他们还有可能认识一些刊物编辑,对他们发文也有帮助。"3 号、4 号受访者也以"过来人"的身份,认为年轻学者由于属于学术新人,需要寻求更多的合作伙伴来提高自己的科研水平,积累学术资本,所以讲师或博士后偏向于在平台中积极建立互惠关系,推广在线学术身份,提高潜在合作者的发现概率以及科学交流机会。

中介中心性高的受访者也多为社交型个体,他们对中介中心性的共同解释是其在学术社交网站关注的成员比较多元、信息比较分散,而且会与不同机构或研究领域的学者建立互惠关系。同时这些受访者自己也会关注网络成员的其他关注对象,并随之关注,或者接受平台推荐的相关用户。所以中心个体无意间为别的成员建立了联系,中介中心性就高一些。访谈过程还发现中心个体中介中心性高的网络成员互动更加频繁,对学术社交网站的接受度比较高,在平台不仅仅是简单的文献资源共享,还会转发评论彼此的文章,提出一些不同的意见,交流比较密切,这可能也是中介中心性带来的益处。

与信息源用户类似的,搜索型用户互惠程度与中介中心性低是因为关注的对象存在较多的不相识用户,对关注者没有形成足够的吸引力,成员与成员之间也更为陌生。而且搜索型用户与成员的社交次数不多,仅限于单方面的研究跟踪,建立互惠关系的机会不多。例如,3 号、10 号受访者所言,搜索型个体作为学生,主要任务是完成学业,处于跟随导师的研究方向进行深度学习、积累知识、拓宽视野的状态。因此在平台的使用过程中，学生扮演的是信息追随者的身份，专注于搜索本学科信息，跟踪了解本学科的学者科研进展，对于网络的互惠关系需求不高。搜索型个体 11 号、12 号、13 号、15 号都表示不太喜欢线上互动，在平台中一般就是浏览文献，追踪科研进展以及一些项目进度，关注学术动态。在面对需要交流的对象时，可能会尝试发送私信请求交流，但由于未形成互惠关系，中介中心性也较低，所以无法得到及时有效的回应。

5.5　网络位置对信息控制能力的影响

伯特的结构洞理论认为，占据中心位置的成员拥有更多的资源优势，对资源流动控制能力使其在网络中掌握更多权力，更有利于结构洞成员接近或占据更多结构洞，来实现自己的信息利益和控制目标。[①] 因此，学术社交个体网络成员的位置和角色差异，也会导致成员在科学交流的过程中发挥不同的作用，如获取信息的优势、控制信息流向。在第 4 章中，本书结合有效规模和限制度分析个体的结构洞数量与运用结构洞的能力，并通过社区划分来对中间人的角色进行判断。有效规模越大意味着网络中的非冗余因素更多，则拥有结构洞的可能性越大。而限制度测量行动者在自己的网络中拥有运用结构洞的能力的程度，数值越大，中心个体对其他节点的依赖性越强，则能力越小，跨越结构洞的可能性就越小。因此，在有效规模大且限制度小的个体网络中，中心个体拥有更多的信息优势，能够掌握更多的信息源和传播路径。而中间人角色差异体现了中心个体的信息是否来自同一社区，以及传播至哪一类社区，是否存在跨学科或跨机构的科学交流情况。表 5-5 是受访者的网络位置情况，访谈中结合个体的有效规模与限制度分析其结构洞情况，

---

① Burt R S. Structural Holes: The Social Structure of Competition [M]. Cambridge, MA: Harvard University Press, 1995.

并与样本整体均值进行比较，然后询问受访者网络位置对于用户在个体网络中进行科学交流时产生哪些信息优势或障碍。随后结合受访者的中间人角色，探讨其在科学交流的过程中的信息来源与分享对象，分析网络位置对信息流向的影响。

表 5 – 5   受访者网络位置情况

项目	个体类型	学术身份	学科领域	有效规模	效率	限制度	等级度	中间人角色
样本均值	—	—	—	170.05	0.982	0.026	0.174	—
1	信息源	教授	自科	219.173	0.996	0.017	0.473	守门人
2	信息源	教授	社科	286.375	0.994	0.012	0.271	联络人
3	信息源	教授	社科	237.065	0.992	0.019	0.39	联络人
4	信息源	副教授	社科	213.624	0.984	0.045	0.555	守门人
5	社交型	副教授	社科	50.026	0.981	0.042	0.159	守门人
6	社交型	博士后	社科	204.151	0.996	0.01	0.142	联络人
7	社交型	博士生	社科	139.29	0.967	0.035	0.279	联络人
8	社交型	讲师	社科	141.439	0.996	0.012	0.118	代理人
9	社交型	博士后	工程	83.007	0.954	0.048	0.2	联络人
10	社交型	博士生	社科	45.389	0.987	0.039	0.17	守门人
11	搜索型	博士生	社科	72.549	0.967	0.039	0.185	代理人
12	搜索型	博士生	自科	139.507	0.989	0.018	0.118	联络人
13	搜索型	博士后	医科	44.792	0.974	0.049	0.122	代理人
14	搜索型	博士后	自科	84.942	0.954	0.036	0.097	代理人
15	搜索型	博士生	工程	130.324	0.987	0.018	0.1	代理人
16	搜索型	博士生	农业	60.643	0.948	0.059	0.137	代理人
17	搜索型	博士生	医科	124.539	0.988	0.018	0.108	代理人

5.5.1 结构洞与信息获取优势

本章的分析结果显示，信息源用户的有效规模、效率、等级度均高于平均水平，而限制度则低于平均水平，表明信息源用户掌握更多结构洞，其次是社交型用户、搜索型用户。教授的有效规模最高（298.179），限制度最低（0.014），表明其比其他成员更具有信息优势和控制能力，其次是副教授与讲师。博士生与博士后的有效规模、效率和等级度均低于平均水平，而限制度高于平均水平。

结构洞为信息源用户带来的信息优势主要是能够及时获取所需要的信息，且为跨学科信息传播与交流提供桥梁。有效规模高于均值但限制度低于均值的1号、2号、3号受访者表示自己在科学交流中对信息的需求更加明确，认为科研成果越多，导致信息共享的范围就越广，从而能够产生更多的结构洞，带来的信息优势是在需要的时候能够及时获取帮助。1号受访者认为："我需要技术支持时，我知道找哪个学者获取帮助。我需要实验帮助的时候，我知道找哪些团队合作，这是一种优势"。2号受访者认为结构洞数量与研究方向有关，"跨学科的研究会产生更多的结构洞……比如，我研究用户行为，研究方法上通常以问卷调查为主，搜集的数据过于主观，会带来一些偏差，所以我会查找计算机领域的客观性的研究方法，如机器学习，爬虫技术等，看看能不能交叉其他研究领域的知识点和方法，修正我研究中的不足。而我在信息交流的过程中，无意间成为不同领域信息传播的桥梁，也就掌握更多的信息优势"。同样地，3号受访者也认为结构洞的价值在于"为不同学科提供沟通的渠道，我们也可以在这个过程中吸收不同学科的知识"。而有效规模与限制度都高于均值的4号信息源用户认为"有效规模高，可能是成员分属于不同的实验团队，但是来自同一个机构，所以联系紧密一些，能进行有效的交流。不同成员之间有多种联系渠道，也是因为如此，所以成员不见得非得通过我来进行交流，所以限制度低。优势的话，应该是处于国外和国内两个研究团队之间，能够获取并分享一些不同的研究方法和思想，这样，信息传播的范围也更广了"。

社交型受访者认为有效规模低，结构洞少可能导致中心个体很难发现需要的科研合作者，而且吸引项目资助和工作机会方面的效果不佳。其中，除了6号（博士后）受访者，其余有效规模都低于样本均值（5号、7号、8

号、9 号、10 号)。此外,只有 6 号与 8 号受访者的限制度低于样本均值。6 号受访者存在较多的结构洞,且对于网络成员的控制能力较强,是由于其关注的用户来自不同学科领域,也会在获取到不同信息时积极分享:"我关注的群体比较多元,看如果看到别人更新的动态比较有趣,我会分享给同领域的学者,例如,分享商科的知识给图情领域"。10 号受访者认为"我在网络中信息优势一般。有效规模不高可能是本身我关注的人不多,关注的人也大都互相认识。但是在信息交流的过程中,还是比较局限于自己学科的研究情况"。

如前所述,搜索型用户的科研成果不多且多为学生群体,对信息传播和寻求潜在合作中的需求不高,因此网络本身规模不大导致有效规模都低于样本均值。并且年轻用户更能够熟练地使用学术社交网站检索并获取所需要的信息,对于技术的感知有用性和感知易用性直接影响用户对知识共享的满意度,并间接影响学术用户的持续知识共享意愿[①]。因此结构洞对搜索型用户获取信息的效果影响不大,但是对于寻找潜在合作者有一定影响。一方面,是由于自身影响力不够,很少接收到他人的主动邀请参与交流;另一方面,多是局限于本学科内甚至同一机构的交流,成员与成员之间有其他的信息传播路径。因此搜索型中心个体的网络控制能力较弱。而 12 号、15 号、17 号受访者虽然有效规模不高,但是运用结构洞的能力比其他搜索型用户高。结合社区分析可以发现,这三位的特点是组成网络的社区比其他搜索型个体多,12 号(10 个)、15 号(6 个)、17 号(7 个)。这与信息源用户分析一致,个体网络形成的社区越是多样性,中心个体对不同结构洞的控制能力就越强,掌握更多信息优势。

5.5.2 中间人角色与信息传播对象

古尔德(Gould)和费尔南德兹(Fernandez)根据成员所在的群体不

---

① 陈明红. 学术虚拟社区用户持续知识共享的意愿研究 [J]. 情报资料工作,2015,36 (1):41 – 47.

同，将中间人分为五种类型：协调者、守门人、代理人、顾问和联络人①。
本书第4章的社会网络分析结果显示虽然中心个体都是信息中介，但是由于
扮演的角色有所不同，大部分用户都是作为联络人接收来自其他团体成员 A
的信息，传递给第三个团体成员 C，作为两个不同团体的中介者；除此之外，
副教授是扮演守门人比例最高的类型，守门人接收来自其他团体成员 A 的信
息，传递给本团体成员 C，发挥信息输入作用；博士生是最有可能成为代理
人和协调者的群体，代理人接收来自本团体成员 A 的信息，并将其传递给其
他团体成员 C，发挥信息输出作用。协调者仅在其所在的团体中具有较强的
中介作用（见图5-8）。

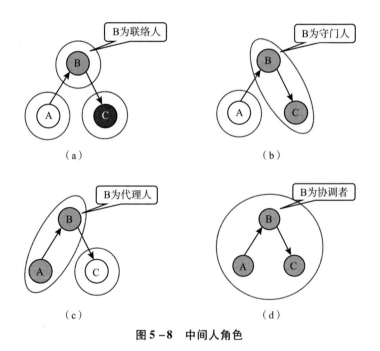

图5-8　中间人角色

访谈发现，不论是线上还是线下学术社交，用户都愿意作为联络人，将

①　Prell C. Social Network Analysis：History, Theory and Methodology ［M］. Sage, 2012.

不同的学术信息分享给不同的学术团队。但联络人需要具备获取不同团队信息的能力，并能够与其他团队建立联系，输入信息。2 号（教授）、3 号（教授）、6 号（博士后）、7 号（博士生）、9 号（博士后）、12 号（博士生）访谈对象表示在其个体网络中担任联络人角色的可能性更高。2 号受访者表示"以前喜欢输出，分享一些我们团队的研究进展。现在喜欢看别人，也会将其他学科一些有趣的理论和方法分享给自己的科研团队和相同领域的学者，一起进行讨论"。3 号受访者表示"我自己经常和不同的团体的人交流，或者参加一些国际会议扩大自己的学术社交圈子，把从其他团体获得的信息告知自己的团队，例如，在开学术会议的时候，就会讲某人的研究不错，可以去看看他的相关文章。或者在看到会议信息的时候，会鼓励学生积极投稿参会，回来跟同学分享会议体验，这也是一种信息交流的方式"。7 号受访者也会将信息分享给同学，并且在 ResearchGate 上关注一些相关研究领域的最新科研信息，并推荐一些最新论文。12 号受访者也会将不同国家研究团队的信息分享到自己的本科、硕士的同学交流。

守门人在科学交流中，常常在学术社交网站中关注不同学科领域的信息，并将其输入到自己的研究团队。一般而言，老师的关系网更大，信息来源丰富，掌握的知识广，拥有更多输入信息的资本与能力，也是作为守门人的信息优势。1 号（教授）、4 号（教授）、5 号（副教授）、10 号（博士生）表示作为守门人，经常在学生群里转发一些其他科研团队的信息，但也都与本专业研究相关。但在面对自己的研究需求时，则会关注不同学科领域的信息。其中，4 号受访者认为行业性强的领域很少对外分享，虽然会把团队的研究成果传播给不同的学者，其实还是属于本学科领域内的互相交流与学习。另外，如果在研究领域中的学术权威不高，也很难将信息输入到其他团队。5 号受访者（副教授）提出"副教授在学术圈可能相对比较活跃，会积极引进其他学科领域的理论和方法，推动本学科发展，比教授动力强，比博士生有更多的学术人脉积累和广泛的社会关系，拥有调动资源的权力。同时也跟用户的主观愿望有关，副教授在职业爬坡期，竞争激烈，更愿意主动传播信息"。学生作为守门人，也会在碰到感兴趣的研究成果或与课题相关的技术知识时，把它分享给自己的关系网。例如，生物科学领域的学生在课题相关的实验上，如果需要实验外包，则需要自己查资料联系公司询问，再向导师介绍，由导师决定。

8 号（讲师）、11 号（博士生）、13 号（博士后）、14 号（博士后）、15 号（博士生）、16 号（博士生）、17 号（博士生）受访者作为代理人，均表示乐于在学术社交网站中对外分享自己、师门同学或者相关学科领域的研究成果。8 号作为讲师，对此的解释是"多数时候是出于一种利他的心理，会关注一些跨学科信息，并且分享给不同的团队成员。我也非常鼓励学生经常使用学术社交网站来推广一些好的科研成果"。其余代理人均为学生，在第 3 章的问卷调查结果发现，教师进行跨学科用户查找的比重高于同学科查找，博士后/博士生更关注同领域的学者或学术内容。从学科交流的偏好来看，代理人在科学交流过程中的信息来源多为自己所在的领域，在学习的过程想要尝试把获取的知识推广出去，得到外界的肯定。例如，17 号受访者表示"我会把信息分享给不同的研究群体，也会关注不同研究领域的科研信息。因为自己也有两个不同的科研小组，会在两个小组之间互相分享研究进度和一些研究的信息。两个小组的研究问题也不一样，所以也关注了不同的研究领域的科研信息"。但是由于资源与能力有限，信息输出的对象多为同一机构的其他研究团队或者已经相识的团体，例如，博士生分享给硕士阶段的研究团队。而在学术社交网站中具有更多对外分享的机会，因此在追随其他学者的过程中，也乐于分享自己产生的信息或将获取的信息给他人，以吸引关注。

5.6 本 章 小 结

本章通过访谈，进一步了解了学术社交个体网络结构的成因及不同指标对科学交流的影响。主要结论如下：

网络出度反映了中心个体在学术社交平台的信息来源的广度，出度越多，获取的信息渠道就越多。其中线下相识情况及个人的科研兴趣都会影响出度规模。信息源个体的出度与合作经验相关；社交型个体出度与相识情况和研究兴趣相关；搜索型个体出度与对方的科研水平及熟悉程度相关。学术社交网站可以利用用户的出度情况分析其信息需求，提供相应的个性化社交服务。

网络入度体现的是中心个体的信息受众规模，入度高意味着关注中心个体的成员越多，越有利于中心个体输出信息，从而提高学者的社交影响力，对学者的科学交流起到激励作用。入度与用户的科研成果、学术声誉和社交活跃度正相关，因此入度从信息源、社交型和搜索型用户呈下降趋势。入度有助于确定网络中的核心成员，如学科领袖，激发此类用户的社交活跃度能够显著扩大网络的科学交流规模并提高信息质量。

学术社交用户的个体网络社区一般是基于线下社交圈子形成的，因此网络社区数量反映了中心个体的科研合作、学习、学科分布情况，其中社区的核心成员一般是实验室主任、教授或其他学科领袖。社区数量体现了中心个体的社交对象的多样性，异质性的社区越多，意味着中心个体的社交圈子更为复杂，跨学科或跨机构交流的机会更多。而每个社区的成员数量体现了中心个体的在其中的社交广度，显然成员越多，中心个体在社区中能够进行更多次的信息交流，但可能出现信息冗余的情况。信息源个体的社区数量与成员数量更多，但是由于陌生成员多，因此联系不紧密。社交型个体的网络社区多是来自当前或过去的研究机构以及相同研究领域的科研团队，社区与社区之间存在重叠且联系紧密。搜索型个体网络的社区虽然数量不少，但是同质性高，多来自相同研究领域的不同团体。

网络密度影响个体网络中信息的同质性与异质性情况。密度低的个体网络存在更多不同研究领域和机构的学者，有助于满足信息源个体获取跨学科信息的需求，但在科学交流的过程中需要更多的时间成本和认知成本。密度高的个体网络存在更多相同领域的学者，促进成员之间的深度交流，满足社交型个体的社交需求以及搜索型用户深入了解本学科领域的研究进展。因此，个体需要根据自己的需求在稀疏和密集网络之间进行权衡。

与密度类似，互惠程度与中介中心性高的用户多为社交活跃的社交型个体，网络成员联系更加紧密，有助于成员获得更多反馈信息。信息源用户对互惠关系需求不高，而搜索型用户由于互惠关系少，中介中心性也较低，在交流过程中无法得到及时有效的回应。

结构洞多有助于信息源用户及时获取所需要的信息，且为跨学科信息传播与交流提供桥梁。结构洞少可能导致社交型个体难以发现需要的科研合作者，而且吸引项目资助和工作机会方面的效果不佳。搜索型用户的信息需求主要集中在同学科知识发现，且信息检索技能娴熟，因此受到结构洞的影响较少。

中间人角色主要与用户的教学需求、科研需求和社交习惯有关。联络人具备与不同团队进行科学交流的资本与能力；副教授是扮演守门人比例最高的类型，由于教学需求，经常将外部的信息输入给学生，也有学生将相关的科研技术与知识分享给师门同学；博士生与博士后更多作为科研团队的代理人，对外传播自己或师门同学的科研成果。

第 6 章
结论与展望

6.1 研究主要结论

本书的研究目的就是为了解答最初提出的研究问题，即学术社交网络在科研人员科学交流合作的流程中发挥何种作用以及如何发挥作用？研究通过问卷调查初步了解学术社交网站用户构建个体网络的动机及科学交流行为偏好和效果，以此作为学术社交个体网络结构研究的基础，并从学术身份、个体类型和学科视角对个体网络结构差异进行分析，最后通过访谈对个体网络结构成因和影响进行解释和探讨。以下是对研究问题的解答：

问题一：学术社交网站用户个体网络由哪些成员构成？各成员内部及相互间在交流互动过程中形成何种关系？

学术社交网站个体网络构建以线下的学术社交圈为基础，包括当前和曾经学习过的研究团队、来自同一科研机构的师生、不同机构但研究领域相近的科研团队、文章的合著者等，其中社区的核心成员一般是实验室主任、教授或其他学科领袖。这类成员与中心个体形成同质性高的强关系，且互惠程度高，但科学交流还是以线下或其他途径为主。在此基础之上，个体网络以用户的科研兴趣、社交需求、社交习惯作为扩张的方向，例如，感兴趣的研究领域的学者、未来想要合作的学者、被动响应的关注者或追随者等，成员存在更多跨学科、跨机构甚至跨国家的学者，因此这类成员与中心个体形成异质性高的弱关系，互惠程度较低。虽然关系建立的主要目的是资源共享、跟进研究进展和学术动态，但学术社交网站为弱关系在社交互动的过程中转换为强关系提供机会，尤其是满足社交型个体寻求科研合作的需求。

问题二：学术社交网站用户个体网络内部结构是怎样的？哪些因素导致个体网络结构差异？

整体上看，个体网络规模支持邓巴的社交大脑假说理论，即一个人的个体网络规模上限是 150 左右，但也存在长尾分布（heavy-tailed distribution）现象。科研兴趣是引起用户关注的重要依据，而决定科研兴趣强度的则是用户的学术能力、知名度、活跃度以及科研成果数量。不同学术身份与个体类型的网络结构存在以下差异：

（1）教授/副教授组成的信息源个体网络规模大、密度低、互惠性低、社区多且异质性高，网络中存在更多结构洞，并且个体控制结构洞的能力更强，尤其是教授。主要原因是信息源用户科研成果多、学术声誉高，能够吸引大量关注者。但是中心个体无法控制追随者的来源，且自身有跨学科交流偏好，但没有足够的精力维持社交关系，关注的主要是有过合作经验的学者，因此网络密度与互惠度低，异质性高。此外，信息源个体在其网络中扮演的中间人角色除联络人外，还是扮演守门人比例最高的类型，尤其是副教授。一是由于信息源个体关注跨学科信息与学者，具备足够的社交资本和能力，能够在不同学术团体建立联系和交流，因此多为联络人；二是出于教学需求和习惯，乐于将外部获取的信息分享给本研究团队的学生，或输入到本学科领域，促进学科发展。

（2）社交型个体的学术身份存在多种可能性。该类个体网络的规模与结构洞数量处于中等水平，同质性与异质性社区并存，但社交型个体的最大特点是追随者与关注者的数量接近，因此社交型个体网络的互惠性和中介中心性比另外两种类型的个体高一些，在网络中主要承担联络人角色。主要是由于社交型个体社交活跃度都更高，也愿意回应自己的追随者。相比信息源和搜索型个体，社交型个体不仅限于简单的文献浏览和共享，还会进一步参与学术讨论，例如，转发评论彼此的文章，提出一些不同的意见，或者咨询相关问题。另一种解释是，社交型个体多为年轻学者，对平台的技术接受度更高，并且由于属于学术新人，需要寻求更多的合作伙伴来提高自己的科研水平，积累学术资本，所以讲师或博士后偏向于在平台中积极建立互惠关系，推广在线学术身份，提高潜在合作者发现概率以及科学交流机会。

（3）博士生为主的搜索型个体网络规模小、网络密度一般高于信息源个体、互惠程度低于社交型个体，社区同质性高、结构洞少、控制结构洞的能力不高。搜索型个体虽然会关注很多用户，但是关注对象集中在自己所在的研究领域。因为博士生处于科研初期，首先需要掌握的是本学科的基础知识，主要跟踪了解的学者基本上集中在其研究机构内部或者相同研究领域，因此密度与同质性高。但是信息获取途径没有教授/副教授多，所以需要通过大量的出度来了解自己所在的研究领域的情况，但对其他用户没有形成足够的吸引力，因而互惠程度不高，网络有效规模不大，结构洞少。此外，以博士生为主的搜索型用户成为代理人的比例最高，用户行为调查中也显示，博士生对于"在学术社交网站有助于发现感兴趣出版物"的认可度更高，获取大量的本学科领域信息的博士生更有可能作为代理人，将学科信息对外传播。此外，博士生也乐于将自己所属机构或实验团队的研究成果对外分享，以吸引关注和认可。

问题三：学术社交网站用户个体网络不同结构特征在科学交流合作过程中产生哪些影响？

（1）网络规模主要影响科学交流合作的广度。网络出度作为中心个体在学术社交平台的信息来源，出度越多，获取的信息渠道就越多；网络入度体现的是中心个体的信息受众规模，入度高意味着关注中心个体的成员越多，越有利于中心个体输出信息，从而提高学者的社交影响力，对学者的科学交流起到激励作用；网络社区数量体现了中心个体的社交对象的多样性，异质性的社区越多，意味着中心个体的社交圈子更为复杂，跨学科或跨机构交流的机会更多。而每个社区的成员数量体现了中心个体的在其中的社交广度，显然成员越多，中心个体在社区中能够进行更多次的信息交流。但成员以及社区的同质性过高可能出现信息冗余的情况。

（2）网络连接程度主要影响科学交流合作的深度。网络密度影响个体网络中信息的同质性与异质性情况。密度低的个体网络存在更多不同研究领域和机构的学者，有助于满足信息源个体获取跨学科信息的需求，但在科学交流的过程中需要更多的时间成本。密度高的个体网络存在更多相同领域的学者，促进成员之间的深度交流，满足社交型个体的社交需求以及搜索型用户深入了解本学科领域的研究进展。与密度类似，互惠程度与中介中心性高的用户多为社交活跃的社交型个体，网络成员联系更加紧密，有助于成员获得更多反馈信息。信息源用户对互惠关系需求不高，而搜索型用户由于互惠关系少，中介中心性也较低，在交流过程中无法得到及时有效的回应。

（3）网络位置主要对中心个体在网络的信息控制能力产生影响。网络位置将对信息获取优势和传播对象产生影响。结构洞多有助于信息源用户及时获取所需要的信息，且为跨学科信息传播与交流提供桥梁。结构洞少可能导致社交型个体难以发现需要的科研合作者，而且吸引项目资助和工作机会方面的效果不佳。搜索型用户的信息需求主要集中在同学科知识发现，且信息检索技能娴熟，因此受到结构洞的影响较少。中间人角色主要与用户的教学需求、科研需求和社交习惯有关。联络人有助于促进不同学科和团体的信息流通；守门人可以为本学科、本研究团队输入其他领域的信息；但联络人和守门人需要具备与不同团队进行科学交流的资本与能力，因此学生更有可能作为代理人，对外传播自己、同学、本学科研究的科研成果。

6.2　研究创新点

本书借助社会网络相关理论，综合运用多种分析方法，对学术社交网站个体网络结构及其影响展开调查研究。本书的创新点如下：

（1）发现了不同学术身份用户的科学交流行为模式差异。以学术社交网站用户为中心构建个体网络，作为学术社交个体科学交流行为分析的微观视角。发现学术社交网站用户的科学交流行为模式与学术身份显著相关，但学科差异不明显。其中，教师群体比学生群体更重视在线科学交流与合作，并对学术传播效果的认同度更高，但教授/副教授存在社交不足现象。利用社会网络分析方法，对个体网络的规模、连接程度和位置角色的特征进行分析，并结合弱连带与强连带优势理论、结构洞理论和社交大脑假说，了解不同结构带来的科学交流优势，作为探究中心个体与其他网络成员的信息传播和社交互动行为模式成因的基础。

（2）揭示了不同学术身份用户构建个体网络的影响因素与动机。用户的科研成果数量、学术声誉、社交活跃程度、科研需求和新媒体的接受水平与应用能力等诸多因素都会对个体网络的构建产生影响。而这些因素都与学术身份紧密相关，因此导致不同学术身份的用户形成不同个体类型的关系网络。其中信息源用户主要为教授与副教授，跨学科交流与信息共享是其主要动机；社交型用户以副教授、讲师和博士后为主，个人与成果推广和寻求潜在合作者是其主要动机；搜索型用户以博士等学生群体为主，主要动机是信息获取与深度学习本学科知识。客观影响因素与主观动机导致不同类型的个体网络在规模、连接程度和位置方面存在差异。

（3）解释了不同个体网络结构特征对科学交流的影响。网络结构特征对中心个体的影响主要体现在三个方面：网络规模影响中心个体科学交流的广度，包括信息获取渠道和传播范围，跨学科交流的机会；网络连接程度主要影响科学交流合作的深度，包括相同学科和跨学科交流的深度和社交成本；网络位置主要对中心个体在网络中的信息控制能力产生影响，分为信息获取和决定信息传播对象的能力。

6.3 不足与展望

6.3.1 研究不足

本书的研究不足是没有发现学科差异对用户科学交流行为和个体网络结构的影响。究其原因，主要在于问卷调查与社会网络分析样本有限，尤其是在问卷样本的学科分布中，农业科学与医药科学的样本量较少，此外，学术身份分布中，本硕博学生样本量高于讲师、教授与副教授。虽然在社会网络分析中的样本选择兼顾了个体类型、学术身份和学科领域，但仍未发现学科存在差异。可能与学术社交网站没有推出针对性的学科服务有关，因为用户在平台中进行科学交流时，主要受到对对方的熟悉程度和研究兴趣的影响，在面对陌生的学者时，用户常常会将平台提供的用户影响力计量结果作为重要参考，如 ResearchGate 的 RI 得分与 RG 得分，而平台在计量用户影响力时，主要考虑用户的科研成果、社交活跃度等社交数据，而这种指标存在于每个学科领域当中，导致不同学科用户在学术社交网站的使用行为和网络结构存在趋同性。

需要进一步对社交型个体网络结构差异和影响进行探讨。虽然个体类型与学术身份显著相关，即教授/副教授多为信息源个体，学生多为搜索型个体，且网络结构存在明显的差异，但深入分析后发现社交型个体的学术身份组成更加多元化。由于研究精力与成本有限，70 位的社会网络分析对象就已经产生近 10 万条数据集（仅含节点数、边数与度数），从而无法扩大样本对不同学术身份的社交型个体网络结构进行研究，因此对于社交型个体网络结构及其影响的分析结果，还需要进一步论证。

为避免平台差异造成的个体网络结构分析差异，本研究通过预调查分析主流学术社交网站的用户使用情况、《自然》（*Nature*）2017 年的调查结果，以及学术社交平台在 2010～2019 年的被研究次数，选择 ResearchGate 平台作为用户个体网络数据来源。虽具有一定的代表性，但整体学术社交个体网络结构的研究和影响结论存在一定的局限性。

6.3.2　研究展望

本书对学术社交个体网络结构及其影响展开探索性研究，对提出的研究问题进行解答，但有一些内容还不够深入，尤其是在问卷调查及访谈中发现的用户社交不足的问题亟待关注。结合上述的研究不足，希望未来在以下三个方面展开深入研究：

（1）结合用户学术身份、学科领域、网络结构等客观因素和社交习惯、科研需求、技术采纳程度等主观因素，深入分析学术社交网站用户社交不足的原因，为学术社交网站的服务改进提供实质性的建议，加速开放科学的进展。

（2）扩大样本量，充分考虑学科与学术身份分布情况，结合问卷调查和深度访谈，对不同学科、学术身份用户的学术社交行为与个体网络进一步展开研究。尤其要关注社交型个体的身份差异导致网络结构影响的变化，例如，教授、讲师和博士生都作为社交型个体的情况下，个体网络结构和影响有何不同。

（3）对不同学术社交网站用户个体网络进行比较，例如，同一个用户在不同学术社交网站的使用行为差异、个体网络结构差异、是否存在相同的成员、导致差异的原因、对科学交流的影响有何不同。从更宏观的视角来思考学术社交个体网络对整个科学交流的影响，也为学术社交网站根据用户的个体网络结构，开展更具针对性的科学交流服务。

参考文献

中文文献

[1] A. И. 米哈依洛夫. 科学交流与情报学 [M]. 北京：科学技术文献出版社，1980.

[2] 边燕杰，李煜. 中国城市家庭的社会网络资本 [J]. 清华社会学评论，2000（2）：1-18.

[3] 曹玲. 科研合作"个体中心网"特征与科研绩效关系研究：基于大气科学领域论文合作的实证分析 [C]. 第七届中国科技政策与管理学术年会论文集，2011.

[4] 曹勇，黎仁惠，王晓东，等. 技术转移中隐性知识转化效果测度模型及评价指标研究 [J]. 科研管理，2010，31（1）：1-8.

[5] 曹云忠. 企业微博用户关注与信息转发预测研究 [D]. 成都：电子科技大学，2015.

[6] 陈海强，程学旗，刘悦. 基于用户兴趣的寻找虚拟社区核心成员的方法 [J]. 中文信息学报，2009，23（2）：89-94.

[7] 陈家维. 线上运动社群之社群意识组成要素之研究：以日本职棒社群日促会为例 [D]. 台中：朝阳科技大学，2006.

[8] 陈明红，漆贤军，刘莹. 科研社交网络使用行为的影响因素研究 [J]. 情报理论与实践，2015，38（10）：73-79.

[9] 邓君，马晓君，毕强. 社会网络分析工具 Ucinet 和 Gephi 的比较研究

［J］. 情报理论与实践，2014，37（8）：133－138.

［10］ 邓胜利. 新一代互联网环境下网络用户信息交互行为［M］. 北京：中国社会科学出版社，2014.

［11］ 范晓屏. 非交易类虚拟网络成员参与动机：实证研究与管理启示［J］. 管理工程学报，2009，23（1）：1－6.

［12］ 方美顺，刘吉祥. 科研协作中人际关系探讨［J］. 医学与社会，1989（1）：79－81.

［13］ 冯博，刘佳. 大学科研团队知识共享的社会网络分析［J］. 科学学研究，2007，25（6）：1156－1163.

［14］ 甘春梅，王伟军. 学术博客持续使用意愿：交互性、沉浸感与满意感的影响［J］. 情报科学，2015，33（3）：70－74.

［15］ 甘春梅. 学术博客用户行为及其影响因素研究［D］. 武汉：华中师范大学，2013.

［16］ 宫辉，徐渝. 高校BBS社群结构与信息传播的影响因素［J］. 西安交通大学学报：社会科学版，2007，27（1）：93－96.

［17］ 谷斌，徐菁，黄家良. 专业虚拟社区用户分类模型研究［J］. 情报杂志，2014，33（5）：203－207.

［18］ 何黎，何跃，霍叶青. 微博用户特征分析和核心用户挖掘［J］. 情报理论与实践，2011，34（11）：121－125.

［19］ 纪静雅. 科研社交网络中用户社会资本对知识共享影响的实证研究［D］. 合肥：合肥工业大学，2017.

［20］ 李纲，刘先红. 科研团队中学术带头人的合作特征及其对科研产出的影响［J］. 情报理论与实践，2016，39（6）：70－75.

［21］ 李根，王淑华，史冠中，等. 利用ResearchGate推动科技期刊国际化发展初探［J］. 编辑学报，2016，28（1）：75－76.

［22］ 李玲丽，吴新年. 开放型科研社交网络应用调查与分析：以Academia. edu为例［J］. 情报资料工作，2013（3）：90－93.

［23］ 刘军. 整体网分析讲义：UCINET软件实用指南［M］. 上海：上海人民

出版社, 2009.

[24] 刘伟, 丁志慧. 基于参与行为的兴趣型虚拟社区成员分类研究 [J]. 商业研究, 2012 (11): 92-95.

[25] 刘永谋, 夏学英. 虚拟社区话语冲突研究: 以天涯社区为例 [J]. 长沙理工大学学报: 社会科学版, 2006, 21 (4): 56-58.

[26] 罗家德. 社会网分析讲义 [M]. 北京: 社会科学文献出版社, 2005.

[27] 马费成, 王晓光. 知识转移的社会网络模型研究 [J]. 江西社会科学, 2006 (7): 39-45.

[28] 毛波, 尤雯雯. 虚拟社区成员分类模型 [J]. 清华大学学报: 自然科学版, 2006 (z1): 1069-1073.

[29] 邱均平, 熊尊妍. 基于学术 BBS 的信息交流研究: 以北大中文论坛的汉语言文学版为例 [J]. 图书馆工作与研究, 2008 (8): 3-8.

[30] 桑杰特·保罗·乔达利. 社交网络用户并非越多越好 [EB/OL]. [2019-06-16]. https://blog.csdn.net/weixin_34250434/article/details/85207270.

[31] 沈洪洲, 袁勤俭. 基于社交网络的社交关系强度分类研究 [J]. 情报学报, 2014, 33 (8): 846-859.

[32] 宋恩梅, 左慧慧. 新浪微博中的 "权威" 与 "人气": 以社会网络分析为方法 [J]. 图书情报知识, 2012 (3): 43-54.

[33] 宋钰, 王锦明. 基于科研社交网络平台关注情况的分析与思考: 以 ResearchGate 平台东南大学用户为例 [J]. 新世纪图书馆, 2018, 260 (4): 48-52.

[34] 王遵智. 网络口碑中个人专业与关系强度对购买决策的影响: 以电子邮件为例 [D]. 台北: 台湾科技大学, 2004.

[35] 谢丽斌, 董颖, 吴德志. 基于 Pajek 的科研领域合作关系网络特征分析 [J]. 图书馆 (7): 62-65.

[36] 徐小龙, 黄丹. 消费者在虚拟社区中的互动行为分析: 以天涯社区的 "手机数码" 论坛为例 [J]. 营销科学学报, 2010, 6 (2): 42.

[37] 薛可，陈晞. BBS 中的"舆论领袖"影响力传播模型研究：以上海交通大学"饮水思源" BBS 为例 [J]. 新闻大学，2010（4）：90.

[38] 严炜炜，温馨，刘倩，等. 学术社交网络中 iSchool 成员用户结构与利用差异分析 [J]. 现代情报，2019（8）：66-72.

[39] 杨君琦. 技术转移互动模式失灵及重塑之研究以研究机构与中小企业技术合作为例 [D]. 台北：台湾大学，2000.

[40] 杨媛媛. SNS 网络中节点关系研究 [D]. 保定：河北农业大学，2010.

[41] 殷国鹏，莫云生，陈禹，等. 利用社会网络分析促进隐性知识管理 [J]. 清华大学学报（自然科学版），2006，46（s1）：964-969.

[42] 张聪. 微博用户关注推荐及排名策略研究 [D]. 郑州：郑州大学，2012.

[43] 张海涛，孙思阳，任亮. 虚拟学术社区用户知识交流行为机理及网络拓扑结构研究 [J]. 情报科学，2018，36（10）：139-144，165.

[44] 张鼐，李英剑，周年喜. 社会资本对虚拟学习社区知识共享绩效的影响研究 [J]. 山东图书馆学刊，2017（3）：13-17.

[45] 张素芳，张晓晓. 科研社交网络用户行为倾向的影响因素分析 [J]. 国家图书馆学刊，2014，23（4）：36-41.

[46] 张文宏，李沛良，阮丹青. 城市居民社会网络的阶层构成 [J]. 社会学研究，2004（6）：1-10.

[47] 张耀坤，张维嘉，胡方丹. 中国高影响力学者对学术社交网站的使用行为调查：以教育部长江学者为例 [J]. 情报资料工作，2017（3）：98-103.

[48] 张赟. 基于结构洞的科研团队隐性知识共享效果测度研究 [J]. 图书情报工作，2012，56（6）：111-116.

[49] 赵丽，袁睿翕，管晓宏，等. 博客网络中具有突发性的话题传播模型 [J]. 软件学报，2009（5）：1384-1392.

[50] 赵文兵，朱庆华，吴克文，等. 微博客用户特性及动机分析：以和讯财经微博为例 [J]. 数据分析与知识发现，2011，27（2）：69-75.

[51] 赵延东, 周婵. 我国科研人员的科研合作网络分析: 基于个体中心网视角的研究 [J]. 科学学研究, 2011, 29 (7): 999 – 1006.

[52] 中国国家标准化管理委员会. 学科分类与代码 [EB/OL]. [2019 – 12 – 09]. http://openstd. samr. gov. cn/bzgk/gb/newGbInfo?hcno = 4C13F521F D6ECB6E5EC026FCD779986E. GB/T 13745 – 2009.

[53] 钟琦, 汪克夷. 基于社会网络分析法的组织知识网络及其优化 [J]. 情报杂志, 2008, 27 (9): 59 – 62.

[54] 周俊. 问卷数据分析 – 破解 SPSS 的六类分析思路 [M]. 电子工业出版社, 2017.

[55] 周庆山, 杨志维. 学术社交网站用户行为研究进展 [J]. 图书情报工作, 2017 (16): 38 – 47.

外文文献

[1] Abbasi A, Chung K S K, Hossain L. Egocentric analysis of co-authorship network structure, position and performance [J]. Information Processing & Management, 2012, 48 (4): 671 – 675.

[2] Abdullatif A M, Shahzad B, Hussain A. Evolution of social media in scientific research: A case of technology and healthcare professionals in saudi universities [J]. Journal of Medical Imaging and Health Informatics, 2017, 7 (6): 1461 – 1468.

[3] Adal S, Golbeck J. Predicting personality with social behavior: A comparative study [J]. Social Network Analysis and Mining, 2014, 4 (1): 159.

[4] Adler R P, Christopher A J. Internet community primer overview and business opportunities [J]. Digital Places, 1998, 3 (1): 77 – 90.

[5] Ahuja G, Soda G, Zaheer A. The genesis and dynamics of organizational networks [J]. Organization Science, 2012, 23.

[6] Al-Aufi A, Fulton C. Impact of social networking tools on scholarly communication: A cross-institutional study [J]. The Electronic Library, 2015, 33

（2）：224 – 241.

［7］ Al-Aufi A S, Fulton C. Use of social networking tools for informal scholarly communication in humanities and social sciences disciplines ［J］. Procedia-Social and Behavioral Sciences, 2014, 147：436 – 445.

［8］ Al-Daihani S M, AlAwadhi S A. Exploring academic libraries' use of Twitter：A content analysis ［J］. The Electronic Library, 2015.

［9］ Al-Daihani S M, Al-Qallaf J S, AlSaheeb S A. Use of social media by social science academics for scholarly communication ［J］. Global Knowledge, Memory and Communication, 2018, 67 （6/7）：412 – 424.

［10］ Almousa O. Users' classification and usage-pattern identification in academic social networks ［C］//2011 IEEE Jordan Conference on Applied Electrical Engineering and Computing Technologies (AEECT). IEEE, 2011：1 – 6.

［11］ Armentano M G, Godoy D, Amandi A A. Followee recommendation based on text analysis of micro-blogging activity ［J］. Information systems, 2013, 38 （8）：1116 – 1127.

［12］ Arnaboldi V, Conti M, Passarella A, et al. Analysis of ego network structure in online social networks ［C］//2012 International Conference on Privacy, Security, Risk and Trust and 2012 International Confernece on Social Computing. IEEE, 2012：31 – 40.

［13］ Arnaboldi V, Conti M, Passarella A, et al. Ego networks in twitter：An experimental analysis ［C］//2013 Proceedings IEEE INFOCOM. IEEE, 2013：3459 – 3464.

［14］ Arnaboldi V, Dunbar R I M, Passarella A, et al. Analysis of Co-Authorship Ego Networks ［C］//NetSciX. Springer International Publishing, 2016.

［15］ Arnaboldi V, Guazzini A, Passarella A. Egocentric online social networks：Analysis of key features and prediction of tie strength in Facebook ［J］. Computer Communications, 2013, 36 （10 – 11）：1130 – 1144.

［16］ Aselage J, Eisenberger R. Perceived organizational support and psychological contracts: A theoretical integration [J]. Journal of Organizational Behavior: The International Journal of Industrial, Occupational and Organizational Psychology and Behavior, 2003, 24 (5): 491 –509.

[17] Asmi N A, Margam M. Academic social networking sites for researchers in Central Universities of Delhi: A study of ResearchGate and Academia [J]. Global Knowledge, Memory and Communication, 2018, 67 (1/2): 91 – 108.

[18] Bai S, Zhu T, Cheng L. Big-Five personality prediction based on user behaviors at social network sites [J]. arXiv preprint arXiv: 1204.4809, 2012.

[19] Barabási A L. Introduction and keynote to a networked self [M]//A networked self. Routledge, 2010: 9 –22.

[20] Barbour K, Marshall P D. The academic online: Constructing persona through the World Wide Web [J]. First Monday, 2012, 17 (9): 1 –20.

[21] Bar-Ilan J, Haustein S, Peters I, et al. Beyond citations: Scholars' visibility on the social Web [J]. arXiv preprint arXiv: 1205.5611, 2012.

[22] Barton D, Lee C. Language online: Investigating digital texts and practices [M]. Routledge, 2013.

[23] Boo M. Knowledge communication in computer-supported groups: Theoretical background and empirical results [J]. Information: Wissenschaft und Praxis, 2008, 59 (1): 41 –48.

[24] Borgatti S P. The network paradigm in organizational research: A review and typology [J]. Journal of Management, 2003, 29 (6): 991 –1013.

[25] Borgman C L. Scholarship in the digital age: Information, infrastructure, and the Internet [M]. MIT press, 2010.

[26] Borrego Á. Institutional repositories versus ResearchGate: The depositing habits of Spanish researchers [J]. Learned publishing, 2017, 30 (3): 185 –192.

[27] Boyd D M, Ellison N B. Social network sites: Definition, history, and scholarship [J]. Journal of Computer-Mediated Communication, 2007, 13 (1): 210 – 230.

[28] Brown J J, Reingen P H. Social ties and word-of-mouth referral behavior [J]. Journal of Consumer research, 1987, 14 (3): 350 – 362.

[29] Bukvova H. A holistic approach to the analysis of online profiles [J]. Internet Research, 2012, 22 (3): 340 – 360.

[30] Bullinger A C, Hallerstede S, Renken U, et al. Towards Research Collaboration-a Taxonomy of Social Research Network Sites [C]//AMCIS, 2010, 92.

[31] Bullinger A C, Renken U, Moeslein K M. Understanding online collaboration technology adoption by researchers-a model and empirical study [J]. Online Communities and Digital Collaboration, 2011, 12: 1 – 11.

[32] Burt R S. Social capital, structural holes and the entrepreneur [J]. Revue Francaise de Sociologie, 1995, 36 (4): 599.

[33] Burt R S. Structural holes and good ideas [J]. American Journal of Sociology, 2004, 110 (2): 349 – 399.

[34] Burt R S. Structural Holes: The Social Structure of Competition [M]. Cambridge, MA: Harvard University Press, 1992.

[35] Burt R S. The social structure of competition [J]. Networks in the Knowledge Economy, 2003: 13 – 56.

[36] Chakraborty N. Activities and reasons for using social networking sites by research scholars in NEHU: A study on Facebook and ResearchGate [J]. INFLIBNET Centre. , 2012, 8 (3): 19 – 27.

[37] Chen A, Lu Y, Chau P Y K, et al. Classifying, measuring, and predicting users' overall active behavior on social networking sites [J]. Journal of Management Information Systems, 2014, 31 (3): 213 – 253.

[38] Chen H I. Identity practices of multilingual writers in social networking spaces

［J］. Language Learning & Technology，2013，17（2）：143 – 170.

［39］ Chung R H，Kim B S，Abreu J M. Asian American multidimensional accul-turation scale：Development，factor analysis，reliability，and validity ［J］. Cultur Divers Ethnic Minor Psychol，2004，10（1）：66 – 80.

［40］ Codina L. Science 2. 0：Social networks and online applications for scholars ［J］. Hipertext. net，2009，7.

［41］ Collins E，Hide B. Use and relevance of web 2. 0 resources for researchers ［EB/OL］.［2018 – 11 – 29］. https：//pdfs. semanticscholar. org/8145/ c065a16ec4f12bfdd0813fa4dea2a00553fb. pdf.

［42］ Copiello S，Bonifaci P. A few remarks on ResearchGate score and academic reputation ［J］. Scientometrics，2018，114（1）：301 – 306.

［43］ Copiello S，Bonifaci P. ResearchGate Score，full-text research items，and full-text reads：A follow-up study ［J］. Scientometrics，2019，119（2）：1255 – 1262.

［44］ Coyle-Shapiro J A M，Conway N. Exchange relationships：Examining psy-chological contracts and perceived organizational support ［J］. Journal of ap-plied psychology，2005，90（4）：774.

［45］ Crawford M. Biologists using social-networking sites to boost collaboration ［J］. BioScience，2011，61（9）：736 – 736.

［46］ Crawford S. Formal and informal communication among scientists in sleep re-search ［J］. Journal of the American Society for Information Science（pre – 1986），1972，23（4）：287.

［47］ Cronin B. Progress in documentation：Invisible colleges and information transfer ［J］. Journal of Documentation，1982（3）：212 – 236.

［48］ Cropanzano R，Mitchell M S. Social exchange theory：An interdisciplinary review ［J］. Journal of Management，2005，31（6）：874 – 900.

［49］ Cross R. Knowing what we know：Supporting knowledge creation and sharing in social networks ［J］. Organizational Dynamics，2001，30（2）：100 – 120.

[50] Cross R, Parker A, Borgatti S P. A bird's-eye view: Using social network analysis to improve knowledge creation and sharing [J]. IBM Institute for Business Value, 2002 (2): 1 – 19.

[51] Crotty M. The Foundations of Social Research: Meaning and Perspective in the Research Process [M]. Sage, 1998.

[52] Cummings J N, Kiesler S. Collaborative research across disciplinary and organizational boundaries [J]. Social Studies of Science, 2005, 35 (5): 703 – 722.

[53] Curry R, Kiddle C, Simmonds R. Social networking and scientific gateways [C]//Proceedings of the 5th Grid Computing Environments Workshop. ACM, 2009: 4.

[54] David K. Organizational viscosity and the diffusion of controversial innovations [J]. Academy of Management Review, 2002 (1): 17 – 40.

[55] Davies J, Merchant G. Looking from the inside out: Academic blogging as new literacy [J]. A New Literacies Sampler, 2007: 167 – 197.

[56] Deborah L. 'Feeling Better Connected': Academics' use of social media [J]. Retrieved August, 2015, 20 (6): 1 – 36.

[57] De Choudhury M, Mason W A, Hofman J M, et al. Inferring relevant social networks from interpersonal communication [C]//Proceedings of the 19th International Conference on World Wide Web. ACM, 2010: 301 – 310.

[58] Dennen V P. Constructing academic alter-egos: Identity issues in a blog-based community [J]. Identity in the Information Society, 2009, 2 (1): 23 – 38.

[59] De Valck K, Van Bruggen G H, Wierenga B. Virtual communities: A marketing perspective [J]. Decision Support Systems, 2009, 47 (3): 185 – 203.

[60] Doreian P. Mathematics and the Study of Social Relations [M]. Weidenfeld & Nicolson, 1979: 51 – 52.

［61］ Dunbar R I M, Arnaboldi V, Conti M, et al. The structure of online social networks mirrors those in the offline world ［J］. Social Networks, 2015, 43: 39 – 47.

［62］ Dunbar R I M. Neocortex size as a constraint on group size in primates ［J］. Journal of Human Evolution, 1992, 22（6）: 469 – 493.

［63］ Dunbar RIM, Shultz S, Evolution in the social breiin ［J］. Science, 2007, 317（5843）: 1344 – 1347.

［64］ Dunbar R I M, Spoors M. Social networks, support cliques, and kinship ［J］. Human Nature, 1995, 6（3）: 273 – 290.

［65］ Dunbar R I M. The social brain hypothesis ［J］. Evolutionary Anthropology: Issues, News, and Reviews: Issues, News, and Reviews, 1998, 6（5）: 178 – 190.

［66］ Eichmann D. Semantic commonalities of research networking and PIM ［C］// Robert Capra & Jaime Teevan. Personal Information Management-PIM 2012 Workshop, Seattle（Bellevue）, 2012.

［67］ Ellison N B, Boyd D M. Sociality through social network sites ［M］. The Oxford handbook of Internet Studies, 2013: 151 – 172.

［68］ Elsayed A M. The use of academic social networks among Arab researchers: A survey ［J］. Social Science Computer Review, 2016, 34（3）: 378 – 391.

［69］ Espinoza Vasquez F K, Caicedo Bastidas C E. Academic social networking sites: A comparative analysis of their services and tools ［J］. iConference 2015 Proceedings, 2015.

［70］ Everett M, Borgatti S P. Ego network betweenness ［J］. Social Networks, 2005, 27（1）: 31 – 38.

［71］ Fehr E, Fischbacher U. Why social preferences matter-the impact of non-selfish motives on competition, cooperation and incentives ［J］. The Economic Journal, 2002, 112（478）: C1 – C33.

[72] Field A. Discovering Statistics Using SPSS [M]. Sage, 2000 (2): 539 – 583.

[73] Fransman J. Becoming academic in the digital age: Negotiations of identity in the daily practices of Early Career Researchers [C]//Paper Presentation, Connected Communities and Early Career Researchers Workshop, City University, London, UK, May. 2014.

[74] Friedkin N E. Information flow through strong and weak ties in intraorganizational social networks [J]. Social Networks, 1982, 3 (4): 273 – 285.

[75] Gao H, Hu C, Jiang T. An exploratory study of paper sharing in Mendeley's public groups [J]. iConference 2015 Proceedings, 2015, 3 (1): 1 – 9.

[76] Garton L, Haythornthwaite C, Wellman B. Studying online social networks [J]. Journal of Computer-Mediated Communication, 1997, 3 (1): JC-MC313.

[77] Gayo Avello D, Brenes Martínez D J. Overcoming spammers in Twitter: A tale of five algorithms [J]. Spanish Conference on Information Retrieval, 2010: 41 – 52.

[78] Giglia E. Academic social networks: It's time to change the way we do research [J]. European Journal of Physical & Rehabilitation Medicine, 2011, 47 (2): 345 – 350.

[79] Gilbert E, Karahalios K. Predicting tie strength with social media [C]// Proceedings of the SIGCHI Conference on Human Factors in Computing Systems. ACM, 2009: 211 – 220.

[80] Gilbert E. Predicting tie strength in a new medium [C]//Proceedings of the ACM 2012 Conference on Computer Supported Cooperative Work. ACM, 2012: 1047 – 1056.

[81] Godin B, Gingras Y. Impact of collaborative research on academic science [J]. Science and Public Policy, 2000, 27 (1): 65 – 73.

[82] Granovetter M. The strength of weak ties: A network theory revisited [J].

Sociological Theory, 1983, 1 (6): 201 – 233.

[83] Granovetter M. The Strength of Weak Ties [M]. Academic Press, 1977: 347 – 367.

[84] Gresham J L. From invisible college to cyberspace college: Computer conferencing and the transformation of informal scholarly communication networks [J]. Interpersonal Computing and Technology Journal, 1994, 2 (4): 37 – 52.

[85] Gruzd A, Goertzen M. Wired academia: Why social science scholars are using social media [C]//2013 46th Hawaii International Conference on System Sciences. IEEE, 2013: 3332 – 3341.

[86] Guo Q, Shao F, Hu Z L, et al. Statistical properties of the personal social network in the Facebook [J]. EPL (Europhysics Letters), 2013, 104 (2): 28004.

[87] Harary F. Graph Theory [M]. Reading MA: Addison-Wesley, 1969.

[88] Harley D, Acord S K, Earl-Novell S, et al. Assessing the future landscape of scholarly communication: An exploration of faculty values and needs in seven disciplines [J]. Psychopharmacology, 2010: 1 – 20.

[89] Heider, F. The psychology of interpersonal relations [M]. New York: Wiley, 1958.

[90] Heil B, Piskorski M. New Twitter research: Men follow men and nobody tweets [J]. Harvard Business Review, 2009 (1): 2009.

[91] Hess M. A Nomad faculty: English professors negotiate self-representation in university Web space [J]. Computers and Composition, 2002, 19 (2): 171 – 189.

[92] Hill R A, Dunbar R I M. Social network size in humans [J]. Human Nature, 2003, 14 (1): 53 – 72.

[93] Hiltz S R, Turoff M. The network nation: Human communication via computer [M]. Mit Press, 1993.

［94］ Hoffmann C P, Lutz C, Meckel M. A relational altmetric? Network centrality on R esearch G ate as an indicator of scientific impact ［J］. Journal of the Association for Information Science and Technology, 2016, 67 (4): 765 – 775.

［95］ Hsu C L, Lin J C C. Acceptance of blog usage: The roles of technology acceptance, social influence and knowledge sharing motivation ［J］. Information & Management, 2008, 45 (1): 65 –74.

［96］ Huberman B A, Romero D M, Wu F. Social networks that matter: Twitter under the microscope ［J］. arXiv preprint arXiv: 0812. 1045, 2008.

［97］ Hu C P, Yan W W, Hu Y. User satisfaction evaluation of microblogging services in China: Using the tetra-class model ［J］. Behaviour & Information Technology, 2015, 34 (1): 17 –32.

［98］ Huiqin G, Changping H, Tingting J. An exploratory study of paper sharing in Mendeley's public groups ［C］//Iconference, 2015, 3 (1): 1 –9.

［99］ Hung S W, Cheng M J. Are you ready for knowledge sharing? An empirical study of virtual communities ［J］. Computers & Education, 2013, 62: 8 – 17.

［100］ Hurley M G. Blogging a Scholarly Identity ［J/OL］. http: //cconlinejournal. org/graupner2010/Graupner_Blogging. pdf.

［101］ Hyland K. The presentation of self in scholarly life: Identity and marginalization in academic homepages ［J］. English for Specific Purposes, 2011, 30 (4): 286 –297.

［102］ Jadidi M, Karimi F, Wagner C. Gender disparities in science? dropout, productivity, collaborations and success of male and female computer scientists ［J］. Advances in Complex Systems, 2018, 21 (03n04): 1750011.

［103］ Java A, Song X, Finin T, et al. Why we twitter: An analysis of a microblogging community ［C］//International Workshop on Social Network Mining and Analysis. Springer, Berlin, Heidelberg, 2007: 118 –138.

［104］ Jeng W, He D, Jiang J, et al. Groups in Mendeley: Owners' descriptions and group outcomes ［J］. Proceedings of the American Society for Information Science and Technology, 2012, 49 (1): 1 –4.

［105］ Jeng W, He D, Jiang J. User participation in an academic social networking service: A survey of open group users on mendeley ［J］. Journal of the Association for Information Science and Technology, 2015, 66 (5): 890 –904.

［106］ Jiang J, Ni C, He D, et al. Mendeley group as a new source of interdisciplinarity study: How do disciplines interact on Mendeley? ［C］//Proceedings of the 13th ACM/IEEE-CS Joint Conference on Digital Libraries. ACM, 2013: 135 –138.

［107］ Jones J J, Settle J E, Bond R M, et al. Inferring tie strength from online directed behavior ［J］. PloS One, 2013, 8 (1): e52168.

［108］ Jordan K. Academics and their online networks: Exploring the role of academic social networking sites ［J］. First Monday, 2014, 19 (11): 1 –9.

［109］ Jordan K. Academics' online connections: Characterising the structure of personal networks on academic social networking sites and Twitter ［C］// Proceedings of the 10th International Conference on Networked Learning 2016, 2016: 414 –421.

［110］ Jordan K. Exploring the ResearchGate score as an academic metric: Reflections and implications for practice ［EB/OL］. ［2019 –12 –16］. http: // ascw. know-center. tugraz. at/wp-content/uploads/2015/06/ASCW15jordanr esponsekraker-lex. pdf%5CnCopyright.

［111］ Jordan K. From social networks to publishing platforms: A review of the history and scholarship of academic social network sites ［C］. Frontiers in Education, 2019.

［112］ Jordan K. What do academics ask their online networks? An analysis of questions posed via Academia. edu ［C］//Acm Web Science Conference.

ACM, 2015.

[113] Kahanda I, Neville J. Using transactional information to predict link strength in online social networks [C]//Third International AAAI Conference on Weblogs and Social Media, 2009.

[114] Kelly B. Can LinkedIn and Academia. edu enhance access to open repositories? [J]. Impact of Social Sciences Blog, 2012 (7): 1–4.

[115] Kelly B. Using social media to enhance your research activities [C]//Social Media in Social Research 2013 conference, 2013.

[116] Kim Y. An empirical study of biological scientists' article sharing through ResearchGate: Examining attitudinal, normative, and control beliefs [J]. Aslib Journal of Information Management, 2018, 70 (5): 458–480.

[117] Kleinbaum A M. Organizational misfits and the origins of brokerage in intrafirm networks [J]. Administrative Science Quarterly, 2012, 57 (3): 407–452.

[118] Koranteng F N, Wiafe I. Factors that promote knowledge sharing on academic social networking sites: An empirical study [J]. Education and Information Technologies, 2019, 24 (2): 1211–1236.

[119] Kossinets G, Watts D J. Origins of homophily in an evolving social network [J]. American Journal of Sociology, 2009, 115 (2): 405–450.

[120] Krackhardt D, Stern R N. Informal networks and organizational crises: An experimental simulation [J]. Social Psychology Quarterly, 1988: 123–140.

[121] Kraker P, Jordan K, Lex E. ResearchGate Score: Good Example of a Bad Metric [EB/OL]. https://www.socialsciencespace.com/2015/12/researchgate-score-good-example-of-a-bad-metric/.

[122] Krishnamurthy B, Gill P, Arlitt M. A few chirps about twitter [C]//Proceedings of the first workshop on Online social networks, 2008: 19–24.

[123] Kwak H, Lee C, Park H, et al. What is Twitter, a social network or a

news media? ［C］//Proceedings of the 19th International Conference on World Wide Web, 2010: 591 – 600.

［124］ Laakso M, Lindman J, Shen C, et al. Research output availability on academic social networks: Implications for stakeholders in academic publishing ［J］. Electronic Markets, 2017, 27 (2): 125 – 133.

［125］ Lazarsfeld P F, Merton R K. Friendship as a Social Process: A Substantive and Methodological Analysis ［M］//Freedom and Control in Modern Society. New York: Van Nostrand, 1954.

［126］ Leavitt A, Burchard E, Fisher D, et al. The influentials: New approaches for analyzing influence on twitter ［J］. Web Ecology Project, 2009, 4 (2): 1 – 18.

［127］ Lee C K M, Barton D. Constructing glocal identities through multilingual writing practices on Flickr. com© ［J］. International Multilingual Research Journal, 2011, 5 (1): 39 – 59.

［128］ Li L, He D, Jeng W, et al. Answer Quality Characteristics and Prediction on an Academic Q&A Site: A Case Study on ResearchGate ［C］//International Conference on World Wide Web Companion. International World Wide Web Conferences Steering Committee, 2015.

［129］ Li N, Gillet D. Identifying Influential Scholars in Academic Social Media Platforms ［C］//International Conference on Advances in Social Networks Analysis & Mining. IEEE Computer Society, 2013.

［130］ Lin N, Woelfel M W, Light S C. The buffering effect of social support subsequent to an important life event ［J］. Journal of Health and Social Behavior, 1985 (4): 328 – 336.

［131］ Llopis O, D'Este P. Connections matter: How personal network structure influences biomedical scientists' engagement in medical innovation ［J］. INGENIO (CSIC-UPV) Working Paper Series, 2014, 2 (3): 117 – 119.

［132］ Lovett J A, Rathemacher A J, Boukari D, et al. Institutional repositories and academic social networks: Competition or complement? A study of open access policy compliance vs. ResearchGate participation [J]. Journal of Librarianship and Scholarly, 2017 (5): 2183.

[133] Luce R D, Perry A D. A method of matrix analysis of group structure [J]. Psychometrika, 1949, 14 (2): 95 – 116.

[134] Luzón M J. Constructing academic identities online: Identity performance in research group blogs written by multilingual scholars [J]. Journal of English for Academic Purposes, 2018, 33: 24 – 39.

[135] Madhusudhan M. Use of social networking sites by research scholars of the University of Delhi: A study [J]. The International Information & Library Review, 2012, 44 (2): 100 – 113.

[136] Manca S, Ranieri M. Networked scholarship and motivations for social media use in scholarly communication [J]. The International Review of Research in Open and Distributed Learning, 2017, 18 (2): 123 – 138.

[137] Manca S. ResearchGate and Academia. edu as Networked Socio-Technical Systems for Scholarly Communication: A Literature Review [J]. Research in Learning Technology, 2018, 26.

[138] Mas Bleda A, Thelwall M, Kousha K, et al. European highly cited scientists' presence in the social web [C]//14th International Society of Scientometrics and Informetrics Conference (ISSI 2013). Vienna, Austria: Austrian Institute of Technology, 2013: 98 – 109.

[139] Mccarty C, Jawitz J W, Hopkins A, et al. Predicting author h-index using characteristics of the co-author network [J]. Scientometrics, 2013, 96 (2): 467 – 483.

[140] McClain C, Neeley L. A critical evaluation of science outreach via social media: Its role and impact on scientists [J]. F1000Research, 2014, 3 (300): 1 – 12.

[141] Mcpherson M, Cook S L M. Birds of a feather: Homophily in social net-

works [J]. Annual Review of Sociology, 2001 (27): 415 –444.

[142] McPherson M, Smith-Lovin L, Cook J M. Birds of a feather: Homophily in social networks [J]. Annual Review of Sociology, 2001, 27 (1): 415 – 444.

[143] Megwalu A. Academic social networking: a case study on users' information behavior [M]//Current Issues in Libraries, Information Science and Related Fields. Emerald Group Publishing Limited, 2015: 185 – 214.

[144] Meishar-Tal H, Pieterse E. Why do academics use academic social networking sites? [J]. The international Review of Research in Open and Distributed Learning, 2017, 18 (1): 1 – 22.

[145] Menendez M, De Angeli A, Menestrina Z. Exploring the virtual space of academia [M]//From research to practice in the design of cooperative systems: Results and open challenges. Springer, London, 2012: 49 – 63.

[146] Menzel H. Planned and unplanned scientific communication [C]//Proceedings of the International Conference on Scientific Information. 1959: 199 – 243.

[147] Moreno A. Enhancing knowledge exchange through communities of practice at the Inter-American Development Bank [C]//Aslib Proceedings. MCB UP Ltd, 2001, 53 (8): 296 – 308.

[148] Murray S O, Rankin J H, Magill D W. Strong ties and job information [J]. Sociology of Work and Occupations, 1981, 8 (1): 119 – 136.

[149] Nahapiet J, Ghoshal S. Social Capital, Intellectual Capital, and the Organizational Advantage [J]. Knowledge & Social Capital, 1998, 23 (2): 242 – 266.

[150] Nicholas D, Herman E, Jamali H, et al. New ways of building, showcasing, and measuring scholarly reputation [J]. Learned Publishing, 2015, 28 (3): 169 – 183.

[151] Nicolaou N, Birley S. Social networks in organizational emergence: The

university spinout phenomenon [J]. Management Science, 2003, 49 (12): 1702 – 1725.

[152] Nández G, Borrego Á. Use of social networks for academic purposes: A case study [J]. The Electronic Library, 2013, 31 (6): 781 – 791.

[153] Nonaka I. A dynamic theory of organizational knowledge creation [J]. Organization Science, 1994, 5 (1): 14 – 37.

[154] Noorden R V. Online collaboration: Scientists and the social network [J]. Nature, 2014, 512 (7513): 126 – 129.

[155] Oh J S, Jeng W. Groups in academic social networking services: An exploration of their potential as a platform for multi-disciplinary collaboration [C]//2011 IEEE Third International Conference on Privacy, Security, Risk and Trust and 2011 IEEE Third International Conference on Social Computing. IEEE, 2011: 545 – 548.

[156] Oison G M, Zimmerman A, Bos N. Scientific Collaboration onthe Internet [M]. MIT Press, Cambridge, 2008: 1 – 12.

[157] Okada T, Simon H A. Collaborative discovery in a scientific domain [J]. Cognitive Science, 1997, 21 (2): 109 – 146.

[158] Oliver A L. Biotechnology entrepreneurial scientists and their collaborations [J]. Research Policy, 2004, 33 (4): 590 – 597.

[159] Ortega J L. Disciplinary differences in the use of academic social networking sites [J]. Online Information Review, 2015, 39 (4): 520 – 536.

[160] Ortega, Luis J. Influence of co-authorship networks in the research impact: Ego network analyses from Microsoft Academic Search [J]. Journal of Informetrics, 2014, 8 (3): 728 – 737.

[161] Payne G T, Moore C B, Griffis S E, et al. Multilevel challenges and opportunities in social capital research [J]. Journal of Management, 2011, 37 (2): 491 – 520.

[162] Persson S, Svenningsson M. Librarians as advocates of social media for re-

searchers: A social media project initiated by Linköping University library, Sweden [J]. New Review of Academic Librarianship, 2016, 22 (2 – 3): 304 – 314.

[163] Petróczi A, Nepusz T, Bazsó F. Measuring tie-strength in virtual social networks [J]. Connections, 2007, 27 (2): 39 – 52.

[164] Phang C W, Kankanhalli A, Sabherwal R. Usability and sociability in online communities: A comparative study of knowledge seeking and contribution [J]. Journal of the Association for Information Systems, 2009, 10 (10): 2.

[165] Porac J F, Wade J B, Fischer H M, et al. Human capital heterogeneity, collaborative relationships, and publication patterns in a multidisciplinary scientific alliance: A comparative case study of two scientific teams [J]. Research Policy, 2004, 33 (4): 670 – 678.

[166] Postdoc H P G E. Introduction altmetrics: What, why and where? [J]. Bulletin of the American Society for Information Science & Technology, 2013, 39 (4): 8 – 9.

[167] Prell C. Social Network Analysis: History, Theory and Methodology [M]. Sage, 2012.

[168] Price D J. Little science, big science and beyond [M]. New York: Columbia University Press, 1986.

[169] Procter R, Williams R, Stewart J, et al. Adoption and use of Web 2. 0 in scholarly communications [J]. Philosophical Transactions of the Royal Society A: Mathematical, Physical and Engineering Sciences, 2010, 368 (1926): 4039 – 4056.

[170] Rapoport A. Spread of information through a population with socio-structural bias: I. Assumption of transitivity [J]. The Bulletin of Mathematical Biophysics, 1953, 15 (4): 523 – 533.

[171] Revolutionizing science and engineering through cyberinfrastruc-ture [EB/

OL］．［2019 － 08 － 18］．https：//www. nsf. gov/cise/sci/reports/at-kins. pdf.

［172］ Ribeiro B，Wang P，Murai F，et al. Sampling directed graphs with random walks［C］. 2012 Proceedings IEEE INFOCOM. IEEE，2012：1692 － 1700.

［173］ Roberts S G B，Dunbar R I M，Pollet T V，et al. Exploring variation in active network size：Constraints and ego characteristics［J］. Social Net-works，2009，31（2）：138 － 146.

［174］ Rowlands I，Nicholas D，Russell B，et al. Social media use in the re-search workflow［J］. Learned Publishing，2011，24（3）：183 － 195.

［175］ Salahshour M，Dahlan H M，Iahad N A. A Case of academic social networ-king sites usage in Malaysia：drivers，benefits，and barriers［J］. Interna-tional Journal of Information Technologies and Systems Approach（IJITSA），2016，9（2）：88 － 99.

［176］ Salahshour Rad M，Nilashi M，Mohamed Dahlan H，et al. Academic researchers' behavioural intention to use academic social networking sites：A case of Malaysian research universities［J］. Information Development，2019，35（2）：245 － 261.

［177］ Scupin R DeCorse C R. Anthropology A Global Perspective：A Global Per-spective［M］. Pearson，2015.

［178］ Serantes A. Academic Social Networks：What They are and How They Can Help Science［EB/OL］.［2019 － 08 － 09］. https：//www. bbvaopen-mind. com/en/humanities/communications/academic-social-networks-what-they-are-and-how-they-can-help-science/.

［179］ Siemens G. Connectivism：A learning theory for the digital age［J］. In-structional Technology & Distancelearning，2005（2）：3 － 10.

［180］ Sindhav B. Book Review：Net Gain：Expanding Markets through Virtual Communities［Z］. 1998：120 － 121.

[181] Singson M, Amees M. Use of ResearchGate by the research scholars of Pondicherry University: A study [J]. DESIDOC Journal of Library & Information Technology, 2017, 37 (5): 366 – 371.

[182] Sosa, Manuel E. Where do creative interactions come from? The role of tie content and social networks [J]. Organization Science, 2011, 22 (1): 1 – 21.

[183] Sosa M E. Where do creative interactions come from? The role of tie content and social networks [J]. Organization Science, 2011, 22 (1): 1 – 21.

[184] Staniland M. How do researchers use social media and scholarly collaboration networks (SCNs)? [EB/OL]. [2018 – 11 – 29]. http://blogs. nature. com/ofschemesandmemes/2017/06/15/how-do-researchers-use-social-media-and-scholarly-collaboration-networks-scns.

[185] Sutcliffe A, Dunbar R, Binder J, et al. Relationships and the social brain: Integrating psychological and evolutionary perspectives [J]. British Journal of Psychology, 2012, 103 (2): 149 – 168.

[186] Thelwall M, Kousha K. Academiaedu: Social network or a cademic network? [J]. Journal of the Association for Information Science and Technology, 2014, 65 (4): 721 – 731.

[187] Thelwall M, Kousha K. ResearchGate: Disseminating, communicating, and measuring Scholarship? [J]. Journal of the Association for Information Science and Technology, 2015, 66 (5): 876 – 889.

[188] Tommasel A, Corbellini A, Godoy D, et al. Exploring the role of personality traits in followee recommendation [J]. Online Information Review, 2015.

[189] Toral S L, Martínez-Torres M R, Barrero F. Analysis of virtual communities supporting OSS projects using social network analysis [J]. Information and Software Technology, 2010, 52 (3): 296 – 303.

[190] Tsai W, Ghoshal S. Social capital and value creation: The role of intrafirm